南方周末
写作课

南方周末——编著

中信出版集团 | 北京

图书在版编目（CIP）数据

南方周末写作课 / 南方周末编著 . -- 北京：中信出版社，2021.4（2025. 1重印）
ISBN 978-7-5217-2369-4

Ⅰ . ①南… Ⅱ . ①南… Ⅲ . ①新闻写作 Ⅳ . ① G212.2

中国版本图书馆 CIP 数据核字（2020）第 205537 号

南方周末写作课

编　　著：南方周末
出版发行：中信出版集团股份有限公司
（北京市朝阳区东三环北路27号嘉铭中心　邮编　100020）
承 印 者：北京通州皇家印刷厂

开　　本：880mm × 1230mm　1/32　　印　　张：11.75　　字　　数：256 千字
版　　次：2021 年 4 月第 1 版　　印　　次：2025 年 1 月第 21 次印刷
书　　号：ISBN 978-7-5217-2369-4
定　　价：69.00 元

南香红

非虚构作家 《南方周末》前高级记者

《南方都市报》首席记者

南都传播研究院前首席研究员

主题：解构特稿 DNA，好故事从何而来

雷磊

新媒体“真实故事计划”创始人

《南方周末》《智族 GQ》前资深记者

主题：搭建坚实的结构骨架，让读者欲罢不能

迟宇宙

新媒体“商业人物”创始人

《新京报》前副总编辑 《中国故事》总编

主题：从极有限的线索出发，无限接近真相

王天挺

新媒体“故事硬核”编辑

文化播客“展开讲讲”创始人

主题：用文字给故事一个有质感的肌理

杜强

《时尚先生 Esquire》杂志副主编
《南方人物周刊》前资深记者
主题：用细节调动五感，把故事写得像电影一样

杨瑞春

腾讯网副总编辑
腾讯谷雨奖发起人
主题：为什么讲好一个故事很重要

陈鸣

个人 IP 经纪公司“发光体”首席执行官
《南方周末》前深度调查记者
主题：把写作变成人生的通用技能

手绘：张思考

目录

第二讲　搭建坚实的结构骨架，让读者欲罢不能｜雷磊

故事是在一个句子上长出来的，这样一个句子，决定了你书写的内涵和边界。

第三讲　从极有限的线索出发，无限接近真相｜迟宇宙

我在南方周末学到了很多东西，但如果让我挑选出对我最有裨益的一条，那一定是找选题的能力、找关键线索的能力。

第四讲　用文字给故事一个有质感的肌理｜王天挺

不管是虚构还是非虚构，从搜集完材料、准备写作的那一刻起，你必须拥有那种信念：这个故事，没有人会比我讲得更好。这不仅是一种使命，更是必须履行之义务。

下篇　讲师代表作

推荐序一

无论世界在哪里，写作都将抵达

王　巍

南方周末总编辑 | 南方人物周刊主编

南方周末出过很多种书，但从没有一种像本书这样，在成书之前已经是互联网上一个销售量过万的课程产品。

在南方周末内部，传统的万人级别消费规模的产品并不会受到特别关注，但新型产品，尤其是那些可持续性已较为清晰的创新型产品和模式，会受到高度重视。正因如此，当同事希望我为本书写序时，我不仅欣然应允，还对它及其原生产品将继续为我们带来新的惊喜与价值满怀期待。

“写作课”这样的跨界探索在南方周末发展史上并不鲜见。2012 年，我们获独家授权，开发出苹果 iOS 系统版《三体》手机应用软件，上线次日即跃居苹果中国商城阅读类畅销商品榜首位；2014 年，我们牵手省级卫视，推出自有知识产权的真人秀填字节目《我知道》，成为当年中国电视文化益智类节目的收视冠军。

每一次类似的探索都促使我们思考：南方周末是什么？南方周末

还有哪些可能？

南方周末早已不仅是一份报纸。

尽管在“中国 500 最具价值品牌排行榜”上，《南方周末》始终以唯一周报身份居于报纸前十行列，但截至我写这篇序言的 2020 年 10 月，南方周末阅读器的下载量已接近《南方周末》报纸订阅量的 20 倍。此外，南方周末还拥有 316 万个微信粉丝、1 630 余万个微博粉丝和 310 余万个苹果 Newsstand 应用用户。仅从受众规模来看，报纸在南方周末的全媒体传播体系中已是一个较小的结构单元。

当然，付费读者和免费受众是不完全相同的概念。相比“两微一端”的免费用户，报纸读者愿意付费阅读，集中呈现对《南方周末》内容的刚性需求，在很长时间里，他们是唯一具有这一整体特征的受众群体。但我们也清晰地看到，这种刚需及其相伴相生的思想、价值、气质与生活方式正在从线下向线上大幅延伸。2018 年 11 月，《南方周末》应这一趋势，成为中国首家设立网络软性付费墙的报纸，开始为线上刚需用户提供全面升级服务，仅过了两年，就累积了 16 万名付费会员。这一事实说明，《南方周末》的线上付费受众量超过线下不仅将是必然，甚至正在加速发生。在不久的将来，报纸将不仅是我们传播体系中的一个较小的结构单元，还会是我们服务内容刚需消费者的一个小众产品。

南方周末也不仅是一家新闻机构。

新闻是南方周末的立身之本。创刊 36 年以来，我们持续地追寻真相、关注命运、思考历史、表达主张，秉承新闻专业精神，锲而不舍地记录、参与乃至推动社会进程。

但是，新闻不能概括南方周末的全部。在始终以社会价值为先、坚持“防火墙原则”的大前提下，早在21世纪初，南方周末就已迈开多元化探索的步伐，出版人文杂志、设立图书工作室、创办电视部门、打造品牌营销机构……在那个机构媒体的鼎盛年代，影响力巨大的新闻事业是南方周末多元化的能量基石。而当传统媒体产业进入衰退期后，我们又全力摆脱路径依赖，通过融合转型升级，推动数字媒体、智库等创新突破，打造新的产业链和价值链来支撑自身可持续发展。在传媒业深刻变化的今天，创新型多元化是南方周末新闻事业的有力支撑。

我们从报纸走来，但不止于报纸；我们以新闻为本，但不只有新闻业务。《南方周末写作课》这本书的前世今生是一个最新案例。

本书源自“南周写作实战训练营”这一网络原生产品，而这一产品又源自南方周末在2018年4月实施的一项战略行动——“内容付费工程”。

概括而言，南方周末“内容付费工程”的目标是以用户为核心、以内容付费为纽带、以付费会员为方向，再造南方周末的生产流程和消费场景，促进南方周末长期稳定地可持续发展。它具体分为两大部分：一部分是设立与会员制贯通的计量式软性付费墙，对南方周末内容的内在价值和产业链进行数字化挖掘与拓展，侧重于“媒体南周”的融合升级；另一部分是打造有南方周末调性的知识付费产品线，推动南方周末跨出媒体领域，进入范畴更大的内容产业，着眼于“机构南周”的增长方式转型。

“内容付费工程”的推出彻底改变了南方周末内容生产、传播、销售和运营的生态，使2018年成为南方周末深度融合发展的元年。计量式软性付费墙这一枢纽建设倒逼南方周末大幅提升原创内容的量与质，极大地拓展了自身刚需用户的版图。而在“知识付费产品线”上，层出不穷的精品课程不仅聚拢了大量的消费者和粉丝，还使这个群体成为南方周末会员大家庭的重要源泉。作为这条线上的明星产品，“南周写作实战训练营”仅在首季第一期就吸引了 3 000 多名写作学习者投身其中。

“媒体南周的融合升级”“机构南周的增长方式转型”是南方周末“内容付费工程”并列追求的两极，也是南方周末对自身新闻事业和多元化发展做出的顶层设计。而“推动南方周末跨出媒体领域，进入范畴更大的内容产业”，则明确了“内容产业”是南方周末多元化的主要方向与核心领域。

诚然，媒体产业与内容产业在生产、运营、优势资源、核心能力、销售渠道等许多方面都存在类似之处和千丝万缕的联系，但毫无疑问，“写作”是这些联系中那根最根本、最重要又最不可或缺的主线。

尤其是南方周末这样以深度书写和精品内容为存在基础与核心价值的媒体，对写作的敬畏与追求，一以贯之，永无止境。如果说新闻是南方周末的初心，那么写作就是南方周末的脚步。只要我们决定奔赴，无论世界在哪里，写作都将抵达。

这或许也是“南方周末写作课”最神奇迷人之处，它是始终在写作的南方周末关于“写作”的一次书写、一种主张、一声号召。而它此次迈出的脚步，竟先起于网络，后落于纸端，展现了写作者本身无所不在的执着与抵达。

而对出版纸质书的呼唤，正来自一年前成立于网上的首期“南周写作实战训练营”。在营中，学员们聆听了心仪已久的作者本人对写作密码的解读，了解了许多打动一代代人心的精美文字背后构思的逻辑，学习了一些有助于提升自我写作能力的有效方法。很多人在直呼“大有收获”的同时，还渴望对这份收获的领悟能够更深、更多、更持久一些。他们希望南方周末能把课件整理成教材出版，便于常备案头、反复“咀嚼”。我们顺应了这样的呼唤，并在原课件的基础上增加了更多元素，进一步提升了全书的价值。因为我们相信，这本书不仅能满足营中学员的期待，还可以帮助到更多欣赏文字之美、需要写作之用的人。

世界的模样在变，我们的写作方式也在变。今天，写作对南方周末的意义早已不仅是狭义的文本书写，还贯穿着包括文字在内的各种形态的关于存在、思想和精神的叙述与表达。但无论是文字、图片还是音频、视频，乃至 AR（增强现实）、VR（虚拟现实）等，它们呈现和表达的方式虽然不一，但只要出自南方周末，它们所凝聚的价值、理念和逻辑，所展现的真善美都应是南方周末式的模样。从这个意义来讲，南方周末亦是自我书写的本身，而“在这里，读懂中国”则是这一场浩瀚写作的恒久主题。

2020 年 10 月 19 日于广州

推荐序二

你的经历也许埋藏着值得写的好故事

张志安

中山大学传播与设计学院教授 | 中国新闻史学会应用新闻传播学会会长

过去三十年，中国新闻业的舞台上，南方周末始终是复杂社会的记录者、瞭望者和推动者。20 世纪末，纸媒发展的鼎盛时期，《南方周末》持续探索特稿写作，刊载了一系列经典作品，涌现了一批有影响力的特稿作者。过去十余年，虽然纸媒影响力整体下滑，诸多精英媒体人跳槽转行，但是这些特稿作者对故事的热爱、对真相的追求、对写作的痴迷从未消退。

“我有酒，你有故事吗？”这句经典网络流行语，或许暗含了我们这一时代的一种文化征候。每个人内心经历的痛苦与悲欢，以及社交媒体诱导的窥探与分享的欲望，共同制造了故事分享的仪式和网络上的忧伤与浪漫。故事之间的互文与事主之间的共鸣中，隐藏着我们这个时代的“共情结构”。这也可以说是近年来“非虚构叙事”兴起背后的社会与媒介场景。

人类讲故事的本能大体起源于口语的丰富表现力。诗歌对故事的呈现总体是情感高于情节的。文字的表述方式让叙事有了更丰富的承载和更持久的传播。网络短视频和音频在参与故事建构的过程中，产生了前所未有的情感张力和视觉冲击。也许在直观感受方面，文字的媒介属性相较于音视频媒体的鲜活呈现似乎具有天然的劣势。但我依然相信，文字对于人类故事记录和分享所具有的独特力量——文字既有跃然纸上的画面感，也隐含着理性、深思的力量，更能够承载故事背后的丰富思想和精神力量。

《南方周末写作课》是七位不同时期中国一流故事写作者的诚意之作。选题来源的捕获、关键线索的获取、独家视角的判断、故事结构的搭建、表达肌理的展开、细节魔力的呈现、叙事节奏的处理、写作技能的提升……每一位作者都结合案例、总结经验，以对话者的平等、分享者的真诚在方法论和价值观的有机交融中，拿出了自己的独门秘籍和“硬核”知识。

以特稿为代表的好故事，往往追求的是文字的美、复杂的真。文字的美，依托于故事的写作技巧以及作者的话语选择和事实建构；复杂的真，离不开作者的判断和洞察，更需要细密的现场调查和逼近真相的极致追求。好故事既要满足阅读体验和激发情感共鸣，又要设置重大议题和助推社会前进。本书各章始终反映着文字美的形式和事实真的内核。

阅读此书的过程是既轻松又烧脑的。轻松，是因为本书内容来自南方周末的知识付费写作课程，授课者以口语形式来表达实践和思考，读起来尽是娓娓道来的流畅。烧脑，是因为这些资深故事写作者的经验和心得，在表达方式上往往化繁为简，但细加琢磨多半言下有意。

恰恰因为轻松之余的烧脑，读者才能收获更多。

新闻起源于人类通过故事形式分享信息和维护社区的冲动与能力。现代新闻业的“客观性”不过是呈现故事的一种特定形式。当复杂社会面临挑战、群体命运遭遇转折、人类情感需要张扬时，面对这些特定情境，新闻承载故事一旦能力有限，其他文字表达的载体就会与之相遇。

举个例子，文学和新闻的交织。简要回顾历史，二者至少有三次重要的“结缘”。20 世纪 30 年代，作为“小说的草稿”的报告文学尽管并未完全兴盛，但也包含了诸多“救亡图存”的真实写照，作家茅盾根据全国各地寄来的征文主编出版《中国的一日》，产生了广泛的社会影响；20 世纪 80 年代，纪实性报告文学再度兴起，成为与深度报道交相辉映的写作类型，承载了特定时期“改革开放”的启蒙价值；近年来，随着专业媒体原创作品的减少、深度报道的受限和舆论监督的衰落，加之网络化社会的兴起、社交媒体的赋能，多元主体参与的“公共叙事”逐渐活跃。

话语与社会变迁之间有互嵌的关系，文体与社会需要之间也有紧密的关联。理解一种文体及其在特定时空中的实践，可以帮助我们把握文体背后更重要的社会动因。当前，我们正在经历从专业媒体主导的新闻传播时代转向多元主体参与的公共传播时代，由此，写作有可能从专业叙事扩散为公共叙事。

在这个事物发展日益“加速”的时代，媒体对信息速度的追求制造了信息的轰炸和碎片化，维系人类对话与共识的公共领域可能加速削弱。人类原始的讲述、倾听和分享故事的仪式，赋予了这个加速时代一种抗拒遗忘和维持人类共同体的能力。这大概是非虚构叙事兴起背后的心理动力。

著名报告文学作家钱钢写过一段关于新闻业的话："在我看来，新闻是活泼的人从事的严谨的事业，是炽热的人肩负的冷静的使命，是浪漫的人从事的一锤一凿的艰辛劳作。"过去，这样的写作属于专业媒体人且具有较高的职业门槛；如今，在非虚构写作兴起的公共传播时代，讲故事的能力可以延伸至所有对生命有独特感悟、对社会有独到观察、对时代有独有思考的人。

从这个角度看，你，或者说我们很多人的经历中也许都埋藏着值得写的好故事。阅读这本书有助于你把故事写下来，有助于大家的点滴故事汇入中国人共同的记忆之河。

上　篇

如何讲故事

南香红写作方法论

新闻是速朽的，今天惊天动地的大新闻可能明天就不是了，或者在它维持一段时间的热度之后，大家就会把它忘记。故事却可以长久，比如野马的故事距离现在已经有 20 年了，你现在读这个故事不会觉得它是已经过去的事，这就是故事的魅力。

- 好选题三要素：培养故事和线人；成为专家型写作者；建立选题间的联系。
- 好故事五维度：时代；期限；地点；冲突；人性。
- 好采访三部曲：调研故事背景；搜集尽可能全的资料；制订采访计划。
- 向戏剧和小说学习：在开头三段抓住读者；以情节带动故事；设计好的结尾。

书单　《普利策新闻奖·特稿卷》《广岛》

特稿单　“北京旧城改造”系列、《极罪：没有结束的细菌战》、“野马的故事”系列、“新疆文化考古”系列

– 讲师简介 –

南香红

非虚构作家，《南方周末》前高级记者，《南方都市报》首席记者，南都传播研究院前首席研究员。

南香红用 7 年书写了北京城的历史文化与现代建设发展之间的矛盾冲突，用 10 年来讲述野马的生命与尊严，用 18 年去追溯日本细菌战带给中国人的历史伤痕。

《南方周末》前总编辑江艺平对南香红有这样一句评价："南香红固然具有观察事物的敏锐直觉、捕捉细节的超常能力、力透纸背的写作才华，不过，比起这些优异的禀赋，埋藏在她内心深处的敬畏和谦卑，更值得我们珍重。"

代表作有"北京旧城改造"系列、"新疆文化考古"系列、"三峡无法告别"系列、"野马的故事"系列等。

第一讲　解构特稿 DNA，好故事从何而来

特稿是一种用故事来展现新闻的文体，它在硬新闻和软新闻的分类中属于软新闻，除了交代新闻的五个 W①，特稿还需要追寻文字的美，呈现复杂的真。这意味着一篇优秀的特稿要具备新闻的基本元素，比如新、独家、深度、吸引力、关注度、重大性、影响力等，而属于特稿的别种新闻样式所没有的特性就是它“更加注重高度的文学性和创造性”。

大家都知道突发事件、异常事件是新闻，媒体会对其一拥而上，而特稿或许会在人们认为新闻事件已经结束的时候去发现事件的要义。一般的新闻记者就像追着球满场跑的运动员，而特稿记者似乎要站得离事件远一些，以便看到事件的全貌；他们似乎要站得高一些，以便

---

① 新闻的五个 W 即新闻五要素，指一则新闻报道必须具备的五个基本因素，分别为何时（when）、何地（where）、何事（what）、何因（why）、何人（who）。——编者注

在纵向、横向的各个方面为事件定位。也许要等报道日常新闻的记者们都散场了，废料被扔得满地都是，特稿记者才开始在现场寻觅，寻找他们真正想要的东西。

所以，用特稿讲一个故事并不在于你要用什么方法、用什么技巧讲，你可以用最陈旧的方式，也可以用最现代的方式，但你必须对这个故事完全了然，发现这个故事对今天的意义。

这其实是对新闻的洞察与发现，在这种洞察与发现面前，最不成新闻的东西也可以被写成最好的新闻。这看起来是一个虚无的问题，也是一个无法确切说明的问题，却决定着作品的灵魂。“对故事洞察、理解到什么程度”关乎很复杂的因素，它与作者的专业水平、价值观、对人生的看法、生活阅历、态度、性情、经验等都有关系。

作为记者，你在进行特稿写作时需要查看笔记、录音、影像等资料，进行整体的复盘，更需要在心里一遍遍盘点每个场景和细节，反复思考一个问题：我为什么要写这个故事？这个故事对大众读者的意义何在？他们为什么会对这个故事感兴趣？这实际上是在找一个普世的意义框架，以便把你的故事镶嵌进去。假如你没有找到这个框架或者找得不准确，那你就等于没有发掘出采访材料，这就像铜器没有被一遍遍摩挲到发亮一样。

01 好选题从何而来

“你说你写的是特稿，但这算是新闻吗？”在编辑部里，常常会有人这样问一个特稿记者。这表示即使是新闻从业者，也怀有对特稿的不同看法，甚至是疑惑。

“你去了飞机失事现场，回来写了一篇细节丰富的故事，那你能告诉我们飞机失事的真相吗？那些活灵活现的细节对真相的揭露有用吗？”特稿记者在这种时候常常无言以对。

一篇高水平的特稿首先关注的应该是文学性和创造性，而能把文学性和创造性体现得最典型的就是写出一个好故事。普利策特稿奖的评选充分体现了这一点。

“本书所收录的代表作堪称文学的纯正典范，它们的作者都是真正会讲故事的人。”戴维·加洛克在编辑《普利策新闻奖·特稿卷》一书时如此评价其中的作品和作者。

> 不管怎么说，用第一位获奖人来说明如何确定正确的“文学基调”是再合适不过的了：乔恩·富兰克林，凭借众人瞩目的《凯利太太的妖怪》一文而获 1979 年度普利策特稿奖。①

这是普利策特稿奖的第一篇获奖作品，文章是对一次错综复杂的脑部手术的报道。正如文章的小标题“穿越大脑沟回的恐怖之旅”，故事从手术前的准备写起，悬念立即揪住了读者的心，人们迫切地想知道凯利太太和脑外科的托马斯·巴比·达克尔医生合作和妖怪脑肿瘤之间的战争的结果。这是一个有开头、有过程、有结尾的精彩故事。

① 加洛克．普利策新闻奖：特稿卷 [M]. 多人，译．北京：新华出版社，1999：4.

> 有趣的是,《巴尔的摩太阳晚报》似乎没能很快意识到《凯利太太的妖怪》的价值，这篇相对较短的特稿被该报分两次刊登，并且被淹没在当天 C1 版末尾的位置，头版导读也没有向读者推荐这篇文章。[1]

但读者的电话像潮水一样涌进报社，大家都想知道故事的结局到底怎么样，这就是故事的魅力。

我国对特稿最早开始探索的机构中有南方周末。我刚到南方周末当记者时，其实整天都在为能否找到选题而焦虑。当时选题的通过率并不高，记者需要每个月维持一个稳定的生产量，所以我很期待编辑给我一个好故事。后来当我能够找到好故事时，我手里的故事就逐渐多得写不完了。我感觉故事无处不在，就看你有没有发现的眼光。

为什么我可以找到选题、找到故事呢？除了平时的积累，实际上是有方法可循的。

学会养你的故事和积累你的线人

在同题竞争的时代，你要有自己独特的故事，要学会一直“养”着故事。

我曾经写过一个系列——“野马的故事”。“野马的故事”第一篇报道是在新疆写的，那时候我还没有到南方周末工作。后来，来到南方周末之后，我写了《我看见中国第一批野马死亡》，之后又写了《野

---

① 加洛克 . 普利策新闻奖：特稿卷 [M]. 多人，译 . 北京：新华出版社，1999：2.

马归野》《野马危机》，在这之后三年我又写了《野马的爱情》。

这里有两个问题：如何说服编辑让一个选题反复出现在报纸上？在反复写一个话题时，如何避免报道的边际效益递减？

其实第一个问题就比较难，因为“新闻纸”（带有新闻属性的媒体）的特性永远是追寻新闻，读者也不愿意反复看一个老话题。第二个问题相当于问：作为一个写作者，如何在一次又一次地重复同一个选题时不重复自己？

我理解的规律是这样的：野马的故事每写一次都有一个新闻点、新闻由头，不是我想写就能写的。野马的故事本身是发展的，这个新闻并非一下子就结束了，而是一直在成长。另外，一个故事需要一个激活点、一个爆发点。在这个点上，原本静态的样貌变成了动态的。野马因为难产死了；野马在被放野后走丢了；放野后出现了一系列问题，比如公马杀婴。这时候你要求去做野马的选题，编辑也不会阻止你。

所以写作者如果做了一个选题，千万别做完就丢了，你需要养你的故事。养新闻的过程是积累你的线人、你的人脉关系，同时加深你对这个故事的理解的过程，也是你锤炼这个故事主题的过程。这并不是我一个人的例子，优秀的写作者都有这个特点。

堵车在北京是常态，能不能把它写成故事？能。但如果在平常没有动态事件的情况下去写，故事就很难带起来，读者就会感到沉闷、感到奇怪。大家就会问这样一个问题：为什么你要写这样一个故事？新闻不活的话就会缺少关注，但是在一场暴雨导致整个北京的交通陷入瘫痪，大家都对此感同身受的时候，故事就“活”了，就可以写了。

于是就有了《车陷紫禁城》——一篇讲述一场暴雨导致北京交通瘫痪的特稿。

彭加木在罗布泊失踪是40年前的事了，但当在罗布泊发现干尸时，这个新闻就又“活”了，于是我就写了《罗布泊的绝版典藏——彭加木》。

养你的故事，积累你的线人，等待一个沉闷故事的激活点、爆发点。故事一旦爆发，大家就会蜂拥而上，而你因为一直养着这个故事，有积累，所以总会比别人快一步，也会比别人更理解这个故事，这是一个规律。

专注于某个领域，成为专家型写作者

除了“野马的故事”系列，我还写过“新疆考古文化”系列，这个系列后来结集出版成了《众神栖落新疆：东西方文明的伟大相遇与融合》。

在《南方周末》上发第一篇故事的时候，我还在新疆，我写了《交河故城——大地上最完美的废墟》。交河故城是从地下掏出来的一座城市，城市建筑越往上，其年代离现在越远，越往下就越近，这正好和其他考古遗迹相反。新疆气候干燥，所以所有东西都完美地保留了下来。交河故城里住过几大人种——白种人、黄种人和黄白混血人种，演绎出了几大文明。后来我又写了《楼兰——一个百年未解之谜》，当时我还不在南方周末。

我在来到南方周末以后发表的第一篇新疆故事是《盗墓惊楼兰》，用的完全是故事的写法。这篇稿子在编辑部曾经引发讨论：原来新闻

还能用这样的方法来写，还能写得这么好看。接下来我写了《惊采绝艳：盗墓盗出的新楼兰》《罗布泊，小河墓地惊世再现》《圆沙古城之谜》等。

除了历史，还有现实题材，比如《塔里木河，在一节节消失》。我还连续多年、多角度、多篇地写了喀什，如《喀什噶尔的节日》等，这些内容又积攒成了一本书，目前还没有出版。

为什么我能做这样的系列话题？还有人问：为什么这样的稿子总有文化的味道？这是长期积累的结果，这让我对这类话题有敏感度，知道怎么进入。比如，做长江三峡这个选题，我就知道要理出一条长江文明的线索；看到要修复莫高窟壁画的消息，我就知道可以写出一个好故事。关于新疆的话题可以一直写，就像舞台的保留节目可以一直演一样。其实不仅我是这样，我可以再举几个专家型写作者的例子。

王军曾是新华社北京分社的记者，分在城建口，专门撰写城建相关新闻稿。因为长时间的积累，他对北京城旧城改造这个话题常做常新，持续关注，写出了几百万字。王军也成为城市规划和保护方面的专家型记者，其非虚构长篇作品《城记》《采访本上的城市》等代表了他对这一问题的研究高度和深度。王军现在的目标是写《梁思成传》，他开始了新的研究。

陈徒手是另外一个专家型写作者，他写了《人有病 天知否》这本书，在 2013 年又出版了《故国人民有所思》。陈徒手的写作主题是历次运动中的中国知识分子，为此他翻抄、积累历史档案。每周做完报纸版面的工作，他都要去档案馆用铅笔手抄档案，这项工作至少做了十几年。现在中国没有谁能够掌握他那么多的一手资料，他在对这个领域的研究上应该是数一数二的。

另外，像彼得·海斯勒（中文名为何伟），他写了中国的涪陵，也就是《江城》，之后又写了《寻路中国》和《甲骨文》。只有对中国目前的变革进行深入研究，才能写出这样的作品。

对写作的相关领域那么熟悉，能够找到好故事也就不足为奇了。新疆文物考古研究所的所长伊弟利斯是维吾尔族人，他一见到我就会说“大记者来了”，不管是在正式场合还是在非正式场合。可能他感觉到我和其他记者不一样，我能够沉下心来研究、学习他们的考古报告，这些考古报告因为专业性强，所以读起来非常难。

好的非虚构故事写作者都要达到这样的标准，那就是每当完成一个故事时，你都会发现有更多的东西在等着你，你的研究是成体系的，你能发现事物之间的联系，要弄懂一个事物就必须弄懂其他三个甚至更多，最终你就成了这个领域的专家。

所以说，一个优秀的专家型写作者一生通常只能通达一两个领域，写作者对某个领域开掘的深度和广度意味着学习和钻研能力，也意味着他在这个领域的地位和话语权。

对新闻行业来说，这就是所谓的大记者、隐藏在记者中的作家。

将选题织成网，建立选题间的联系

我写的另一个故事系列是“北京旧城改造”系列。我从写《南池子之劫》开始发现北京的城市规划与建设的问题；写《四合院，黎明时分》时，我发现了新中国成立初期北京是进城还是出城发展的争论公案；写《经租房：半个世纪的产权纠葛》《胡老太太讨屋日记》《回不去的南池子》时，我发现了关于私有财产保护的问题，也恰恰在这个时期，中国出台了《物权法》，使这个选题有了写作的可能性；写《元大都活在胡同里》时，我发现了这个城市营造的思维模式、历史和现实的冲突，以及北京是如何陷入城市“摊大饼”的状态的。这个“大饼”越摊越大，而这种发展模式也是中国城市建设的普遍问题。

之后写《车警官出前门记》时，我发现中国经济的快速发展实际上靠的是房地产支撑的经济模式。房地产经济严重打压了其他经济模式，而拆迁就是腾出更多的地，让“生地”变成“熟地”，让“熟地”变成“黄金之地”。当时北京前门拆迁，有一个词叫作“腾笼换鸟”，意思就是把老北京居民换出去，让资本进来。

题目之间彼此独立，但具有相关性，它们形成了一个朝不同方向延展的体系，每个方向都可以写一本书，这样就能建立选题间的联系，将选题织成网。这需要你边学边写，你会发现选题在成长，这样写故事的人也就成长了。这种感觉很像赶路，路上有那么多的风景，你怎么会觉得累、觉得文思枯竭，又怎么忍心放下笔不写呢？新闻也会推着你动，它会自己找上门来。

在当下中国，记者需要用沉静的眼光来观察这个迅速变动的世界，用多维的视角来认识这个复杂纷繁的世界，以人文的态度去理解这个充满活力和欲望的世界，同时以细腻的笔触来描摹和表达。

本节最后分享一些小贴士，这是我们经常找故事的方法和技巧。

第一，从新闻事件中找故事。比如，“包头 11 · 21 空难”之后，有了《悲情航班 MU5210》这个故事；广州禁摩托之后，有了《两个人的摩托》这个故事；“7 · 23 甬温线特别重大铁路交通事故”之后，有了《永不抵达的列车》这个故事。

第二，重新发现和解读。比如，“莫高窟壁画修复”这样的消息最初是报纸上几十字、几百字的报道，我认为如何修复莫高窟壁画是一般人看不到的，那么展现如何修复壁画应该是一个好故事，所以最后就有了《一次输不起的文明拯救：给敦煌莫高窟治“癌”》这篇特稿。再比如，中国科技大学少年班“神童”这个题材本身对人们来说都很熟悉，那么他们到了中年会怎么样呢？于是就有了《“神童”到中年》。

此外，长期关注某个领域，也能发现独家故事，比如我写的“野马的故事”系列。

02 如何深度挖掘选题

相比新闻的“真”，新闻的“美”常常被忽略，这是一件非常遗憾的事。很多记者认为传达真相是最重要的，有的记者的稿子里甚至通篇摆的都是事实和数据。有一点是不能忽略的，那就是再重大的事实也需要向读者进行传播，如果使阅读该事实产生障碍，那就会大大地影响它的传播效率。

如果一个新闻事实可以以美的方式传播，那么为什么不这样做呢？但是特稿受到两个方面的制约，一是坚持事实的真，二是传达方式的复杂性，做到真与美兼备其实是非常高的要求。

在找到一个故事选题后，接下来面临的问题就是如何深度挖掘主题。

故事的五维度

你的故事如果能“卡”在下面这些维度里，那就会是一个清晰而准确的故事。

- **时代：故事在时间中的位置，即故事发生在什么时代？**
- **期限：故事在时间中覆盖了多长？**
- **地点：故事在空间中的位置？**
- **冲突：故事的冲突是政治和意识形态的冲突，还是经济社会的冲突，还是物质领域、社会领域的冲突，你在什么冲突层面上讲你的故事？**

- **人性：故事的人性维度是怎样的？故事不仅要包括人际冲突，还要包括内心冲突、命运冲突。**

在下笔写故事之前，你可以用五维度法问问自己，你理解你的故事了吗？问的次数越多，你越有可能发现问题。

一个选题能否做好，和你对这个选题的理解紧密相关。选题如果太大，那么理解起来并非易事，而如果理解不到位，你的故事就会讲不到位。

比如，我写"细菌战"这个选题，要理解这个故事所有的内涵很难。这些年，对它的价值和意义的思考一直伴随着我，因此我对故事的理解是不断成长的。我在2002年接触到这个选题，直到现在已经做了19年，我对"细菌战"这个选题的理解大约上了五个台阶。

2002年，编辑部给了我"细菌战诉讼"的选题，中方原告当时刚刚败诉，编辑部让我去采访王选[①]。我第一次知道，"二战"期间日军在中国发动了细菌战。我的报道《她把细菌战真相告诉世界》是以王选为主角的，在我报道之后，她当选为中央电视台"感动中国"年度人物。她太有光彩了，以至于在相当一段时间里，我一直把目光放在她身上。我当时的认识是，研究细菌武器并将其使用到战场上是人类最恶劣的一种战争手段。

第二次做这个选题时，我想知道使用细菌武器到底会有什么后果，它和其他武器不一样的地方是什么，也就是所谓的"如何"。我当时的

---

① 王选，侵华日军细菌战中国受害者诉讼原告团团长。——编者注

对标作品是约翰·赫西的《广岛》，这是一部描写核武器使用后果的经典非虚构作品。这部作品描写了六个亲历者的故事，揭示了核武器到底是一种什么样的武器，使用后会“如何”。

我认识到，细菌武器虽然不如核武器那样有瞬间毁灭的威力，但是其危害不仅可与核武器相比，而且在某些方面远远大于核武器。一比较，问题就出来了。人人都知道核武器的危害，全世界已经结成反核公约和同盟，但细菌武器的危害远没有被认识到。更重要的是，细菌武器的影响至今还在，细菌战是仍未结束的战争，只是事实没被揭露出来。中国被攻击地区的老鼠身上还有活的鼠疫杆菌，老人的脚还烂着，一个村一个村地烂，他们从孩提时代直到老去，一直都过着“烂脚”人生。烂脚有可能是炭疽杆菌造成的，这段历史完全没有被调查，也没有被整理，甚至没有进入历史的记录。

于是我写了《极罪：没有结束的细菌战》，这部作品有十多万字，当时在《南方周末》上发表了其中的五万多字，这是《南方周末》第一次为一个记者出特刊。

第三次主题的再发现是我认识到在中国的正面战场下还有一场战争，那就是细菌战。这场战争是隐秘的，是日本以科学的力量进行的谋略性战争。南京国民政府当时完全是蒙的，只知道疫病正在流行，却不知道为什么，当时他们也怀疑，并向国际社会举报日本使用细菌武器，但是没有人相信。

战后美国、苏联、英国想占据细菌战的数据，互相展开情报战，最后美日联合交易，掩盖了所有的事实。细菌战相关人员全部逃脱了东京审判，但是中国受细菌武器影响的地区一直有疫病流行。南京国民政府的防疫措施一直做到 1948 年，这完全相当于另外一个“八年抗战”。

我第四次做“细菌战”这个选题是在我接触了大量的日本人，包括日本的记者、律师、和平人士，知道了他们的故事之后。他们是日本最早揭露细菌战秘密的人，是他们最早来中国调查的，也是日本的律师推动中国受害者到日本打官司，并免费为他们代理的。这些人是日本经历战争的一代人和战后出生的一代人，这两代人在共同努力推动中日的真正和解。

中日政治家友好握手之后，中日之间真正和解了吗？战争这一页真的翻过去了吗？我走访了崇山村——王选的家乡，这个村是鼠疫流行得最厉害的一个典型村。我在这个村里看到，细菌战并没有真的过去，于是我在书稿里写了一章，叫《心里的战争》。

这一章是以一个日本人类学者的角度写的。这位人类学者到中国崇山村去调查，才明白中国人为什么要起诉日本政府。战争虽然已经过去了半个多世纪，但对这场战争的记忆一直闷在村民的心里，因此在某种意义上，因战争引发的对日本的仇恨没有得到宣泄和化解，表面看起来风平浪静，但战争还在内心进行。

第五次是在近五年的采访中，我们发起了治疗烂脚的公益行动，主题是疗伤。中国人的战争创伤从来没有机会诉说，也没有机会治疗，身体的伤口还在溃烂，心灵的伤口亟待抚慰。

细菌战诉讼促使受害者觉醒，参与修复自己的历史，他们建立了纪念碑，写自己的家史，这段历史被以个人生命的方式记录下来，使历史不再是一个个冷冰冰的数字，而是鲜活的生命、他们的经历、他们自己的历史。他们的行动甚至改变了中国一直以来记录历史的方式。

我可能不是一个十分聪明的人，我觉得我不能一下子理解一个这么大的主题的全部意义，我需要用很多年慢慢地体会和深入探索。对这个主题确实要认识再认识，它需要反复的锤炼。

这样一个长篇故事，包含了时代、期限、地点、冲突和人性这些维度。用五个维度去理解这个故事，就会在故事中有新的发现。

打捞细节，如何展现

南方周末对特稿的描述是：追寻文字的美，呈现复杂的真。有一句话说，一千万人的死亡只是一个统计数字，一个人的死亡却是一场悲剧。一个人怎么死去，可以被写成悲剧。

一个人怎么死，“怎么”“如何”，请注意这两个词。一些不成功的采访案例会出现微观上的采访不够细致、宏观上的材料不够充分的情况，稿件呈现一种平庸、混沌的状态，这就是没有实现升上去俯瞰，沉下去打捞。

“升上去俯瞰，沉下去打捞”，这是我总结的。我常常在写稿的时候复核自己是否做到了这两点，如果没有做到，我会进行第二次采访、第三次采访，甚至更多。这也是故事的理想状态，而如果沉下去没有沉到深处，升上去也没有升到高处，实际上这两种状态会互相影响。不能升到高处俯瞰，就不能完全理解故事的主题和意义；对意义理解混沌，就无法寻找相应的场景和细节，细节和场景的不到位则会影响主题表达的到位和准确。

特稿写作或者故事写作被称为新闻写作中的手艺活，就算是进入人工智能可以写新闻、写诗的时代，特稿写作依然是人所专有的领域，不可能被机器替代。手艺要做到什么程度才算到位，也就是什么时候才算采访够了呢？答案是永远不够，采访甚至永远没有截止时间，只不过我们因为有截稿时间，所以才不得不终止采访来进行稿件的写作和加工。

大家都知道，在新闻写作中要调动五感来还原现场，西方关于特稿写作也有很多金句：

- **做一只苍蝇，钉在墙上不动声色地观察。**
- **别讲给我听，请展示给我看。**
- **让你的故事看得见。**
- **故事大师从来不解释，无论用什么方法解释故事的意义，都会降低故事的品质。**

问题是很多写作者发现自己根本做不了那只苍蝇，因为新闻已经发生了，现场也已经改变了，或者你根本就没有现场可去。那么你该怎么办呢？怎么还原那个现场呢？

想象一下，假设你是我，你在新疆准噶尔盆地采访野马的故事。野马被放野三年后出现了一些问题，你回到了准噶尔盆地进行采访。现在有三个关键点需要你仔细地展现，沉下去打捞细节。第一，野马在野外基本上适应了生活，还和野狼打过架，野马负伤，但没有被野狼吃掉；第二，公马累死了，因为人工给他配的母马太多了，它顾不过来，最后劳累而死；第三，野马群出现杀婴现象。

以上三个关键点都已经发生了，场景都已经过去了，你看不到现场，只有一群养马人可以去采访，那么你该怎么做才能把这三个关键点展示出来？

“野马斗野狼”，你我都没见过，甚至养马人也没见过，他们只是通过野马身上的伤判断出来的。你应该怎么去问呢？我提示一下：首先你应该去了解，野马在遇到紧急情况时一般会怎么做。黄羊、野驴来的时候发生的情况，养马人是非常熟悉的，如果你问到了，引起了他们谈话的兴趣，他们会给你描述一番。

那么野马遇到危险时，它的动作、它的行为又会是什么样的？它打架的时候是怎么打的，是用前蹄打，还是用后蹄打？养马人看到的打架场景是怎样的？打架会持续多长时间？我曾见到野马和狗打架，养马人把一只狗放到了野马群里，野马和狗爆发了激烈的打斗，最后这只狗狼狈逃窜。

关于“野马累死”的采访，我是怎么做的呢？我到现场进行观察，去问野马当时的行为，死亡时间或者它从极度衰弱到死亡的时间有多长，它的行为表现如何，它吃不吃草、能不能站起来，它在最后死亡的那一刻是如何倒地的，它的解剖结果又是怎样的。后来我了解到，野马被解剖后，它的肠子已经变得像纸一样薄。为什么会这样？因为它要守护、管理马群，的确没有时间进食，于是最后就出现了这样一个伤感的结果。

“野马杀婴”又到底是怎样的呢？野马杀婴的瞬间是什么时候？野马为什么会这样？当时的场景是怎样的？公马的位置是什么样的，小马的位置又是什么样的？母马在干什么，为什么不来护小马，小马是如何被杀的，等等，我想这些问题可以问很多。这些问题可以留给你，你去想一想应该怎么问，如何让这个场景能够被“看见”。你在现场，如果你的提问不能使场景重现，那么你的读者也一定不能看见，这就说明你的采访不到位。

我们前面讲了两个方法：一是故事五维度法，深入理解你的故事；二是用细节还原场景。这实际上就是写故事的两大难题——对宏观和微观的掌控。过于微观会让故事只有局部，而体现不了整体和意义；过于宏观的话，故事就不好看，好像你在给人讲大道理。一个好的写作者是能恰如其分地解决这两大难题的人，但是对宏观和微观应该把握到什么程度才算到位呢？

好的场景，无论是记者自己在现场看到的还是经过重建还原的，都必须体现三个原则：真实性、生动性、现场性。真实性就是细节要精准，所有的细节必须保证百分之百的精准。生动性就是现场的样貌、气氛、情绪等都要让读者能够感受到。现场性就是即时，场景要有当下性和运动感。

你可以把你的故事细节列出来，一个故事可能有 10 个细节，那么哪个最精准？

我记得我看过一部电影，影片中记者采访肯尼迪夫人，当时肯尼迪已被刺杀身亡。肯尼迪夫人也做过记者，她对采访她的记者说，我知道你要什么细节，你要的是子弹头掀开他头盖骨的声音。想想看，肯尼迪被杀的细节可能有若干个，但是这个细节无疑是最精准的那个。两个都做过记者的人对话，对彼此的想法心知肚明。所以，你对每个细节都要仔细琢磨，不精准的、间接的细节要果断放弃。

抽象阶梯

《圣彼得堡时报》的写作教师罗伊·彼得·克拉克曾经提出一个理论：对讲故事的人来说，抽象阶梯是最好用的工具之一。

所谓抽象阶梯，就是把整个故事的构架想象成一架梯子，梯子的顶端是宏观意义，是普世意义的框架，它给出写作者和读者理解故事的定位和故事的意义，梯子的底部是场景和细节。有了好的场景和细节，你不用过多地向读者阐述故事的意义，不用向他们灌输，他们自然就能心领神会。故事最可怕的状态是在梯子的中部，上不去又下不来。在一篇优秀的故事中，作者会将宏观、微观协调到适当的位置，让读者在阅读的时候就能对故事有深刻的理解。

彼得·克拉克对故事阶梯有过一段描述：阶梯的顶端写作是言说，它呈现概况；阶梯的底部写作是展示，它呈现细节。抽象阶梯可以帮助写作者弄明白，如何在顶端表达意义，又如何在底部举出具体的例子，并且避免中部的混沌状态。当你在精心布局的叙述中展示细节时，它会带领读者向阶梯上方走去，意义自然就在他们的脑海中呈现了。

03　特稿的采访是特式采访

我给大家提一个问题：你觉得特稿是采访出来的，还是写出来的？我们常常遇到这种情况，人们在夸赞一篇特稿的时候，总是说“这篇文章写得太好了”，很少会听到他们说“这篇文章采访得太扎实了”。

实际上，特稿是一种不容编造、夸张的新闻文体，所以无论你写的是多么惊心动魄的故事、多么隐秘的私人生活，还是任何特立独行的个性人物，你都不可以编造，不可以随意改造事实性的信息。你讲故事的所有材料都要来自采访和调研，采访无疑是最基础、最重要的工作，新闻首先是采访出来的，而不是写出来的。这一点对特稿采访及所有新闻采访一样重要。但是特稿的采访又有所不同，我把它叫作特式采访。

所谓特式采访，就是它绝对不是一次偶遇式的采访，而应该是事先有计划、有谋略的。真实故事都是经过选择的，采访之前你要试着问自己三个问题：为什么要写这个故事，为什么要在这个时间写，为什么是我写。

你看一些新闻现场的图片，里面有丰富的细节，这就是故事现场给出的丰富性。我有时候在现场觉得一下子不能完全把握现场的细节，我会去拍照片，不是像摄影家那样讲究角度、讲究美感，而是把我需要的细节拍下来，然后回到家里回放，对其进行仔细观察、研究，这样往往会发现很多东西。

特稿的采访不仅在于对现场细节的搜集，写作者的眼光还要放到更广泛的区域，纵向深入历史，横向延伸至一切与之相关的信息，并且这种信息搜集在时间的纵轴上可能是一种长久的、持续的关注、观察和思考。这就是长时间、大背景、大区域的关注。

大事件里的细节

一个大新闻总是有很多切入的可能性，有许多可报道的角度。如果你现在进入了汶川地震的现场，你就站在汶川的废墟上，作为一个写作者，你最好想清楚自己要找什么样的故事。

汶川地震发生后，太多的记者在匆忙转场，他们认为更大的新闻在别处，而不是在“这儿”。比如在 2008 年北京残奥会上跳舞的小姑娘的截肢救援现场，有的记者本来在现场，但是他觉得可能会有更大、更好的新闻在别的地方，就跑开了，从而错过了这个故事。而《南方周末》和《中国青年报 · 冰点周刊》的记者则盯住重点的现场和个体的故事，于是他们分别写出了《灾后北川残酷一面》和《回家》这两个故事。《冰点周刊》的记者盯住一对夫妇背着自己在地震中去世的儿子返回家乡安葬的事件，详细了解了他们的家庭情况、心情、他们和儿子的感情、他们的故事，然后就有了《回家》这篇特稿。

实际上，类似细菌战、新疆历史文化、北京旧城改造，还有汶川地震这样大的新闻题材，其包含的内容都特别复杂，有非常多的主题，这就需要你好好研究并想一想，去观察这个大新闻里有哪些是没有被讲出来的，有哪些是你可以切入、盯住并据此讲出一个好故事的。

预想故事的关键点

你在找准故事、下定决心后要做的工作就是阅读相关材料，预想故事的关键点：谁是关键人物，什么场景是关键场景，故事的情节和走向是什么样的。

你要获得进入这个故事的路径。对你将要采访的故事来说，你有时候也是陌生人，很多意外和偶然在等着你。如果你没有找到路进入故事主人公的生活，那么就算你有最好的点子，你写出来的可能也是一个糟糕的故事。

故事的关键人物是谁，有几个，如何能够接近他们或者到达他们身边，这是你需要解决的问题。故事有几个关键的场景，你通过什么样的途径能够再现和还原这些场景，使这些场景让读者看到，要想做到这些，你可能需要有一个甚至几个预案。

找到你在故事信息流中的位置

你可以检查自己处于“故事信息流”里的哪个位置，什么是已经被释放的，什么是未知的。你要明确你的目标是什么，你要主攻哪座山头。

在互联网时代，最难的事情就是找独家新闻，大多数写特稿故事的人面临的状况是这件事已经被其他人写过了，被媒体报道过了。故事发生后，信息随时都在释放，形成了信息流，而判断自己位于信息流的什么位置，知道自己的目标是什么，就显得十分重要。

同题竞争下最需要的是清醒的头脑和细致的行动方案。我做过很多这类报道，举两个同题竞争的例子：一个是彭加木干尸事件，另一个是唐山地震 30 周年纪念日。

做彭加木这个题材，是因为我对新疆比较熟悉，我在新疆媒体工作了十多年，所以新疆的题材一出来我就都会对其有一个大致的判断。

对于彭加木失踪我很早就有疑问，只不过没有时间弄清楚。当时罗布泊出现干尸，疑似彭加木的遗体，所有的新闻媒体基本上一拥而上，都报道了这条新闻。但是我觉得这条信息流的关键点是，当年彭加木失踪的很多情况并没有被弄清楚，能够说明当年情况的是和他一起考察的考察队员。于是我就回新疆找到这些队员，和他们聊了很久，发现了非常多出人意料的细节和故事。

对于唐山地震这个题材，我当时曾向编辑建议放弃，因为感觉到 30 周年纪念日的时候，会有铺天盖地的报道，我们花很多力气做出的成果可能被淹没，但编辑部还是决定要做，于是我们就开始思考要做什么。孤儿不行，这个题目太显眼了，别人会抢；新唐山，不光做的人多，也是比较常见的思路。和地震同时出生的人呢？我们又觉得，他们对地震不会有太多印象，可以说基本上地震和他们没有太大的关系。

后来我提出应该选择这些经受灾难的唐山人的心灵复苏这个角度，通过特稿故事来达到目的。在执行的时候，我们原定的主稿采访对象是张家五孤儿，但《南方人物周刊》捷足先登，他们的记者在张家待了一个星期。我当时一听就有点儿蒙了。编辑的意思是我们不愿意吃别人嚼过的馒头，但是我建议还是去张家看一下，因为舍不得完全放弃。我和张家的大姐、二姐谈了一个上午，就决定这个故事还是可以写，而且和别人写的完全不会冲突。

有了“唐山人的心灵复苏”这个明确指向，我才能发现更多细节。尽管张家姐弟现在看起来过得不错，小妹还开着宝马车，但她使用的那些抹布都很旧，被整齐地摆在卫生间的盆里。你看到这里就能发现这是一个经历了苦难人生的女孩，抓住这个细节，抓住历史与现实的背景，你就能写出不同的故事。

同一个故事，我们出得比别人晚，不敢说我们做得比别人好，但因为我们找准了信息流中的位置，所以我们做的是独特的。

特稿采访前的功课

搜集材料，做好特稿采访有一些技巧。

第一，调研故事背景。

你的故事是坚果的核，它们被厚厚的果壳包裹，你看不到它们的形状和大小，也不知道它们的味道。你需要研究果壳的材料和样子，大致掌握里面是一个什么样的核。这些壳就是社会、经济、政治、历史、人情、世俗等，它们决定着故事的样子。

调研会为故事设立一个背景框架，提供故事的语境，相同的事在不同的语境中会是截然不同的。不研究这些就直接去采访，会导致到了现场之后不知道什么信息重要、什么信息不重要，会进行无效的劳动。如果被假象蒙蔽，那也可能会做无用功。在没有做背景调研的采访中，记者会表现得没有定力和主见，从而处于被支配的地位，让采访对象按照他们自己的思路叙述和渲染事件，记者被牵着鼻子走。

第二，搜集所有的资料和档案。

这个工作在采访中和采访后都可以做，但在采访前做更为重要，这能使你在短时间内掌握你平时不了解的专业领域的知识。记者或者故事的写作者永远都在学习，不断从一个领域转向另一个领域，要在短时间内学习并充当这样一个专家的角色。

第三，制订采访计划。

有的采访对象可能要求你做提纲，有的则不需要，但是你自己要有一个大致的计划。你的主要目标是什么，怎么找到和达到目标，怎么找到目标联系人，等等，对这些至少要做到心中有数。

04　特稿写作：向戏剧和小说学习

特稿是一个好故事，好故事应该包含戏剧性、冲突性、独特性、唯一性等要素，但特稿最主要的要素应该是延展性和复杂性。或者说，一个故事可能并不具有爆炸性的、冲击性的要素，只是安静的、常态的，却有足够的深度、广度和复杂度，那它就有了特稿的特质。它安静的表面下包含了一些本质的、长久的东西，就像是一座有绵长矿脉的金矿，虽然一时一地的储量看上去并不丰厚，但它有足够长的矿脉，这就给了你开掘的可能性。

显性冲突与隐性冲突

好的特稿故事应该是既有显性冲突又有隐性冲突的，这正是需要向戏剧和小说学习的地方。

特稿故事的结构可以向戏剧学习，戏剧中的三幕剧、四幕剧使用的就是一个开始、铺垫、高潮、结局的安排方式。京剧的折子戏也非常有借鉴意义，一部剧被拆成若干个折子，每个折子是一个独立的小故事，若干个小故事连起来就是一部剧，没有时间表演完全的话，可以单独演一两个，因为它们独立成篇，有自己的开始、高潮和结尾，所以完全可以独立出来。

我们透过戏剧的结构可以发现戏剧，尤其是舞台剧，其最重要的情节是包含了冲突的。冲突要一波波、一环环引向最高潮，在一个点上爆发，不可收拾，无路可走，最后轰然而解，结局是失败或者成功，活下去或者死亡。冲突的激烈程度是衡量戏剧是否成功的标尺。

我们如果细心观察就会发现，戏剧强调显性冲突（为了轰轰烈烈的舞台效果）。但在好的、高明的戏剧中，一定还有一个隐性冲突埋伏着。这个冲突是巨大的、不可收拾的，它指向社会或者生命的终极矛盾，激烈冲撞而又完全无解，正如俄狄浦斯的弑父娶母、哈姆莱特的生存还是死亡，它们最终指向的是命运——人类根本性的、用人力无法控制和化解的悲剧力量。

新闻和戏剧非常相似，新闻的冲突也是显性的，没有冲突的事件不能说是新闻。新闻和戏剧一样，也存在隐性冲突，隐性冲突一般不是硬新闻所关注的，而特稿正可以在这上面有所作为，它需要时间，需要作者的慧眼去发现和挖掘。

对特稿故事来说，显性冲突是一项最基本的要求，与硬新闻不同的是，特稿故事还要找到并挖掘出隐性冲突，特稿更注重隐性冲突。有时你也许会发现，一个好的故事常常是静态的、常态的，没有什么时效性，同时也看不出具有爆炸性的冲击力。但你在写出来后却发现，它是一个让人回味无穷的好故事，你的读者会在故事安静的表面下体会到长久而本质的东西。这样的故事一般来讲是经过深入挖掘的，是有广度和复杂度的。

故事大师罗伯特·麦基曾经说："若无冲突，便无故事。"故事的艺术不在于讲述中间状态，而在于讲述人类状况的钟摆在两极之间摆动的情形，讲述主人公在最紧张的状态下所经历的生活。

我写的野马的故事，实际上也有显性冲突和隐性冲突。

显性冲突包括野马出现的一系列事件——野马回归中国、故乡的第一匹野马出生、第一匹野马死亡、为了生存放野、大自然对野马的淘汰和选择。这些新闻构成了显性冲突。

隐性冲突包括人类对野马的干预的一系列事件——人类对自然的过度索取导致野马种群的消亡，包括后来人类给野马选配公马，把公马累死。人类的错误导致野马种群消亡，这通常被理解为一种负向干预；后来人们想让野马繁衍，进行了更多干预，这看上去是正向的，实际上也有很多错误累积其中。

人类对野马的干预这个主题是有共性的。人类不只是对野马，也对其他的物种犯过同样的错误，最后导致了物种的消亡，比如白鳍豚的悲剧，现在只有繁育白鳍豚的科学家还活着，而白鳍豚这一物种在长江里已经再也找不到了。人类若不改变向大自然过度索取这一模式，那么野马的命运必然是悲剧性的。

隐性冲突还有一条线索，那就是野马的艰难回归和养马人的努力。这些养马人是非常孤独寂寞的，他们在大自然里陪伴野马，从某种意义上来说，也只有野马和他们相伴。

静态的选题如何表现隐性冲突呢？比如我写的新疆题材特稿《罗布泊，小河墓地惊世再现》《十二木卡姆：人间非典型音乐》等，这样的故事好像只是告诉了你一些你所不知道的新疆的情况，其中有什么冲突？

在这些新疆主题的故事里，也有显性冲突和隐性冲突两条线。

显性冲突因素包括神奇的新疆、你所不知道的新疆、新疆考古新发现等。现在人们对新疆的理解是戈壁大漠、高山大河、民族众多、瓜果飘香。但是如果你看到尼雅废墟的景象，你会发现废墟的木柱上都刻着希腊式犍陀罗风格的雕饰，这说明西方文明曾经影响了这里。

但是，同样是在尼雅废墟这里，还发掘了一方中国的彩色织锦，上面居然出现了这么几个隶书汉字——“五星出东方利中国”。东西方文明在这里交会，这种交会的方式有时候是和平的，比如丝绸贸易，但有时候是征服和被征服——战争、对抗、杀戮，最终一种文明覆盖了另一种文明。这就是隐性的冲突，是一种看不见的张力。白种人、黄种人、黄白混血人种在这里共同繁衍文明；东西方几大宗教在这里交会，基督教、佛教、伊斯兰教都通过新疆的这片土地会合。

通过这些对比，你就会发现，写新疆的这些故事很有意思，几大文明在这里相识、冲突，最后逐渐融合，它是一种很大的冲突、很大的张力，这实际上就是一条隐性冲突的线索，是新疆浅表样貌下的深层主题。

故事的永恒要素

故事是否值得讲述，能否成为一个好故事，不在于故事的大小和冲突的激烈程度，而在于能否挖掘出“永恒要素”。写作者从某种意义上来说是一个流浪者，他总是在这个世界上不停地游走，哪里有新闻、故事，他就去哪里。特稿写作者需要在新闻的事实里找到另外一些东西，也许这条新闻和那条新闻之间没有什么关系，但或许你会在深层次找到一些它们共有的特质，我把这些特质叫作新闻的“永恒要素”。

世上有百态人生，故事有千千万万。故事可以有地域、民族、历史、国家等外壳，也因为这些外壳而色彩斑斓，但故事最终的意义要超越这一切，而成为全人类能够听懂的东西。故事最终要讲的是人类永恒的东西。一个故事只有找到永恒要素，才能成为大家都听得懂、能共振的故事。

特稿故事有时候不仅仅追求真相，它的外延要远远大于调查报道的真。特稿故事要告诉你的或许在五个 W 之外。特稿故事要表达的可能是一种状态、境遇或者命运，有时候一个特稿作者想告诉读者的或许是一种情绪和气氛、一个场景、一些历史的细节。

所以，一个故事无论多小、多个体化，只要能发掘和讲出它的“永恒要素”，它就不再是一个区域、国家、民族或一个群体的故事，而是更多人能够听懂的故事，是能让人类普遍有所体会和产生共鸣的故事。或者反之，大多数人都不可能真正体验或者亲临其境，但人们会对这个故事充满好奇和向往，愿意来体验和感受这个故事。

我们知道，新闻是速朽的，今天惊天动地的大新闻可能明天就不是了，或者在它维持一段时间的热度之后，大家就会把它忘记。故事却可以长久，比如野马的故事距离现在已经有 20 多年了，你现在读这个故事不会觉得它是已经过去的事，这就是故事的魅力。

特稿故事的结构

每个写作者如何开始自己的故事、如何安排高潮、如何结尾完全取决于个人的选择，因此一个故事由十个人写，可能写出来的是十种样式，但要想写出一个吸引人的、精彩的特稿故事，有一些规律是需要遵循的。

第一，开头：好的开头要在前三段抓住读者。

特稿一般来讲是万字长文，这在网络时代对读者是一个严峻的阅读考验，如果前三段不吸引人，读者就会放弃继续阅读。

我在写稿子的时候会试图在一开始就抓住读者，就像你给他讲一个故事，你要吸引住他，让他注意到你讲的内容。如果我在写稿子的时候觉得自己没有做到，那么我就会重新安排故事的整个结构。

第二，展开：以情节带动，充分展现故事。

以情节带动故事，充分展现故事的冲突性、戏剧性、复杂性和人物的性格。情节开始展开，并且复杂化，主人公开始面临棘手的问题或者危局，那么这就开始了你的故事的中间部分。这部分也意味着冲突的到来，所以你要安排好冲突和戏剧化的局面。

在故事展开之时，大量的场景和细节是展现故事的必要因素，为了突出细节，展现这个故事的戏剧性、冲突性，有这样几种方法可以参考。

1. 在时间、空间上高度聚焦矛盾和冲突。你要把矛盾和冲突尽量安排在集中的时间和空间上，这样就会有冲突感和力量感。
2. 寻找触发点，抓住戏剧性爆发的一刻。
3. 将人物性格化。一定不能把人物写得非常刻板或格式化。每个人都是不同的，你写的这个人物不可能是其他人，要做到这一点就需要把他性格化。
4. 饱含情感但不煽情。
5. 用生动的语言营造氛围，使用带有色彩的语言。
6. 多描述而少叙述。描述可以使你的故事的情节、场景、细节更加生动。

第三，设计好的结尾。

每个故事都有一个终点。特稿故事如同一部小说、一部戏剧，必须有一个好的结尾。

为了写出好结尾，可参考以下几种方法：

1. **描写一个生动的场景或细节：它们往往有比自身更丰富的东西，读者可以反复回味。**
2. **悬空：你可以不给出答案，让大家怅然若失，引发思考。**
3. **总结：再次阐明主题和观点，回扣主题。**
4. **循环：首尾呼应，照应开头。**
5. **隐喻：将故事引向更深远的意义。**
6. **反转：开头给出预设，让大家以为故事走下去必然会是那样，然后在结尾处给出完全出人意料、和开头相反的结果。这也会有非常好的效果。**

特稿以文采见长，注重文学性和创造性，追求文本的美；特稿讲述的新闻事实远没有人们一眼看过去的那么简单，它富有深刻的内涵、复杂的意蕴，追求呈现复杂的“真”。

特稿是强烈地打上个人印记的作品，你的叙述要打动读者，你的判断要说服读者，这种打动和说服最终要靠事实本身的力量，还要靠你充满智慧和趣味的讲述，以及富有弹性、充满色彩的文字。

雷磊写作方法论

故事结构本质上是写作者内心对一个故事的思考、认识的总和，也是一个人在下笔前最后的筹划环节。一个写作者没有办法写出自己意识之外的东西，没有故事结构也就没有故事雏形，肯定写不出来故事。

- 一句话法则：把你的故事用一句话讲出来，概括故事的这句话，就是故事的主心骨。
- 经典故事结构：三段式结构；多线叙事结构；环状结构；倒置故事结构。
- 故事结构的展开：按时间、空间展开；嵌套式结构。
- 提升故事的张力与想象力：简化故事结构的三个维度——事件、人物和氛围；三种“对峙”手法——整体对峙、意向对峙和细节对峙。

书单　《故事》《性爱大师》《故事开始了》《安娜·卡列尼娜》《一桩事先张扬的凶杀案》《天龙八部》《倚天屠龙记》《三国演义》《中国在梁庄》《看不见的城市》《红楼梦》《兄弟》

影单　《疯狂的石头》《血迷宫》《两杆大烟枪》《敦刻尔克》《罗生门》《回到未来》《环形使者》《明日边缘》《春夏秋冬又一春》《莫比乌斯》《薄荷糖》《阿甘正传》《绿洲》《雪国列车》《母亲》《杀人回忆》《入殓师》

特稿单　《举重冠军之死》《系统》《灾后北川残酷一面》《深圳停电两小时的民间细节》《调查组要来了》《矿难的伤疤》《最后的武斗罹难者墓群》《冷静之死》

– 讲师简介 –

雷　磊

新媒体“真实故事计划”创始人,《南方周末》《智族 GQ》前资深记者。入选 2018 福布斯中国 30 位 30 岁以下精英。

5 年媒体记者生涯，在《南方周末》《智族 GQ》书写底层生计和财富权力；1 年《侣行》制片经历，进入文字和影像表达的中间地带；4 年创业生涯，专注于非虚构内容的生产和商业化，打造出当下最引人注目的非虚构文学项目——真实故事计划。

代表作有《张小龙的性暗示与孤独“华科男”的创造力》《希望的囚徒》等。

第二讲　搭建坚实的结构骨架，让读者欲罢不能

不知道大家有没有过这样的时刻：心头有千言万语，临了却不知从何下笔。很多人就是在这样的时刻打了退堂鼓，放弃写作，时间长了，不仅笔头生涩，自己的观察力和感受力都会下降，灵感也不再降临。

从一个想法到一个好故事，中间有巨大的鸿沟。当你开始动笔写作时，你面对的已经不是一个选题，而是海量的素材信息和细节，还有交替出场的人物和关系。这时我们就容易陷入泥潭：该从哪里入手去写？如何取舍素材？要怎样讲述故事，才能吸引读者？

从一个想法到一个好故事落于纸面，有一个实现过程，其中关键的步骤就是搭建故事的结构骨架。

如果说选题是一个故事的地基，那么结构就是一幢建筑的钢筋混凝土架构。我们知道框架立起来后，添砖加瓦是很快的事情，对故事来说，在搭建出清晰适用的框架后下笔，写起来会事半功倍。甚至整

个故事大厦是否牢靠，是否宜人，是否让人欲罢不能，也取决于故事框架的搭建。

故事的结构框架就像是一幅路线图，确定了路线图之后，才能将选题落地为具体可执行的步骤与模块。用句时髦的话说，只有找到合适的故事结构，写出故事作为一个目标，才真正具备了可执行性。

接下来，我着重跟大家探讨有关故事结构的四个问题。

第一，如何为一个故事找到结构骨架？

第二，经典的故事结构及其变种都有哪些？

第三，故事结构具体可以怎样展开和拓展？

第四，如何从结构上提升故事的张力和想象力？

01 故事是从一个句子上长出来的

一句话法则

我在大学毕业后刚进入南方周末时，还没有写过 2 000 字以上的文章，经验不足。记得第一次出差，是去云南采写一次事故。采访过程中，我拿到了非常多的资料和人物素材，等到下笔时，我憋了一天一夜，眼睛都红了，却一个字都没写出来。我只得给编辑打电话求助，编辑听我乱糟糟地说了一通我要写的故事。电话那头，他让我尝试用一句话讲清楚我要写什么。我当时一头雾水，几十万字的材料，一句话怎么说得清楚？

按照他的要求，第一遍我用了三十多句话才把我要写的故事概括下来，他听完回复道：“你尝试一下尽量用更少的话。”我又努力概括并去掉了一些不重要的枝节，几轮下来，我终于用四五句话描述了整个故事。而编辑始终都只有一句回复：“能否用一句话讲清楚，你要写一个什么样的故事？”

这篇故事写出来后，可想而知，写得很差。我一度很沮丧，觉得编辑太过吝啬，只用一句话来指导我。但编辑告诉我，以后在写每篇稿子之前，都要尽量运用一句话原则将自己要写的故事高度凝练再下笔。此后，我一直反复揣摩并实践这句话，写作很快有了很大进步。后来，我连续多次获得了南方周末新闻奖。时至今日，编辑的这句话仍然让我在写作中受益。

罗伯特·麦基曾在《故事》一书中写道：故事的真正主题并不是一个词语，而是一个句子——一个能够表达故事不可磨灭的意义的明白而连贯的句子。随着写作经验的积累，我觉得我们可以用“一句话法则”为故事找到可靠适用的骨架。

所谓“一句话法则”，就是把你的故事用一句话讲出来，概括故事的这句话，本质上就是故事的主心骨。好故事都有这样一根漂亮结实的主心骨，故事的结构骨架也正是从这样一根主心骨上生长出来的。有了骨架，有血有肉，故事才能成为一个有机体。

大家或许仍然不理解，找到这一句话对写作故事究竟有多重要。

举一个例子：美国作家托马斯·梅尔写作《性爱大师》的经历。托马斯·梅尔写的传记在美国畅销且屡获大奖，但他是一个不折不扣的传统媒体人，曾长期在《纽约日报》担任记者。对于《性爱大师》这本书，我们如果单看它的名字，可能会有一些误解，但它实际上是 20 世纪中叶美国著名性学大师马斯特斯的传记，马斯特斯的研究完成了人类对性的启蒙和科学化。

马斯特斯这个人性格很古怪，他最早是一名妇产科医生。怀着获得诺贝尔奖的宏愿和野心，他开始把性作为研究对象。他建立了专门的科学实验室，用复杂的科学测量仪器来研究人类的性行为。后来，他的研究极大地改变了人类对自身的认识，甚至引发了美国性解放运动的思潮。

可以想象，在 20 世纪中叶美国的那种清教徒氛围中，马斯特斯和助手都遭遇了极大的压力。在研究的过程中，已婚的马斯特斯还和自己的女助手、已经是两个孩子的母亲的约翰逊亲自上阵，把自己作为研究对象。之后，马斯特斯离婚与约翰逊结婚，再后来二者又分道扬镳。

讲到这里，大家是不是感觉一团乱麻？马斯特斯的整个故事充满社会观念的对峙、家庭纠纷及个人感情纠葛，到处都是“狗血”的元素。一直以来，美国有许多关于马斯特斯的文章，从科学研究角度写的、从社会变革角度写的、从八卦角度写的，但都免不了以偏概全，只见一斑而不见全貌。

为了写出一本一锤定音的传记，托马斯·梅尔获取了大量的材料，并尽可能地采访已经去世的马斯特斯之外的所有当事人，希望能够从这位特别的科学家身上发现最值得书写的议题。托马斯·梅尔说，他写作这本传记的核心就是为了表达一句话：性与爱的张力及对每个人的意义。

翻开《性爱大师》这本传记，当传记主人公马斯特斯功成名就，成为人类历史上最懂性的人时，记者问他什么是爱，他茫然失措地回答说：“我也不知道，如果你知道，请一定告诉我。”每次读到这里，读者都会感受到一种巨大的震撼力。这本书作为性与爱的一则寓言，会深深地刻入每个读者的心灵。马斯特斯本人的一生也深受这一命题的困扰，他先后两次离婚，终于在 70 多岁时娶了自己的初恋，并与她一起度过了自己人生的最后两年。

我们可以看到，托马斯 · 梅尔找到的这一句话使得马斯特斯的故事呈现了全然不同的面貌，这个故事包含的内容范畴更大，主题表达的深度也增大了。

《性爱大师》很快在浩如烟海的美国传记文学市场脱颖而出，同名美剧也续订到了第三季，即使是不看书的美国人也在这个老故事里发现了属于自己的价值。

从这个案例中我们可以看出，再复杂的故事都可以也必须用一句话讲完。在任何写作的开始，找到这样一句话，就意味着你找到了整个故事的灵魂，一个想法沿着这句话就变成了一条线索，故事写作变得更加可执行。可以说，这句话是你在下笔之前关于选题的一切思考、行动的总和，是关于选题最核心的认识和结论。找到这句话对写作的好处，会在写作的过程中被所有人反复体会到。

写作的本质是在庞杂、丰富、形态各异的素材里找到一种方法去组织表达。而很多时候，随着阅读和采访的进行，你会发现获得的素材越来越多，线头也越来越复杂，加上交错往来的网状关系，整个写作会变得一团糟。

故事结构的作用就是把故事的各种元素、材料按照一定的规律编排好，也就是规定整个故事的意识形态。有了这根主心骨，此前无从下手的信息、素材就会进入一种秩序。作为故事的意识形态，核心的一句话可以框定书写的内涵和边界。

有了清晰的边界和秩序后，写作者就可以删减素材，对素材进行编排。和这句话高度相关的素材，自然也属于写作的优先序列；次级相关的素材则安排在主干的边缘；相关性较弱的素材可以用不重要的篇幅来安排，作为支撑故事的分枝；更加边缘的细节和材料可以被用来调节整个故事的节奏和氛围。

南方周末编辑部曾经有一种“信息树”的写作方法，就是记者在写作之前按照信息的重要性，以主干、枝子、叶子的形式给整个故事画图，然后根据这个图形把故事转述给编辑，之后这棵信息树就是记者写作的思维导图。这样的写作流程清晰可靠，可以防止记者写着写着结构就散架了。

在《性爱大师》里，作者的写作在某种程度上也符合信息树的写法。马斯特斯的婚姻、性和爱情的选择一直是整个故事的主干，性学研究、美国社会思潮的变动及研究、承受的社会压力都是从主干延伸出来的枝子。托马斯·梅尔很有技巧，他并不只专注于主干线索，而且注重将枝叶丰富到主干上，由此逐步形成了一个枝繁叶茂的故事。

相信现在大家都已经明白，故事是从一个句子上长出来的，而好故事对应的是一个高度凝练主题或者线索的句子。如今，我已经将“一句话法则”用于整个“真实故事计划”[①]的实际编辑工作。我经常跟记者说，你能否用一句话讲清楚你要写一个什么样的故事？一旦找到这句话，就赶紧下笔，抓住这个句子，别让它跑了。

---

① 真实故事计划，我国国内首个真实故事平台，由雷磊、王天挺等青年媒体人共同打造，致力于真实故事的发现及其价值的实现。——编者注

决定故事核心的这个句子如此重要，我们如何才能发现并抓住它？

找到故事的核心价值

前面我已经讲到，把故事讲清楚的一个句子之所以能够成为故事结构的主心骨，是因为这句话为故事建立了秩序。所谓秩序，就是先后轻重的排列。日常生活中，我们在决定位置排序时考虑的最核心的因素就是价值，所有人与物都是按照价值秩序论资排辈的。这一条同样适用于故事写作，在确定故事结构的一个句子方面，价值也是最重要的判断标准。罗伯特·麦基所说的“不可磨灭的意义”就是指价值。

什么是价值？这个故事里什么是最打动你的，什么就是价值。要想发现这个句子，就要对什么最打动人这一点穷追不舍，一直到你真正地明白一切，并能够将这句话表达出来。

我在《智族 GQ》杂志工作的时候，专门写过华中科技大学工科男这个群体，大家都叫他们“华科男”。那时正是全民创业的热潮时期，很多年轻人受到滴滴出行创始人程维和微信创始人张小龙的鼓舞，选择加入了创业队伍，华中科技大学那一年刚好是毕业生创业比例最高的一所高校，我们想通过这样一个群体看看，催生社会创造力的究竟是什么。在当时的创业语境中，这些华科男大部分是被当成极客[①]来看待的，华科男的形象也是这样被塑造的。

我从采访中获得了很多材料，也见到了各行各业的华科男创业者。说实话，这些人不尽相同，对他们分别进行描写的话很好写，但如果

① 极客是美国俚语 geek 的音译，含有智力超群和努力的意思，也被用于形容对计算机和网络技术有狂热兴趣并投入大量时间钻研的人。——编者注

要把他们合在一起写，就几乎很难连贯成一个故事。

动笔前，我把自己关在金茂府附近的一间公寓里一直琢磨，脑子里一团糟。后来我决定把思维清零，让自己回到这个选题最初最打动我的地方，我尝试去描述那个念头。几经辗转，我发现自己最感兴趣的事情是，这样一群沉默寡言的人是如何变成移动互联网时代最有创新力的群体的，在呆板木讷和创造活力之间，价值的震荡太大了。

循着这一问题，我发现驱动这些工科生去创造的是他们与这个世界沟通的渴望，而新技术手段的发展让他们的这一需求有了被满足的可能。就这样，我找到了那句话：这是一个一群孤独的理工科学生通过技术创新来进行自我寻找的故事。在寻找故事结构主心骨的过程里，最重要的步骤就是确定价值的部分，“孤独”“创新”“寻找”都是价值。但在这个句子中，价值是在逐渐变化的，可以把这个变化的光谱结合实际素材嵌入，这样整个故事的写作就有了路径。

罗伯特·麦基在《故事》一书中再三强调，如果一个故事没有价值量的变化，那么这个故事一定不是个好故事。故事中价值量变化的过程，就是形成故事结构的基础。通过明确价值量来确定故事最“要命”的一句话，这作为一种原则是普遍适用的。而价值变化的光谱，在故事里就是一种潜在的写作秩序。

存在于故事中的价值，一般可以分为个人价值和公共价值。

个人价值作为确定故事主心骨的锚点，实际上非常多。仁义礼智信、正义、邪恶、成功、孤独、控制等人性的方方面面都可以作为价值点，帮助确定可以作为故事结构的那一句话。

《智族 GQ》现在的主编曾鸣曾是我在《南方周末》和《智族 GQ》

的同事，他写过一个人物故事叫《失败者李晓峰》。这个李晓峰就是“人皇 Sky”[①]，他作为竞技游戏选手，是第一个入选 WCG（World Cyber Games，世界电子竞技大赛）名人堂的中国人。照理说，这是一个非常成功的人，但曾鸣偏偏不写成功这个方面，反而选择把他失败的价值点放大。他一直在写这样一个不务正业的，甚至是曾经尝试自杀的失败者，最后用自己一次次的失败超越贫穷、阶层和权力的故事。

失败对如何去理解 Sky 这样一个人来说，是一个全新的价值点，也是一个全新的视角。《失败者李晓峰》自然也在各种撰写 Sky 这样一个名人的报道中脱颖而出，甚至比 Sky 自己的传记精彩、好看得多。

从公共价值出发确定故事的框架，可以使得故事普世性更强，内在包容度也更大。

“真实故事计划”于 2018 年卖出百万版权的《密谋十七年的逃亡》，讲的是上海的一个精神病人徐为通过 17 年的努力走出精神病院的故事。从个人价值去写，这就是一个人追求自由的故事，但在故事大结构上，我们在和编辑商讨后，决定突出它的公共价值。这个故事就变成了一个精神病人在长达 17 年的逃亡失败后，撬动司法变革，走出精神病院过上正常生活的故事。故事背后折射的是精神病人的权利困境，以及整个社会对精神障碍人群的认知的变迁。

就具体操作而言，确定故事最“要命”的一个句子，也有一些常用的方法。比如在南方周末，记者和编辑一般只关注具有公共价值的故事选题，大家就总结出了一套“根目录”法则，即南方周末关注的中国的

---

① “人皇”是职业电子竞技选手的名号，Sky 是李晓峰在竞技游戏中的名字。

“城乡二元、权力监督、司法正义、教育公平、医疗保障等根本问题”，记者和编辑所写的故事也只是这些大问题的现实注脚。因此，在确定故事主题的一句话时，只要结合这些“根目录”词语即可。

“真实故事计划”在处理数以十万计的非虚构故事时，也有一套自己的法则，我们把它叫作“人群法则”，即我们只关注年轻人、女性、中年人、老年人这四大人群所面临的核心问题。只要确定是这四大人群面临的真问题，我们都会去写，这样凝练故事主题的一句话就会更加清晰。

2018 年，“真实故事计划”发了一篇让我印象深刻的稿件——《43 岁那年，我妈成了一名杀马特》，它讲的是一个 43 岁的女性从家庭出走追寻自我的故事。这位母亲曾经很努力地扮演一个贤妻良母的角色，可惜一败涂地，于是，她离婚离家开启了一名非主流社会女性的生活，谈恋爱、打架、穿奇装异服。我相信很多女性都有过寻找自我的念头，可女性出走的真问题是“娜拉走后怎样”①。

确定了编辑思路后，我们和作者经商量决定用更多的笔墨去描写主人公出走后的状态，展现一名中年女性头破血流的历程。这样更能让读者看清楚这一个人案例对女性群体的意义，进而了解女性在当下追求自我的代价。

---

① 《娜拉走后怎样》是鲁迅的一篇演讲稿，后被收入他的杂文集《坟》。娜拉是挪威剧作家易卜生的经典社会问题剧《玩偶之家》的主人公，她在经历一场家庭变故后终于看清了丈夫的真实面目和自己在家中的“玩偶地位”，毅然走出家门。鲁迅对此提出了一个问题：“娜拉走后怎样？”他指出，如果口袋里没有钱，则妇女在出走后面临的不外乎两种结局：回来或饿死。妇女只有真正掌握了经济大权，参与了社会生活，不把自己局限在小家庭里，不把婚姻当成自己唯一的事业，才有可能真正获得解放和自由。——编者注

02　经典故事结构及其变种

在这一节，我们将从最经典的故事结构开始介绍，让大家在开始写作故事前有一个最基本的结构可以用，然后我们再讲其他故事结构类型，丰富大家的“写作装备箱”。

三段式结构

先来说最经典的故事结构——三段式结构。“三段式”本来是由哲学家亚里士多德开创的逻辑名词，它是一种简单的逻辑推理方式，包括大前提、小前提和结论。我们在这里不展开逻辑学上的探讨，大家只需要明白任何故事都可以被拆解为三部分：起因、发展、高潮结局。为了便于理解，我觉得将“触发”“冲突”“解决”作为三段来表述为宜。

把决定故事结构的一句话放进“触发”“冲突”“解决”三段，就会产生一个故事的基础结构。比如上一节提到的《性爱大师》，概括故事核心的一句话是：性与爱的张力及其对每个人的意义。这句话里其实隐藏了一些前提和表达，如果把它丰富一下就可以得到这样三段：

触发：雄心勃勃的妇产科医生马斯特斯决定带着助手约翰逊开始性学实验。

冲突：研究取得突破，马斯特斯离婚，然后和约翰逊结婚，两人在性与爱中拉扯彼此。

解决：科学难知人心，最懂性的两个人爱情破裂，苍老的马斯特斯娶了初恋。

在这里，我们看到对一个句子进行三段切分后，故事的基本结构就出来了。马斯特斯的故事的主题也呼之欲出：爱没有科学定义，即使是世界上最懂性的人，也一辈子都在性与爱的张力中辗转。托马斯·梅尔正是循着这一结构，在故事发生了半个多世纪后复原了一切。

罗伯特·麦基说，经典的叙事设计都表现了人类思考方式的时间、空间和因果关系的特点，否则我们的大脑不会接受。人们最易于接受的故事结构就是三段式的经典结构，三段式刚好构成了完整的因果关系，符合人类大脑的记忆规律。好莱坞的编剧大师们曾这样定义经典故事结构：一系列互相关联的情节和事件按照线性安排，最后导致戏剧性结局。曾经有人抽样统计，至少有 90% 的故事都是三段式结构，其内在符合逻辑学原则，构建出来的故事也可靠、踏实，因此深受写作者的偏爱。

故事被“触发”“冲突”“解决”分成三段，实则连贯成一体，各部分都在故事结构中有其独特功用，需要完成特定的任务，这也是掌握经典结构的关键。在这里，我来给大家具体解析。

“触发”部分一般也被称为故事的开头，万事开头难。以色列作家阿摩司·奥兹专门写过一本书《故事开始了》讲如何写故事的开头，他在书中说：“几乎每个故事的开头都是一根骨头，你用这根骨头逗引女人的狗，而那条狗又使你接近那个女人。”

故事开始时，读者对即将开始的一切还一无所知。这根骨头要足够有吸引力，让人有欲望知道整根骨头的样子，但也不能太过直白。“触发”部分是整个故事展开的基础，一般要解决三个问题：谁是主要人物？故事发生在什么样的情景里？人物在这样的环境里留下的悬念是什么？

故事的“触发”部分首先的功用是展示主要人物的日常生活，交代主要人物的身份信息及其周边信息，让读者的注意力先集中在人物的这个方面上。在这个过程中，要尽量让主角有一定的可爱之处和闪光点，以便读者顺利代入角色去体验，进而对接下来的故事旅程产生兴趣。如果这个人物平庸得没有特点，而且性格让人讨厌，那么这样的开头几乎就是失败的。

其次是故事的情景，也可以说是主要人物身处的环境，这也是“触发”部分要交代的。故事情景能够帮助读者了解人物，为人物的语言、行为设置基本的语境和规则。同时，背景设置还要为整体故事建构空间感和时代感，给故事划定时空坐标轴，从而能够为故事涂抹上底色。比如托尔斯泰写的《安娜·卡列尼娜》的开头：“幸福的家庭都是相似的，不幸的家庭却各有各的不幸。”这部近百万字的巨著的内容，基本上就没超出过这句话描述的范畴。

最后，在“触发”部分的尾端，需要使主要人物遇到挑战，产生一些悬念，逐渐将人物引入一段紧张的关系，从而开启他不得不进行的挑战。这是“触发”部分在交代人物和背景这两个本职工作外的一个延伸职能，以使整个故事推进到最吸引人的“冲突”部分。在实现这一职能方面会有较多的手法，类似于暗示、故意留白，更多的是“挖坑”，即故意隐去一定的事实，给整个故事留下悬念。

在当下的非虚构写作实践中，大部分作品的文本都不长，其实这会使对开头的要求变得更高，读者阅读的耐心也被新媒体时代分散得七零八落，所以很多作品会尝试在第一句话中就交代人物、背景和悬念，表达高度集中，整体形成一种叙事的俯冲。比如马尔克斯在《一桩事先张扬的凶杀案》的开头写道：“圣地亚哥·纳赛尔在被杀那天，清晨5点就起床了。”第一句话就直接给出了主人公和事件，并且把悬念丢了出来。

我在《不存在的村庄》里也曾用到这样的方法，我在故事开头是这样写的：“也许，62 岁的侯志强还得再死一次，这样他的儿子就可以以孤儿的身份，花费较低成本拥有一个身份证并顺利结婚。”一句话给出了非常多的信息，同时也留有大量空白：侯志强为什么要死？他的儿子为什么是孤儿？为什么只有父亲死了儿子才能结婚？读者会被这些问题牵引着去继续了解这个故事，这句话当然也规定了整个故事的叙事范畴，那就是人的身份问题。

故事结构的“触发”部分无论如何设置，都必须要激发读者的好奇心和完成对人物的移情。只有如此，写作者才能让读者进入自己的故事，手不释卷地读下去。

在三段式结构的“冲突”部分，整个故事进入中段环节，在“触发”环节准备好的背景和人物，正式进入“厮杀”状态。在这一阶段，主角将直面危机，接受挑战，人物及其关系会不断受到考验。这个阶段要让主要人物面对大大小小的冲突，穿越各种阻碍，身处困境的人物将更能够调动读者的共情心理，使其对人物产生更深的认同。“冲突”部分的核心是要完成道路的铺设，以使整个故事进入冲突的顶点，也就是通常说的高潮，随着高潮的到来，故事也就进入了“解决”阶段。

在“冲突”部分的写作中有一个小技巧：一定要让故事主角遭遇失败或者要为主角安排一些挫折。以此为契机，主角人物开始转变，抑扬之间，人物就有了成长，并开始反击。“冲突”部分最能体现故事结构的功能，承上启下，不断增强的压力把人物逼向越来越困难的两难之境，迫使他们做出越来越艰难的抉择和行动，从而逐渐揭示其真实本性，甚至直接逼近他们无意识的自我。

在阅读故事时，读者一直在期待主要人物与他最强大、最集中的对抗力量进行决定性的斗争，这是“解决”部分在故事结构里的核心作用，可以说，在这一阶段，读者必须要得到那个悬念的谜底。进入故事的“解决”部分的写作，有两个要点。一是高潮点的安排，故事张力被拉伸到最大然后被刺破的瞬间，一定是要大写特写的，可以说在这方面做得最好的就是金庸的作品《天龙八部》中的少林寺大战，各个主角的命运都在这一场大战里被揭开，并且他们开始了最强劲的冲突和对峙；二是张力消失后人物回到一个新的平衡，这个平衡也要展示清楚，就像乔峰必须死、慕容复必须疯、段誉要回去做皇帝，故事最后要落幕。

故事落幕要落好，这并不容易，也需要一些巧妙的心思去设计，“王子和公主过上了幸福的生活”这样的俗套也会显得过于平庸。我写的《天亮前死去》主要是讲一位妻子在身患重病后对家人心生愧疚，自杀身亡的故事。其实在她完成自杀这个动作时，故事就完成了高潮部分，但如果就此结尾，仍然会显得局促，我写的结尾是：“这天早晨，整层楼里的人都听见了一个中年男人的号啕。”这样的写法将读者仍旧锁定在一种氛围里，整个情绪氛围被强化，故事结束后，读者仍在那个情境里。

“解决”部分要解决故事落幕的问题，其中有一个写作技巧，叫作回望。在冲突爆发，人物命运被揭露之后，需要一个有韵味的结尾。比如在金庸写的《倚天屠龙记》中，最后赵敏让张无忌给她描眉，这是在呼应故事开头张无忌答应她的“三件事”。而且回望的表述会让读者在故事结尾时再次审视主角的命运，从而加深对故事的领悟。当你看到一个无恶不作的人曾经也是一个懵懂少年时，你会更加确定和深化对这个故事的理解。

当然，经典的三段式故事结构也不是一成不变的，在合适的情况下，调整一下会让故事更鲜活、更具生命力。“真实故事计划”在长期处理素人写作的个人故事中，总结出了一个故事结构公式——“场景+三段式结构”，即故事用一个场景开头，在冲突中交代主角的基本信息和故事背景，整个故事在一开始就会处于动态，更容易抓住读者的关注点，用这样的处理方式也方便留下悬念，在接下来的三段式结构中逐步揭开谜底。

前文提到的《密谋十七年的逃亡》这部作品就是上述结构的典型例子。文章开头并没有遵循三段式结构，而是直接写主人公在筹备了11年后逃离精神病院的那个早晨的场景。这个故事结构公式特别适合写时间跨度较长的故事，这样可以从开始就抓住读者的心。

非经典结构

讲完经典故事结构后，我再跟大家介绍几种不常见的故事结构，以便各位写作者在有需要时玩一点儿“花活儿”，一招鲜技惊四座。这些不常见的故事结构会不时出现在电影作品中，因此在解析这些故事结构时，我也会跟大家分享电影的案例。

多线叙事结构

多线叙事结构是现在电影作品里用得比较多的一种故事结构，这里的多线指的是多条线索。和三段式结构中的单一线索及人物相对集中不同，在多线叙事结构中，每条线上都有相应的人物和叙事，在故事展开后，这些人物、叙事会逐渐交叉，最后交织成一个故事。相比于单一时间线叙事，多线叙事特别适合用来讲述复杂的、阴差阳错的故事。

随着采访经验的积累，我渐渐发觉单个人物故事往往是简化的结果，很多故事是多个人物相互作用形成的，即大家碰到一起之后，一件事就会朝着超乎所有人预期的方向发展。经济学里有个说法叫作博弈，故事走向本身就是人与人之间博弈的结果。可以说，这种结构更能全面地展现故事实际发生的情况，也更接近事实。

相信很多人都看过《疯狂的石头》《血迷宫》《两杆大烟枪》《敦刻尔克》，这几部经典电影都是多线叙事结构的代表作。以《疯狂的石头》为例，故事主线是保卫科长包世宏为工厂生计追索宝石，其余几条线分别是工厂少爷谢小盟盗宝被绑架、冯董派出江洋大盗麦克，以及以道哥为首的蠢贼团伙也盯上宝石，几条线索相互作用，演绎出错综复杂、令人哭笑不得的故事。

通过《疯狂的石头》我们可以看到，在多线叙事中，时间秩序被打破了，更多的线索和人物进入故事，内容的丰富度也呈倍数级增长。对读者或观众来说，这种体验是“全家桶式”的满足，不同的人在同一故事里遭遇不同挑战，并做出自己的反击，彼此交叉，精彩程度自然不一样。

多线叙事结构相应地也有自己的短板。第一，在有限的篇幅内，呈现的人物和叙事变得丰富后，对单个人物的挖掘势必有限，人物内心的特性就被稀释了，很难成就深度挖掘。第二，多线叙事其实也就是多几条线，一般来说四五条就很难得，线索越多，故事就越容易失控，观众不知道看什么。所以，多线叙事一般会选择一条时间线作为主线，去并联其他线索。《疯狂的石头》里包世宏的这条线就是整个故事的主线，由主线为其他线索提供压力，并且在主线范畴之内结束其他线索。

在多线叙事结构的基础上，还延伸出了一种更极致的结构，叫罗生门结构，这种故事结构源于日本导演黑泽明的电影《罗生门》，原著作者芥川龙之介也是这部电影的编剧。《罗生门》主要讲述了一起武士被杀的案件及案件发生后人们互相指控对方是凶手的故事。在《罗生门》里，故事是固定的，但是在不同的人以对自己有利的方式进行陈述时，故事就被描述成了不同的版本，真相反而扑朔迷离。罗生门结构算是多线叙事的一种特例，这一结构在韩国电影《小姐》的前半段也有运用。罗生门结构很难用于那种通往结果的故事，它的使用往往是为了展现一个更抽象的意义。

环状结构

还有一种较多见的故事结构是环状结构。环状结构的循环叙事通常用于始于结尾、终于开端的故事，常见于时间旅行这一类的科幻题材，电影《回到未来》《环形使者》《明日边缘》都是运用这种故事结构的例子。《明日边缘》里汤姆·克鲁斯扮演的少校首次出战就惨烈牺牲，但他由于某种不明原因重获新生，在一次又一次的生死循环中，少校掌握了制敌方法，最终走向胜利。值得注意的是，在科幻故事里大放异彩的环状结构也逐渐被一些关注现实的电影导演借鉴，比如著名韩国导演金基德。《春夏秋冬又一春》是金基德拍摄的一部探讨人生的电影，故事主人公小和尚在春天萌生罪恶，在夏天放纵欲望，在秋天理解爱与恨，在冬季回味反思，再等到春天，小和尚成了老禅师，又收留了一个新的小和尚。整部电影如同它的名字，首尾相连成为一体。

金基德还尝试将环状结构推向极致，为此他拍摄了电影《莫比乌斯》，这部电影在结构上比《春夏秋冬又一春》更加精密。莫比乌斯是一位德国数学家，他发现将纸条的首尾相连，原本的两个面就会变成一个曲面。在电影《莫比乌斯》里，整个人物关系也被扭曲成一个曲面，进而形成了人伦惨剧。莫比乌斯结构非常挑战人的视觉观感，《莫比乌斯》这部电影也让很多人看得很难受。有兴趣进行结构挑战的写作者，可以尝试写一写这种结构。

倒置故事结构

还有一种倒置故事结构，导演李沧东用这个结构拍出了经典电影《薄荷糖》。这个故事是从一个中年人选择站上铁轨自杀开始讲述的，然后回溯到主人公在经济萧条时期破产的情形，再回到他的事业起飞和放纵的生活，最后回到主人公在自己高中毕业后参军枪杀了一名学生的部分。一个人破碎的一生就这样被倒叙出来，从结果出发找到了故事的原因。

以上就是我对几种基本故事结构的解读和认识。这些结构都是从经典结构上变化或者被剪裁，进而创新演绎出来的。但故事结构不比科技发展，不一定创新的就是最好的，最重要的仍在于大家写什么故事，挑选出适宜故事展开的结构。这几种基本结构在文学作品和电影中都不乏经典案例和方法示范，大家在阅读、观影时，可以从多个视角研习故事结构，相信会有心得，自己也可以尝试着用一用。

选出合适的结构，故事讲述的“脚手架”也可以在此基础上搭建起来，故事写作就此进入“搬砖”的执行过程，接下来一步步推进就可以了。

03 故事结构的展开及简化

我在第一节中曾讲到用“一句话法则”找到故事的主心骨，就可以搭建起故事的结构框架。经典故事结构的本质也是将这句话按照逻辑程式去展开，变成三段式的论述，故事也就能得到一个比较可靠的结构。

简单故事结构：按时间、空间展开

随着写作和编辑故事经验的丰富，我有一个深切体会，那就是无论故事性质如何、是否复杂，其本质都是在一定的时间和空间里展开的，故事是变量的艺术，但时空这个坐标系不会变。这一点在非虚构写作中尤其突出。非虚构的所有要素都不可能超越现有时空，空间是固定的，时间也具有唯一性，不可逆转。

媒体人写作故事的对象无非两类，一类是人，另一类是事件，而事件的本质也是由人的行为构成的，所以最后还是会落笔在人身上。可是人是被时间锁死的物种，我们的生命时长不过百年左右，不可能逆转时光、返老还童，甚至你在特定时间点要做的事情也都会受到一定的限制，比如什么时候结婚生子，什么时候退休，这些事不仅有生理局限性，而且受社会约定俗成的观念制约，比如，一个襁褓中的孩子被指控谋杀了一个人，人们肯定很难相信此事。

在媒体工作了一段时间后，我就懂得了按照时间线展开故事结构是最简单即可实现的写作方法。每次采访完毕，我都习惯找一张空白的纸画一条线，然后按照时间前后标记关键的人物、事件和细节，标记完之后，大致的故事结构就出来了，这时再按照这条线把素材叙述出来，故事的初步文本就出来了，之后再经修改雕琢，得到一个水平在及格线以上的故事是没有问题的。

从时间和空间上去展开一个故事的结构，是故事具象化的关键步骤。虽然时间和空间这二者不可分割，一个人不可能脱离时间而存在，空间也是一样，但在呈现故事时，偏人物类的故事受到时间要素的影响明显会更大，因果关系、成长变化的本质都是时间概念。所以，我们先聊聊从时间上展开的故事结构。

从时间上展开的故事结构，包含单一时间线结构和多时间线结构。当不知道如何写一个故事时，就老老实实按照时间顺序去写，这一点一定没错。“真实故事计划”上线以来，收到了超过 30 万个故事，这些故事中的绝大部分也都是单一时间线结构，它简单、高效、好用。

前面重点推介的《性爱大师》也是单一时间线结构。事实上，大部分传记是严格遵循时间顺序去讲述主人公一生的故事的，甚至很多书后面直接附有大事纪年表。这样简单的结构方便实用，却不能体现很多作者的卓绝才华，因此，很多写作者都想在基本款的基础上玩一些花样。

比如《阿甘正传》，这是一部以自述口吻来讲述一个人的一生的传记电影，我们是跟着阿甘的人生时间表来观看这部作品的。按照这个顺序，第一幕我们应该看到阿甘呱呱坠地的情景，但事实上，第一幕是一片羽毛从天而降，阿甘坐在亚拉巴马州的一张长椅上，讲述自己一生的故事。导演通过前置这个时间断点，将故事引入时间结构。

当然，我们要知道这部电影之所以选择这样一个极为普通的开头场景，是因为它想让每个观众都无障碍地进入阿甘的时间，而那片羽毛也是人生的隐喻，它可以迎风搏击，也可以坠入深渊。所以在单一时间线结构里折叠、切割时间，可以是写作的一个花活儿。

关于单一时间线结构的变形，还有一种 Y 形结构也常常用到，特别是在写和相遇、碰撞有关主题的故事时。这类故事往往有两个主要人物，他们分别在各自的时间线上成长，等到他们相遇时，这个故事就合流了。Y 形故事结构，简而言之就是“遇到你之后，一切都不一样了”的故事类型，非常适合用来写爱情故事。非要举例的话，我觉得“既生瑜，何生亮”就是典型的 Y 形故事结构。诸葛亮和周瑜分别在蜀汉和东吴成长为重要人物，赤壁之战中两个人电光火石，接下来是“三气周瑜”，结果大都督一命呜呼，一见诸葛误终生。

多时间线结构常被用在事件性故事的写作中。这类故事是融合在一起的，它们具有相同的主题、情感和信息，但在细节上又各不相同。故事间唯一的联系就是共同的主题、情感和信息。比如，《三国演义》中袁绍这条线一度非常关键，但随着他的失败，他的故事走出了时间线，和后面的故事几乎没有了关系。

多时间线结构的神奇之处在于，它让读者或者观众觉得宇宙里所有的人与事都有某种联系。上一节说到的多线叙事也是多时间线结构的一种，但多线叙事相对更强调众多线索在主线故事里直接碰撞。

就故事写作而言，特别是非虚构写作，我给大家推荐一个特别好用的时间结构：双时间线结构。我写的《天亮前死去》就使用了这种结构。

在当事人去世的情况下，很难采访到很深入的细节。《天亮前死去》

中的这位妇人和丈夫来自农村，表达能力极为有限，我从采访中获得的信息很少，我只了解到她自杀前 24 小时的一些事情，以及她和丈夫的家庭生活的大致细节。于是在写作的过程中，我就把她自杀前 24 小时的事实素材作为结构，然后将他们家庭生活的细节穿插其中，最后两条时间线在她自杀身亡的那个点融合成一条时间线。

24 小时这个时间段很短，能形成一个紧凑的时间结构，而他们的家庭生活细节多，跨度有 10 多年，可以据此讲清楚她自杀的行为逻辑。当这两条时间线交错穿插后，短的时间线会极大地提升表达效率，信息被编排得特别满，行文叙事的紧张感会大幅提升。整个过程里一直在积累情绪，等到主人公终于绕开丈夫完成自杀时，读者的内心会受到极大的震撼。

双时间线结构的核心是，通过时间线的编织，用短的时间线做结构，而长的时间线为整个故事提供事实支撑。这一结构并非我的创造，在《南方周末》特稿开山之作《举重冠军之死》中，李海鹏用的就是这一结构，此后斩获骑士国际新闻奖的《系统》用的也是这一结构。李海鹏作为中国特稿写作第一人，也为后来的特稿写作者提供了非常多的写作技巧。

在时间统治故事之外，在空间上展开的叙事结构也有自己独特的优势，特别是当写作者要表现人之外的主题，尤其是一些宏大主题时，在空间上展开的叙事结构就具有独特的优势。伊塔洛·卡尔维诺在其不朽的杰作《看不见的城市》中，表达的就是对历史上的壮丽城市的一种记录和咏叹。

从更广阔的非虚构写作来说，特别是在田野调查、社会学、人类学的写作上，在空间上展开故事结构是必须的。比如梁鸿写的《中国在梁庄》一书，里面所有的人物和故事都出现在同一空间，而整个故事呈现的对象就是梁庄这个空间范畴。

聚焦到特稿写作中，在空间上展开的故事结构也有很多佳作，其中的代表作是《灾后北川残酷一面》。在这篇作品里，时间被弱化了，作者聚焦的是北川县城在地震后发生的一切，如同拼贴马赛克，作者通过一个个细节绘制出了这一空间的整体风貌。《灾后北川残酷一面》从气味开始写，焦煳带甜，然后是灾难面前人性的各种挣扎的场景。几乎所有细节都附着在具体的空间和场景里，画面一幅一幅地切换，整个结构浑然天成，让人一直沉浸在死亡带来的沉痛氛围里。这篇作品里的各个细节放到上一个或者下一个段落，实际上都不影响文章的意义表达，作者写作全靠语感，将一个个漂亮的细节连缀在了一起。

对于这种拼贴式的非虚构写作，我推荐大家研读范承刚写的《深圳停电两小时的民间细节》。在这篇在空间上展开故事结构的作品里，仍旧有一些模糊的秩序可寻，比如人看到的各种场景事实上是有次序的，从高到低，从远到近。另外，还可以根据细节携带的意义划分出深浅度，来创造一种写作秩序。《深圳停电两小时的民间细节》整体上正是遵循了细节意义从浅到深的秩序，最后呈现了作为超级城市的深圳停了一次电，如同按动一次快门所照见的众生相。

从时间和空间上展开故事结构，都是故事结构的具象化，能让写作者实操起来更容易。这两种故事的结构逻辑并非不相容，而是你中有我、我中有你的状态，只看以哪种为主而已，具体运用仍取决于故事的实际状况和写作者本人的偏好。《深圳停电两小时的民间细节》的作者范承刚有一个写作技巧，我想在这里分享给大家。

范承刚在每次采访结束后，都会去写每个人的人物小传——5W 要素齐全，然后他就会看一些核心的空间点和时间点附近都有哪些细节分布，这样就很好拼贴细节，写作成文的速度也会大大加快。这种基于空间点或者时间点的细节拼贴会带来意想不到的效果，因为不同细节组合起来会产生不同的意义和感受。比如我随手写的这句："医生宣告他死亡的同时，在城市郊区的家里，妻子做完了饭，正心满意足地等待着丈夫按响门铃。"在这个句子里，我尝试把两个并不相连的空间合并在一起，互为参照，死亡这一细节可以被感受的程度就极大地加深了。从时间和空间上展开故事结构，组合细节的方式会更加多样，这样可以帮助写作者尽可能地发现故事里尚未被发现的细节及可能性。

复杂的故事结构：嵌套式结构

在时间和空间上展开故事结构，对写作者而言仍是相对基础的结构搭建方法。对复杂的故事来说，或者当对故事有更高阶的追求时，相对单一的结构是不足以支撑叙事表达的。高阶的故事玩家会用结构嵌套的方式升级故事结构，使得故事结构更加复杂立体，包纳的内容也更加丰富。

写作者若想学习复杂的故事结构，有一个简单的方法，那就是揣摩、分解电影的结构。影像表达的效率比文字高，在结构上对创作者的要求也较高，90~120 分钟的时长，以及简洁、高效的故事结构，才能让电影好看、受欢迎。在这方面，我非常推荐我很喜欢的一位韩国导演李沧东的作品。李沧东是作家出身，还当过韩国的文化部部长，后来开始电影拍摄。他的电影文学基础非常强大，很有匠心，非常值得写作者学习和借鉴。

《绿洲》是李沧东创作的“绿色三部曲”的最后一部，也是我个人看过的最好的爱情故事。电影讲述了刑满释放青年忠都与一名脑瘫女子恭洙发生恋情，最后忠都却被判强奸罪再度入狱的故事。在整个故事结构中，有如下四条线索相互嵌套，共同构建出整个故事。

第一，“绿洲”作为电影名，是整部电影的核心线索和核心意象，既是“绿洲”这幅挂毯画的实指，也是人生荒漠中两人爱情作为“绿洲”的意象。“绿洲”这幅挂毯画在整部电影里一共出现了 7 次，从影片开始树枝阴影晃动到挂毯上，到忠都明白这幅画的意义及其对恭洙的重要性，再到忠都越狱砍掉树枝，一直到结尾想象的画面中的一片明媚里，忠都和恭洙被一群孩子围绕，幸福地生活在一起。这幅小小的挂毯画构成了故事的主体结构。

第二，个人线索。刑满出狱的忠都在家里找不到归属感，去拜访被哥哥在车祸中撞死的受害者的女儿恭洙，并在和她的互动过程中逐渐爱上她，后来意外再度入狱。

第三，家庭线索。为车祸撞死人的哥哥顶罪入狱，情愿为家人付出的忠都，却没有换来自己在家中的一席之地。失去父亲的残疾人恭洙被兄嫂遗弃在老房子里，交给邻居照料。兄嫂住进了政府补贴给恭洙的新房子，他们偶然撞见了亲密的忠都和恭洙，导致这对恋人分离。

第四，社会线索。人们没能识别出“替罪羊”忠都，也没能保护被家庭遗弃的残疾人恭洙，最后以法律之名拆散有情人并给忠都定下罪名。

通过上面的分解，我们看到整个电影故事中有四条线索共存，其中每条都可以单独拿出来作为故事结构，李沧东却让这四条线索在整个故事里共存，各有功用。其中个人线索是故事主线，这条线索可以覆盖整个故事，占据整个故事最大的篇幅，但这条线索是个人叙事，是十分具体的个人行为和选择，如果仅仅只有这条线，整个故事就是一个不被社会接受的爱情悲剧，意义极为单薄，深度也不够。

家庭线索其实才是故事主要的背景，也是主线故事真正的推动力。首先，家庭的伪善和遗弃造就了两位主人公的困境，但也驱使他们逐渐走到了一起，可以说，家庭线索是合理化主人公行为的重要环节。在某种程度上，整个悲剧故事的始作俑者正是家庭，这一线索升华了爱情故事的批判意义，故事的空间被极大地拓展了。

社会线索其实是这部电影里着墨最少的部分，却是造就男女主人公爱情悲剧的关键环节，是打乱“绿洲”挂毯画的树枝阴影里最粗壮的那一枝。忠都和恭洙都是社会边缘人，社会看似关心他俩，实际上并没有阻止他们的境遇变得更差，而且，社会观念最终拆散了两人并且给予无法表达自我的两人莫大的污名——忠都被贴上了强奸犯的标签。这是电影里最残酷的部分。

个人、家庭、社会三条线索在整个故事结构中是写实部分，但真正体现李沧东的高超叙事技巧的，还是主体结构“绿洲”的设置。在电影中出现了 7 次的这幅挂毯画表达出整个电影故事最核心的意义：在冷漠、误解中，爱是绿洲。这幅画既是故事的关键道具，也是整个故事的意象，是高度凝结创作者意图的图腾。“绿洲”这一条线索还完成了对故事悲剧性的超越，在电影的最后，阳光照在这幅挂毯画上，男女主人公成为画中人生活在了一起，给人带来一种情感上的扭转。

在电影中，绿洲这幅画是一条虚指的线索，却构成了整个故事的叙事结构。个人、家庭、社会三条线索彼此穿插，互相嵌套，使得整个故事细密结实，写作表达的力度和深度都被拓展了。

在“真实故事计划”编辑部，有一条定律叫作“线索越多，故事越好”。它讲的就是故事结构的嵌套会大幅度提升故事的品质，让原本平铺直叙的故事拥有更多变化与形态，使故事在结构上更加丰富，也更有层次感。一般来说，故事的主要人物都要有线条感，人物小传有起承转合的结构，而环境变化常常是被写作者忽略的线索，比如《绿洲》中的家庭和社会两条线索如果缺失，故事的厚度和精彩程度就会大打折扣。

当然，像李沧东这样顶级的叙事大师，会利用意象搭建结构。意象是诗歌里最核心的部分，诗歌又被称为“艺术的最高形式”。到达这个层级是非常难的，写作者如果能在自己力所能及的范围内有结构意识，掌握一些像双时间线结构这样的简单的结构嵌套，就会受用无穷。等到自己的写作能力提升了，再去挑战更高难度的故事结构。

04 从结构上提升故事的张力和想象力

在前面三节，我们讲到了如何从一个句子拓展出故事的结构，并且研讨了从简单结构到复杂结构的变种和嵌套。看上去，故事的枝叶生长得越茂盛越好，毕竟很多写作者很喜欢“大型感”，热衷于写作大型故事。实际上并不然，孔子说“质胜文则野，文胜质则史”，这句话可以这样理解：写作如果不能表达出核心意义，就会显得粗野，而写作如果超出了故事的意义，就会显得轻浮。

简化故事结构的三个维度

事实上，相对简单的结构能极大地减轻写作者的负担，它更容易驾驭，不容易写跑、写飞。结构上复杂了，写作线头就会变多，驾驭难度也会相应提升。可是我们前面提到，编织故事的线条越多，结构层次越丰富，故事就会越精彩。对一个有追求的写作者来说，把二者结合起来，在下笔前对故事结构进行简化处理，就显得尤为重要。这就意味着写作者要先充分拓展故事结构，把结构变得复杂之后，再用一个简单的结构统摄其他结构和线索。这样能在故事的外在结构上化繁为简，同时又可以保留适合故事的内在结构和层次。

比如前文提及的《绿洲》，导演李沧东就是用一幅画作为故事结构，然后用这样一个小结构去讲一对“边缘人物”的爱情，并逐步呈现社会的歧视和亲情的虚伪。爱情、家庭和社会三条线索在这幅画的框架里相互交织，这就是典型的小结构带动大叙事的做法。当然，李沧东的这种意象式结构在现实写作中很少见。我给大家分享一下常用的简化故事结构的三个维度——**事件、人物和氛围**，以便大家了解如何用一个小结构去控制和驱动一个大型故事。

为了讲清楚这三个维度，我需要将另一位韩国国宝级导演奉俊昊的三部电影用作案例，它们是《雪国列车》《母亲》《杀人回忆》，分别对应我要讲的事件、人物和氛围。

《雪国列车》在这三部电影里拍摄得最晚，导演奉俊昊对它的野心也最大。他试图通过一列永恒行驶的列车来隐喻社会，刻画各个阶层的形象，而最后维持这一切的居然是一个谎言。可以说对于如此大的主题，直接刻画呈现是很难的。《红楼梦》作为一部皇皇巨著所呈现的阶层也是有限的，所以奉俊昊选择了一个事件作为整个故事的结构：一次从列车最底层发动的反叛。在故事中，他让反抗者们一节节车厢攻打下来，阶层面貌也像一个盒子一样逐渐被打开，最后反抗者们似乎胜利了，却发现整个故事都是谎言。

用一个事件作为《雪国列车》的故事框架，内在包含列车各阶层的统治秩序、主人公的个人故事及其他一些人物的故事，在表达上显然是最高效的，其他几条线索可以在事件框架内延展交织，最后走向故事结尾，揭示意义。从结构上来说，这无疑是极大的简化，创作者的负担被减轻了。这甚至还引发了对《雪国列车》的负面评价，观众觉得这个结构太好用，导演没有挑战自己的能力。这当然是另外一个话题了。

从事件的维度简化故事结构、编织故事线索在真实写作中非常常见。举个例子，《天龙八部》就是典型的以事件驱动大型故事的作品，所有主要角色的命运都是在少林寺大战这一事件中被揭开的，前面所有的线索和人物最后都来到这个事件中，然后故事进入高潮并落幕。

《天龙八部》的结构可以被概括为：搅动江湖的阴谋和秘密，被少林寺的一场大战全数揭开，并导致江湖势力的嚣张和权力结构的变化。如果金庸选择了另外一个具体的结构来落笔，而不是用一个事件来编织众多线索，那么《天龙八部》的精彩程度就会大打折扣。

人物往往也是很多写作者选择的统摄所有线索和结构的一种维度。在《母亲》这部电影中，这一做法很典型，其外在的故事结构是：一位母亲为了证明儿子无罪而不惜犯罪。实际上，在以这个人物为主的结构中，元斌饰演的儿子犯罪的线索、警方侦破的线索、母亲为儿子洗刷冤情的线索，以及儿子犯罪被揭露的线索，是以母亲这个人物为核心编织的，最后，故事最大的戏剧性变化也发生在母亲这个人物身上。

在《母亲》这部电影中，正是有了外在结构的支撑，导演在其他几条线索中的叙事才能非常从容。故事仔细描述了母亲为洗刷儿子罪名所做的种种努力，这几乎骗过了所有的观众，然而等到故事最后十分钟，这位母亲对儿子的爱被扭曲成一种恶，故事的意义一下被摊开。可以说，在这个温情而不失惊悚的故事里，作为讲述者的从容与这样的结构安排是分不开的。

在事件和人物之外，氛围也常常是一种编织结构的维度和框架选择。相比于事件和人物，氛围更虚化，不容易把握，所以也有不少创作者认为，最好的写作都是成功做到了渲染氛围的。在具体的运用中，以氛围作为结构驱动的故事，其故事性往往都比较弱，或者是没有明确结果甚至没有高潮的故事，就像《杀人回忆》一样，我们都知道，这个故事在电影里是没有结果的。

《杀人回忆》以韩国华城连环杀人案为原型。在电影中，导演以两位警官侦查案件的过程作为故事主线，可是在结构上这两位警官的侦查都是没有结果的，如果以人物或者事件作为故事结构，那就会使电影有天然缺陷。奉俊昊在这部电影中以天才式的创造力选择了以氛围递进作为整体故事结构：性格急躁和性格理性、冷静的两名警察负责侦查连环杀人案，随着案件接二连三地发生，嫌疑人却消失在人海，性格理性、冷静的警察也濒临崩溃。整个故事的发展与推进是压抑、无可奈何的氛围逐步加深的过程，人物在这个结构中最后崩溃，陷入绝望。

可以说，正是找到了氛围这样一个框架，《杀人回忆》的叙事才进入了一个确定性的结构，本身没有高潮和结构的故事，在作为主人公之一的那位崇尚理性的警察向嫌疑人开枪的时刻，到达了氛围上的高潮，一种无可奈何的绝望爆发。在这个程度上，我们可以说奉俊昊在原有故事的基础上重新创造了故事。氛围递进所构成的框架不仅容纳了原有的犯罪、侦查过程，还为整个故事构建出新的意义层次，使得故事的艺术超越了现实。

通过简化故事结构，原有故事结构和线索被编织、纳入了一个框架，故事被集中起来，表达的效率也大幅提升。进入一个简单的故事结构后，整个故事的张力和表现力与之前相比都全然不同了。可以说，简化故事的三个维度在本质上是故事结构的一次升级，这种升级带来的不仅是写作难度的降低，更是故事品质提升的一条必经之路。

讲到这里，找到和升级故事结构的方法就全数交给了大家。在我所知道的写作课程里，大部分都侧重选题和细节书写，很少有这样系统地讲述故事结构的。故事结构本质上是写作者内心对一个故事的思考、认识的总和，也是一个人在下笔前最后的筹划环节。找到一个恰当又富有弹性的结构，是一个故事成功的基础，是动笔前的重中之重。如果还没找到这个结构，我的建议是最好不要动笔，因为你写着写着就会迷路，一个写作者没有办法写出自己意识之外的东西，没有故事结构也就没有故事雏形，肯定写不出来故事。

特稿写作中的“对峙”手法

确定了故事结构后，故事就无法改变了吗？故事的张力和表现力是否会被故事结构束缚？纵观我十年的编辑和写作经历，我可以告诉大家，在确定的故事结构中，我们仍然有办法增加故事的张力和表现力，其核心就是对峙。

对峙这个概念是南方周末编辑部在长期的特稿写作实践中提出来的，也是特稿写作的一种基本方法。对对峙的具体理解有很多种，比如对比或者落差，也可以将其简单理解为一种修辞手法，这些都是我们在上中小学时就学过的，比如黑与白的对比、善良和邪恶的对比、光明和黑暗的对比。

对峙这套方法可以极大地增强故事的张力和表现力，究其本质，是因为对峙写作法强调，当你书写某一事物时，你一定也要书写它的对立面，你如果写光明的亮就一定也要写黑暗的黑。这意味着写作者给写作对象找到了一个参照系，这个参照系并不是水平线，而是对立的镜像。如此书写，落差就被拉大了一倍，故事的张力也被牵引到最大，其表现力自然而然也增强了。

对峙作为特稿故事的写作方法，分为整体写作上的对峙、意象上的对峙和细节上的对峙三个层面。

整体对峙

在整体对峙层面，写作者在确定整个故事的价值之后，对这个价值的对立面也需要着力刻画，特别是在非虚构写作中，故事结局往往已经确定，那么挖掘故事价值的对立面往往显得更为重要。

我在南方周末时，有将近一年的时间一直都在写杀人和自杀的题材。起初，我只是在展现人是因什么而死，很少涉及他们留恋的生活。以悲写悲，故事的纵深就被极大地限制了。后来，我逐步认识到我这种写作套路本质上是由理解匮乏造成的。展现一个人的悲伤很容易，书写一个人的幸福却很难。一些写作者在对写作的认知还停留在非常低的水平时，常常以煽情的方式写悲剧，情绪效果会增强，但实际上这种做法并不高明。

在前文提到的《天亮前死去》中，我运用了整体对峙的方式思索这个故事。深入了解整个故事后，我发现最打动人的不是女主人为什么要死，而是她有很多理由继续活下去：夫妻感情深厚，两个孩子也非常懂事，就是朴实家庭的样子。丈夫照顾妻子的最后两个月，正值冬季，但他一直穿着拖鞋。我问他为什么只穿拖鞋，他说，妻子在患病后脾气很大，他怕脚臭会影响妻子的心情，于是就穿一双拖鞋过完了整个冬天。

后来在这篇文章的写作中，我就把这些细节集合起来呈现在了故事中，就像是把所有的幸福堆积了起来，然后以一个悲剧来结尾——主人公自杀了。写的故事越悲情，就可以越多写一些幸福的往事，写故事人物生活当中最温暖的部分。这样一来，在读这个故事时，读者的情绪是从一个很高的地方一下摔到地上的，这个情绪的落差和震撼力度瞬间加剧。

余华在《兄弟》中写父亲宋凡平的段落十分动人。宋凡平在一场批斗会上被人打断了手臂，满身伤痛地回到家，两个儿子看到父亲手臂晃晃悠悠的，觉得挺好玩，宋凡平就故意把手臂垂下来让他们看，晃晃悠悠的。两个儿子也学父亲把手臂垂下来，晃晃悠悠的。于是，父子三人就这样笑成一团。

每回读到此处，我都感觉极度震惊，作家把残酷、童真和家庭的温馨糅合在了一起，给人一种肝肠寸断之感。最无辜和最残忍这么一碰，我在读到那个地方的瞬间百感交集。这个片段激发的情绪冲击远远超过父亲回家抱着孩子痛哭那一段。

这种整体上的对峙甚至需要用喜剧的手法去写一件悲痛的事情，例如王刚写的调查报道《调查组要来了》。他完全是在用一种喜剧的手法写上访者被关起来毒打折磨，悲凉之感却久久萦绕在读者心头。你看完会觉得作者技法高超，毕竟笑中带泪比你痛哭一场的况味丰富得多，其中更能透出人性，也更显荒诞。

意象对峙

特稿整体上的对峙其实还是比较初级的操作，更高级的操作是意象上的对峙。拿《南方周末》的名篇《系统》举例，如果作者就写打四个小时游戏，而没有勾勒出集权系统意象，那么《系统》不会成为一篇成功的特稿。前文说过，写特稿要折射一幅图景，实际上也就是一个意象。而就写作本身而言，意象无疑是整篇文章美感的重要来源，甚至是文章成功与否的标志。

日本电影《入殓师》就集纳了非常多的意象，触动人的内心。死亡本身就代表一种激烈的情绪，导演用一种非常冷的视角去拍《入殓师》这部电影，这就是在整体上做的安排。在电影内部，编剧也做了非常多的设计，比如入殓师每天接触很多尸体，而他的妻子正在怀孕，回到家他就能看到新生命的孕育。人非草木，孕育与送别，其实让主人公一直进行着一种情绪上的积累。

谈到意象对峙这一点，我仍要推荐范承刚的《深圳停电两小时的民间细节》。在这篇文章的开头，他先写了一个盲人，停电的时候，这个盲人正在帮一个人按摩，然后电扇的“呲呲”声消失了，整个屋子沉静下来，燥热起来，他感到大家的呼吸越来越急促。作者从一开始就有设计，寻找这种对峙：盲人与光线的对峙；习惯了光明的妻子在停电之后眼前一片漆黑，在黑暗中受到盲人丈夫的引导，从而真实地感知丈夫的不易。

还有坐在地王大厦的旋转餐厅吃饭的细节：在灯光熄灭后，吃饭的人看到对面高楼上悬吊着的蜘蛛人在大楼外侧擦玻璃。正好在停电那一刻，在旋转餐厅消费的富人与为生存搏命的民工相遇了，富裕和贫穷、闲适和劳作，在这个地方交会。只是停了一次电，作者就找到了这么多意象。

停电并不值得惊讶，但作者发现了一些永恒的细节，就算抛开深圳停电这个新闻来看这些细节，你也会觉得它们是有价值的。

事实上，让特稿或者故事产生永恒价值的正是这些意象，以及由它们形成的对峙。生与死、善与恶、明与暗、美与丑，需要用一颗特别敏感的心去感受和识别。特稿在追求新闻价值之外，它的文学价值、美学价值都需要通过意象来体现，因为意象赋予故事深度，也是故事写作对抗时间的基因。

细节对峙

故事细节的对峙出现在细微之处，甚至是一句话里。我之前写过一篇有关矿工伤残的报道——《矿难的伤疤》，矿工王多权瘫痪在床 19 年了，他躺在一间冰冷的屋子里，屋内只有炭火一直是鲜红的，这就是温度上的对峙。杨继斌在《最后的武斗罹难者墓群》中写沙坪坝的红卫兵墓，其中一个细节是石头墓碑旁边的小花的姿态，他只用一句话就让读者感受到了冰冷的死亡和现实之间存在的联结，其中包含了意象和情感上的对应。

有很多对峙甚至是一种技术上的，非常简单。在《冷静之死》中，杨继斌写道："10 号、9 号车厢的 50 吨的钢铁从一个不足 50 公斤的 18 岁躯体上碾过。"不足 50 公斤的血肉之躯与 50 吨重的"钢铁怪物"形成的那种对比，会让你觉得死亡的凛冽感扑面而来。

为了抓取这种内涵丰富的细节，写作者需要在进入一个采访现场或者见到一个人的时候，把全方位的感官打开，对于温度、光线、动和静、大和小、远和近、清晰和模糊，都要瞬间找到对应关系，就像戴着谷歌眼镜一样，把这些信息纳入自己的头脑。当然，也不是说什么东西都要拿来形成对峙，这种对峙应与主题的表达相关。当你明白你写这篇稿子究竟是为了写什么的时候，再把你观察到的这些对峙关系运用进来，只要用一个，你的文章就能增色不少，我觉得能用到三四个的话，这篇文章就完全活跃起来了。

整体对峙、意象对峙和细节对峙是在故事结构既定的前提下，对故事的张力和表现力的再度挖掘，对峙会极大地拓展故事的表达空间，放飞故事的想象力。对峙不仅会让故事本身变得更深刻、更好看，也会在具体细节上起作用，让细节更有感染力。一个写作者如果能将对峙的意识植入自己的写作自觉，那就离成为一个故事高手不远了。

迟宇宙写作方法论

真正好的写作是什么？其实就是打通了虚构和非虚构的写作。非虚构讲究的是真实性，虚构讲究的是文学性，而这二者结合的写作真正讲究的其实是技术。用更好的技术呈现真实的东西，这就是我们要做的事情。

- 拿到关键线索的三个要点：鉴别关键线索；使用线索织网；通过结构让好线索变成好文章。
- 关于真相：从来就没有真相，只有无限接近真相。有价值的不是真相，而是接近真相的那种探索。
- 高效调查的三种方法：每一个字都有用；每一句话都可疑；人性是最好的判断中枢。
- 从细节中挖掘真相：细节多多益善；细节编织成网状才有价值；真正的细节在于人心。

书单	《冷血》《巴黎烧了吗？》《恶棍列传》《近距离：怀俄明故事》《米格尔街》《异类》
影单	《肖申克的救赎》《野战排》《猎鹿人》《现代启示录》
特稿单	《柳传志：因为时代在变》《裁判的儿子们》《马云的湖畔花园16幢1单元202室》《联想局》《父亲的死与之后的两个月》《逝者与未亡人》
其他	《天道》

– 讲师简介 –

迟宇宙

新媒体“商业人物”创始人,《新京报》前副总编辑,《中国故事》总编。

毕业于北京大学中文系，年少成名。被柳传志钦点为“联想史”执笔人，揭秘马云，为宗庆后出版传记，三篇“10 万 +”爆款文章把王石推向风口浪尖……始终不变的是对写作这门手艺的坚持，“未来究竟是新媒体时代还是新新媒体时代都无所谓，手艺人的存在感是靠手艺展示出来的”。

代表作有《马云的湖畔花园 16 幢 1 单元 202 室》《逝者与未亡人》等。

第三讲　从极有限的线索出发，无限接近真相

所有写作者都会遇到很多问题：找不到合适的题目；找到了题目却发现素材不够用；素材够用了，却找不到合适的逻辑工具……这些问题归根结底都是线索的问题。我要跟大家分享的正是我在南方周末学到的至今最有裨益的一个能力——找选题、找关键线索的能力。

接下来，我要和大家一起探讨以下四个方面的内容。

第一，怎样拿到关键线索？

第二，怎样挖掘事实真相？

第三，高效调查的三种方法。

第四，怎样从细节中挖掘真相？

01　怎样拿到关键线索

拿到关键线索的第一个要点：鉴别关键线索

在探讨这个问题之前，我先跟大家分享一个案例。

2017 年，阿里巴巴集团成立 18 周年的时候，我去杭州采访，做一个阿里巴巴 18 周年的选题。我花了两周左右采访了阿里巴巴的很多人，其中包括阿里巴巴的几位创始人，当时的几位合伙人，阿里各个时期的一些员工，淘宝、支付宝、天猫商城、钉钉的创始人，等等。

整个采访过程中，因为触及阿里巴巴创业史的核心，我还是很兴奋的，可是兴奋之余又总觉得缺少点儿什么。至于到底缺什么，我也说不上来，总之就是感觉自己可以写一篇不错的稿子出来，但也仅止于不错而已，无法达到让自己满意的程度。

实际上，我的采访量很大，我获得的线索也很多，但我始终没有找到对我写这篇稿子真正有帮助的线索。每条线索都看似重要，却总是显得很孱弱。如果没有一条强健有力的线索，那我只能依靠写作上的花活儿弥补线索上的缺陷。

有一天，我采访一位叫方永新的合伙人时，他跟我说起马云在创业时办公的那套房子——湖畔花园风荷园 16 幢 1 单元 202 室。

方永新花名“大炮”。我问他：大炮，湖畔花园的这套房现在是当展览馆在用吗？“大炮”说，不是，一直有项目团队在那里，钉钉现在就有一个团队在里面，几十号人呢。

我在听到这个消息后简直欣喜若狂，决定放弃原来的选题，改做湖畔花园。

这是这个案例的前半部分，其实它说明的是，大多数时候，选题决定了文本的价值。

在我们接触的经典非虚构作品或者顶级特稿中，大部分都是重大题材。普利策特稿奖的获奖作品，题材包括艾滋病、波音 757 的研制等，它们都是重大题材；《冷血》《巴黎烧了吗？》及 2015 年诺贝尔文学奖得主斯韦特兰娜·阿列克谢耶维奇的作品的题材，都属于重大事件和社会话题。展现这些事件与话题需要一个切口，这个切口就是线索。选题与线索就是虎符的两半，合到一起，我们才可以在文字的沙场上调兵遣将。

在刚才的那个案例中，我此前一直没找到切口，直到“大炮”对我说起“湖畔花园”4 个字。这 4 个字就是切口，是所有线索中最关键的那一个。

所以，我们一直谈论线索，以为线索就是将故事碎片串起来的那根绳。这么理解固然没错，但这只是线索的表象。线索的本质其实是我们对一个选题的价值判断。

好的线索能够放大选题价值，不好的线索会宣判选题死刑。“湖畔花园”4 个字没有出现的时候，阿里巴巴 18 周年的选题对我来说就是普通选题，它让我意兴阑珊，即使最终舍弃也不会有丝毫犹豫；有了“湖畔花园”4 个字，这个选题就成了我确信无疑的超级选题。

我继续分享湖畔花园这个案例。

因为有了价值判断，我在接下来的采访中就明显有的放矢，每个采访都让我对稿子充满了期待。我最期待的是，阿里巴巴有人告诉我，钉钉的创始人无招曾经在湖畔花园实习。我在去了之后才发现，无招没在那儿实习过，倒是钉钉的 CTO（首席技术官）一粟在那儿实习过。

对无招和一粟的采访还算成功，而他们两个人也经历了阿里巴巴的很多往事。在完成采访的那一刻，我知道这篇文章成了。我抓住了最关键的线索，不是一条，是两条。这两条线索几乎可以作为完美的小说架构来操作，两个人各自的命运相互交叉，然后分离，最终剧烈撞击，像短篇小说《断背山》一样。

最终，湖畔花园的往事成为那篇文章的明线，而无招与一粟的生命交集，成了那篇文章的暗线。我在写作的时候也的确借用了《断背山》的架构设计。

我花这么多时间来分享这个案例，其实就是想说明一点：我们每天都会接触各种选题，但在真正的线索出现之前，它们并不是真正的选题，或者说并不是属于你的选题。线索是价值判断，当它出现的时候，你一眼就能洞穿选题的价值。

我再举个简单的例子——当年刊发于《南方周末》的《系统》，它讲的是史玉柱的上海征途网络科技有限公司（以下简称“征途网络公司”）通过“系统”控制玩家心智的故事。这篇特稿如果没有找到“系统”这个线索，那么就是一篇写网络游戏的普通文章。

我们每天都在接触网络游戏，《征途》不过是其中一个而已。但是，写作者找到了“系统”，他意识到：

> 在当下中国最火的一款网络游戏中，玩家们遭遇到一个“系统”，它正在施行一种充满诱惑力的统治。这个“系统”隐匿无踪，却无处不在。它是一位虚拟却真实的垄断者。“如果没有我的允许，这个国家的一片叶子也不能动。”这是智利前独裁者皮诺切特的声音，悄然回响在这个虚拟世界之中。

与之对应的是，写作者将征途网络公司成功地在纽约上市后的业绩、增速及史玉柱的个人财富置于文章当中，这相当于为“系统”找到了最后的设计者。线索最终呈现其价值，并且层层逼近最终的真相。

线索就是价值判断，我们可以说线索是选题的“照妖镜”，好线索能把妖变成人，坏线索会把人变成妖。

鉴别线索好坏、是否关键，其实就一个标准：它能够支撑起选题的架构，使选题沿着线索的脉络蜿蜒而行。

拿到关键线索的第二个要点：使用线索织网

我们写任何一个题目都不会只接触一条线索，有的线索强，有的线索弱，有的线索好，有的线索差，但每条线索都是有价值的，就如同我们在采访中获得的每个字都是有价值的。

通过线索逼近真相，其实就是用线索来织网。

我还是要举个自己的例子。2002 年，我写过一篇稿子——《柳传志：因为时代在变》，稿子的主线是柳传志要去国际管理科学学会 2002 年年会做《缔造联想：网络的中坚力量》的演讲。

那时候联想的发展如日中天，是中国高科技产业的象征。柳传志去参加这样一个活动，可以被看作全球科技产业对中国科技产业的接纳与认同。这是主线索，但只靠这一条线索是不够的，它再粗壮也只是一条线，必须有其他线索与它一起织网。

其他线索是什么呢？可以想象的线索是柳传志与联想的创业史，除此之外，还有当时联想集团分拆，外界始终在猜测联想到底是因人还是因业务分拆的。这些线索都是实线，有具体的事实与话语支撑。

还有一些线索，它们都是虚线，譬如柳传志他们那代人的抱负、他们“产业报国”的理想，以及中关村十几年来的巨大变化。今天很多人可能会对柳传志的“产业报国”理想嗤之以鼻，但我可以很负责任地说，他们那代人有他们的使命，也有他们的局限，但他们的理想和情怀都是真实的。

这些线索缠绕在一起，织成了一张网。而我在采访那天也是运气好，正好路过一家小店，店里在放鲍勃·迪伦的《因为时代在变》。这条突然蹿出来的虚线让我惊喜不已，于是我就把它一并织进了文章。

在我们前面讲的《系统》中，其实除了主人公吕洋的经历，作者还将征途网络公司的业绩与史玉柱的财富等线索织进了文章，最终使文章变得厚重、饱满。

我们在用线索织网的时候，织的实际上并不是线索，而是线索背后潜藏的素材与背景。在《柳传志：因为时代在变》中，分拆的线索背后事实上是当年在IT（互联网技术）界影响甚远的联想分拆，这在当时是大事，却始终没有一个清晰的真相被放送出来。那天柳传志说出了真相。

普利策特稿奖获奖作品中有一篇《裁判的儿子们》，讲的是一位裁判与他患病的一个儿子、存在患病可能性的另一个儿子共同面对命运裁决的故事。我非常喜欢这篇文章，它有多条线索：父子情、兄弟情、疾病、棋牌游戏、父亲的职业遭遇。每条线索如果被独立使用，都是单纯的线索，而织成网之后，我们看到的是充满希望、挑战挫折的一家人。他们的经历无疑是个悲剧，而我们看到的却不是悲哀，而是希望。

我有时候也会从经典电影中寻找用线索织网的方法，因为这种方法在电影中的使用最为明显。

我们在看《肖申克的救赎》时，会发现安迪的身份、锤子、女郎海报、安迪妻子遇害的真相、黑钱账目、银行户头等无数条线索汇聚在一起，在安迪敲碎下水管道爬出监狱的时候，被闪电照亮。

我可以教大家一个小技巧，你在本子上随便写下十几个、几十个或上百个词，然后将它们写成一篇文章。这篇文章形成的过程就是线索诞生的过程，也是你定义线索的重要性的过程。这是一种逆向的训练，至少对我个人而言挺有用。

拿到关键线索的第三个要点：通过结构让好线索变成好文章

我在职业生涯中遇到不少人，他们采访的突破能力很强，对线索的把控能力也很强，可他们就是没办法把好素材与好线索变成好文章。原因是什么呢？除了基础的写作能力，他们还在对线索与素材的处理能力上有所欠缺。

我还是以我的那篇《马云的湖畔花园 16 幢 1 单元 202 室》为例。我在开头是这么写的：

> 1999 年夏天，朱鸿与陈航差一点儿相遇。最终的选择使他们擦肩而过，也使他们错失了成为阿里巴巴创始人的机会。
>
> 他们最终相逢，要等到 14 年后，那时候他不再被称为朱鸿，而是被叫作“一粟”；他也不再被喊作陈航，而是被叫成“无招”，或者“招桑”。
>
> 他们握握手，往事、现实和未来就会一股脑地出现在面前。他们曾经经历的、错失的故事，如今正在重演。
>
> 这一次，他们决定紧紧抓住，像抓住一根救命稻草一样抓住未来。

朱鸿与陈航是钉钉的两个创始人，一个是 CTO，一个是 CEO（首席执行官），他们之前还参与过阿里巴巴的“来往”项目，“来往”失败后，他们在湖畔花园里干出了钉钉。

朱鸿与陈航人生交错的轨迹与湖畔花园故事的演进，这两条主线索合一，才能打通这篇文章的“任督二脉”。

但在设计稿子的架构时，对于到底以谁为主、以谁为辅，我一直很犹豫。按理来说，既然是写湖畔花园，那湖畔花园是理所当然的主线，然而湖畔花园的故事是由时间与相对孤立的事件构成的，湖畔花园只是这些孤立事件的容器。当庞杂的人物出场时，单纯的时间与事件很难形成一个整体。这就像盖一栋楼一样，每一层都盖好了，却总觉得主架构有点儿悬。

最后我选择让两条主线并行，朱鸿与陈航人生交错的轨迹呈现人物的命运感，将时间线人物化；同时这两个人在不同时期分别参与过阿里巴巴的其他事务，于是他们可以成为那些孤立事件之间的连接点。而他们当时正在做的钉钉，也是湖畔花园孵化的最新项目。

1999 年两个编外的“阿里人”在 18 年后成为阿里巴巴新的血脉，这本身也是有象征意义的。

就这样，我最终用两条主线和无数条小线索写成了这篇文章。我前面讲过，在这篇文章的架构设计中，我参考了安妮·普鲁的《断背山》。为什么要参考《断背山》呢？《断背山》是两个男人的故事，虽情感不同，但在架构上可以供我借鉴。另外，《断背山》的故事也是一个时间的故事，这个故事在时间上的架构同样适用于我的这篇特稿。

我在年轻的时候写稿子，提笔就写，写完了就成稿了，没觉得做提纲、设计架构有多重要。现在我写每一篇稿子都会做提纲、设计架构。有时候我会画树图，有时候就像下棋一样在空格中填写名字，设计哪些人在文章的哪个部分出场。我特别推荐第二种方法，大家可以试试看。如果文章分成四章，每一章的主题是什么？有哪些人出场？出场顺序、重要性……名字填满了，文章架构就出来了。

我相信，依靠才华支撑的写作无法持久，写作最终还是要回到"工匠精神"，回到技术本身。做提纲、设计架构，其实是梳理与整合素材和线索的过程。如果是画树图，那么主线就是主干，其他线索就是枝叶，树图画好了，稿子也就基本成了。

我们也可以这样理解：如果每条线索是希腊神话中的一位神，那么让众神归位才能形成和谐的文字圣殿，而我们写作者就是宙斯。

前面跟大家分享的东西大都是我的经验之谈，是我的浅陋之见。写作是个实践出真知的活儿，写得多了，技术就会成熟。我的经验未必是正确的，也未必拿来就能用，不过倘若能对各位提供哪怕一点儿镜鉴，那也是好的。

除此之外，我特别希望各位在进行写作训练时能够打通虚构与非虚构。写作就是写作，没有虚构与非虚构的分类，分类只是为了做相对的区隔而非对立。就纯粹的写作技法而言，虚构写作的技术已臻完美，从经典小说中汲取技法营养是非常有效的方式。在这方面，博尔赫斯的《恶棍列传》、安妮·普鲁的《近距离：怀俄明故事》、奈保尔的《米格尔街》几乎可以拿来就用。

02 怎样挖掘真相

从来就没有真相，只有无限接近真相

要挖掘真相，我们首先要明白，从来就没有真相，只有无限接近真相。

为什么这么说呢？因为所有文字、写作都是带有主观认知、主观情感的，没有真正的零度写作。任何被描述的真相都不是真相，我们看到的所有文字都在努力抵达那个真相，或者在塑造那个真相。

前段时间最热门的话题是，某电商网站的两位创始人“开撕”，他们当中到底谁说的才是真相呢？在我看来，并没有一个被描述出来的真相，每个人在描述的时候都会加一层自我防护，他们描述的可能是事实，也可能是被删减的或者被篡改的事实。即使他们对簿公堂，我们所看到的可能也不是事实，至少不是全部的事实。事实是什么呢？我们可能永远都不会知道。我们只能通过这两位创始人及各种各样的文字、音视频、图片的描述来猜测、推演和论证，最终我们每个人都会找到一个自我认知的“事实”，但这个“事实”永远不是真相。

我再举一个例子。明末有一个非常有名的人物叫袁崇焕，金庸小说《碧血剑》里的袁承志就是袁崇焕的儿子。在《碧血剑》里，金庸附了一篇《袁崇焕评传》，将袁崇焕描述为明末的大英雄。但是在《明史》及很多野史笔记中，袁崇焕又被描述为明末的罪人。他做了很多事情，包括擅杀毛文龙、私下与后金议和等，这些都是大罪。袁崇焕被处死后，北京城的居民恨不得食其肉，寝其皮，极尽唾辱之能事。那么到底哪个袁崇焕才是真实的袁崇焕呢？真实的袁崇焕一定是一个

复杂多面的袁崇焕，而不是任何一份描述单面呈现的那个人。尽管我们今天不可能复原一个真实的袁崇焕，但是我们可以相信，真实的袁崇焕可能是一个充满了家国情怀的文官将领，却也有着自己的野心、抱负和私欲。从来就没有完美的人，袁崇焕也不例外。

我在大学的时候上中国通史课，我的宋史老师给我们讲岳飞。袁崇焕是一个与岳飞极其相似的案例，他们的死固然有昏君奸臣作祟的因素，但也绝对少不了拥兵自重、不听号令等最犯忌讳的原因。所以真相到底是什么呢？我们所能做的只能是无限接近真相、探索真相。对写作者来说就是：一个真相，各自表述。

如何无限接近真相？

这是一个纯技术性的话题。既然永远无法抵达真相，只能无限接近，那么道路就会有很多条。条条大路通罗马，每个写作者都会选择一条自己喜欢的，或者是最适合自己的道路。这些道路中有没有捷径呢？一定会有捷径，这条捷径就是认知。

通往真相的道路是判断与认知的道路，是以自洽的逻辑触及事物的内核的道路。很多年前我采访柳传志的时候，他说他特别喜欢那种一眼看到事物本质的洞察力，也特别喜欢那种一竿子插到底的行动力。这两种能力，一种是看得明白，另一种是做得到。柳传志的这句话同样适用于写作训练，我们要努力看到隐藏在表象之后的真相，也要找到通往真相的道路。

在商业世界，接近真相的方法值得我们借鉴。博弈论是最好的工具。在商业世界中很少出现零和博弈的现象，更少出现那种负和博弈的现象，商业通常都是多赢的。所有的博弈一定会有一个或多个最终获益者。所以我们可以透过喧嚣的表象，找出背后的获益者和推动力。我当初从社会新闻记者转行做经济新闻记者，就是因为觉得社会新闻对真相的探讨容易流于表象，很难再进一步接近真相。这是我当时理解的局限。新闻业发展到今天，很多社会新闻记者已经学会使用博弈论，他们对真相的深入探究已经远远超过了我当时的水平。通过博弈论这个工具，我们可以找到获益者的动机，找到博弈的起点。从这个起点出发，我们就可以较为快捷地一步步接近真相。说穿了，真相往往就在最终获益者身上。

十多年前，王志文和左小青拍了一部电视剧——《天道》，这是一部很经典的商业剧，贯穿全剧的故事就是王庙村扶贫，它甚至称得上整部剧的“剧眼”。王庙村扶贫的真相是什么呢？每个人对此都有不同的解读。对王庙村的人来说，这就是扶贫，是王志文饰演的丁元英在为改变他们的生活状况付出努力。对乐圣那家公司来说，王庙村扶贫其实是一场杀富济贫的游戏，是一个阴谋。对丁元英来说，王庙村扶贫只是他对女朋友芮小丹的一个承诺。对芮小丹来说，王庙村扶贫只是她想让丁元英在古城的那段日子干的一件事情而已。每个人都有自己的动机、立场和出发点，但是真相永远不是他们所想象的那个真相。一个真相被这些人各自描述了一番，最终变成了一场悲剧。动机不同，最终的获益者不同，真相就会变得模糊，变得不可描述。

每个人的思维方式是不同的。有的人习惯归纳式，即通过层层推演得出结论，用我们今天的说法来说就是“剥洋葱式”。有的人的思维方式是演绎式，即直接从内核出发，对本质进行层层解释。这两种思维方式没有对错优劣，但是结合起来就是非常好的方法。

比如我们在读书时学的“大学之道”，《大学》里就直接说：“大学之道，在明明德，在亲民，在止于至善。”一开始就开宗明义，直指内核，然后再进行层层的解释。这种方式的最大问题是，如果你一眼没有看到本质该怎么办呢？而剥洋葱式最大的问题是，你一层一层剥开，极有可能发现里面空空如也。

有价值的不是真相，而是接近真相的那种探索

既然真相不可描述，那么我们就可以理解为什么有价值的不是真相，而是接近真相的那种探索。

真相的不可描述性决定了真正的价值在于探索之路，也就是说结果并不重要，重要的是过程。也许我们会在探索真相的过程中发现有超越真相的意义，或者找到超越表象所呈现的那种真相的更深层次的真相。

很多好莱坞的电影往往从一个孤立的事件、案件开始，一步一步地往前推进，最后发现更深的真相触目惊心。孤立事件所代表的真相与最终呈现的真相之间有一定的逻辑联系，但后者显然是更深层次的真相。

现在，工商界和媒体在开始一场新的“造神”运动，这次的“神祗”是华为创始人任正非。任正非的确创造了一个工商界的神话，他从一无所有开始，历尽千辛万苦，终于缔造了今天的华为。华为已经是全球最炙手可热的电信设备和智能手机制造商，它也被认为是中国崛起的一个象征。任正非始终充满危机感，现实也的确加剧了他的危机感。在最困难的时候，任正非想过跳楼自杀。可是他最终坚持下来，才有了今天的华为。华为今天的形象非常高端，但是它并非一开始就是高端的，它一

步一步从低端做起，慢慢才高端起来。我们今天学习写作也不可能一出手就惊世骇俗，而是需要日积月累，慢慢将自己训练成写作高手。

与柳传志一样，任正非有种一眼就看到事物本质的能力。但是看到事物本质与抵达事物本质有着本质上的差别。在通往今日华为的道路上，任正非也犯过无数错误。海信集团董事长周厚健告诉我，他在刚开始准备做光通信模块的时候曾去请教任正非。任正非跟他说，千万别碰光，碰光必死。今天海信已经成为光通信领域的巨头，而华为也重新发力，在光通信领域崛起。这说明任正非有一种超强的纠错能力，他不会为了面子而坚持一条错误的道路，他会及时调整脚步和方向以抵达事物的本质，也就是我们可以理解的那个真相。

阿里巴巴的马云也经历过很多次判断失误，他自己念叨得最多的一次失败是有一次拿到了一大笔融资之后马上要搞全球化。他在美国设立了一个很大的办公室，从芝加哥等地请了很多工程师。但那次全球化失败了，马云发现团队的价值观无法融合，资金链也难以承受。最终他承认了失败，接受了失败。他说当时他在北京的二环路上不停地走，思考到底该怎么解决这件事情。他实在想不出来，就到路边的长富宫饭店开了一间房，睡了一觉，睡醒了之后就决定关闭美国公司。

没有人是神，写作者不是神，企业家不是神，政治家也不是神。人总会犯错，犯错并不可怕，可怕的是缺乏纠错的能力，将错误坚持到底，一条道走到黑。纠错能力就是重返逻辑的能力，就是重新找到路径的能力。

写作中探索真相的路径选择往往是通过对同一素材的不同解读来进行的。在国史研究中有几位学术大家：吕思勉、钱穆、张荫麟和翦伯赞。当时这些人所掌握的基础史料是相同的，但他们的风格各有不同。吕思勉更注重从制度进行探讨，专业程度最高；钱穆求通而不求专，注重逻辑性；张荫麟则侧重于以新的史观、新的视角来重新定义历史。至于翦伯赞，他用的是一种意识形态的方式来解读历史。他们都是著名的历史学家，给我们提供了风格、角度不同的中国通史。究竟哪部中国通史才是最终的真相呢？其实就是一个真相，各自解读罢了。

我再举一个例子，那就是三大越战经典影片：《野战排》《猎鹿人》《现代启示录》。《野战排》侧重于杀戮的残酷，《猎鹿人》侧重于个体的命运，《现代启示录》的反思性最强、最晦涩，但这一切并不妨碍它们成为经典电影。同样的题材、不同的价值观、不同的探讨路径就可以生产出不一样的作品。

春雨医生创始人张锐去世后不久，张锐的夫人约了我进行对话。她希望能够有个人写出一个真实的张锐。张锐已经过世，我相信我没有办法写出一个完全真实的张锐，但是我可以呈现一个妻子眼中的张锐，以及她在张锐去世前后的生活状态。最终我写了《逝者与未亡人》这篇稿子，这篇稿子的逻辑线非常简单，就是以张锐夫人的视角看她与张锐的交集与生活。我做的不是渲染和夸张，只是记录。我所描述的也未必是真相，而是通往真相的一种探索。探索的过程中，在他们夫妻的情感线之外，我又加入了张锐的创业历程，这样作品就会显得相对饱满。

但真正让作品饱满起来的并不是写作本身，而是那种真实的情感。20 年前我父亲去世的时候，我感受到了那种痛彻心扉，所以我能理解张锐的夫人的痛苦与悲伤。所谓感同身受就是这样，它会让我们写出有同理心的文章。

每个写作者都致力于挖掘真相。挖掘真相其实首先要求我们对真相有清晰的认知——到底什么才是真相呢？其次，我们要用工具或者方法论去接近真相。接下来就是接近真相的实践。我们通过实践就会意识到，有价值的不是真相本身，而是接近真相的探索。

03 高效调查的三种方法

这一部分与其说是针对调查的技术手段，不如说是素材取舍的方法论。因为我们要探讨的除了调查本身，还有调查后的东西。

这三种方法是：每一个字都有用，每一句话都可疑，以及人性是最好的判断中枢。

每一个字都有用

我们在采访中得到的每一个字、从调研中获取的每一个字都是有价值的。我们在采访中经常会发现采访对象讲了很多口语化的东西、口头禅，甚至还有一些废话、脏话，因为觉得这些东西没有价值，我们在进行整理的时候就会删掉它们。事实上这些东西是非常有价值的，它们最大的价值在于它们背后隐藏的信息。它们能够勾画一个人的性格，背后的逻辑能够帮助我们扯出新的线索。

2001 年，我在海信查阅他们的档案，看了海信的原始会议资料。他们当时做的基本上是会议记录，其中全部是口语化的东西，甚至会议上哪个人说什么话，后面要打个括号标上他的动作和表情，也就是说，通过这些原始会议记录，完全可以复原当时的场景，甚至可以复原当时的气氛。那它是不是就已经抵达了真相？肯定没有，但是它已经无限接近真相。我在写《联想局》的时候也看联想的档案，那时就没有这样的好运气。联想的大部分档案保留的都是会议纪要，包括某个时间、地点，哪些人参加了会议，谁缺席了，最后会议得出了一个什么样的结论，等等内容。这场会议是怎么开的？这些人是怎样争论、争执甚至争吵的？会议纪要中都没有记录。这对写作者来说其实是一个非常大的缺失，因为你没有办法通过这种原始的东西还原历史的真相。历史学者史景迁在写《王氏之死》的时候，就通过当时的一些原始资料及《聊斋志异》来还原那段历史。如果没有那些原始资料，光靠《聊斋志异》肯定无法还原史实。不过，在做《联想局》的采访时，我还是发现了几份比较重要的原始素材，其中一份素材就是倪光南举报柳传志的举报材料，上面有至少 4 位领导的批示，通过这份原始材料就可以大致复原当时倪柳之争的那种“你死我活”的程度，你在看完之后基本上就能明白，这已经不是普通的恩怨，完全是“一山不容二虎”。

我在前段时间采访三花控股集团有限公司（以下简称“三花”）创始人张道才的过程中发现，他每次都喜欢讲同一个故事——一个并购的故事。其实那场并购交易金额只有 1 000 多万美元，并购体量非常小，放在今天的工商界几乎是可以忽略不计的一场小型并购。三花在其 35 年的历史中做过大量的并购，这也是他们做过的并购中交易额非常小的一场，但是这位老先生几乎每次接受采访、每次对别人介绍他的公司，都要反复提起这个案例，其中有一天他讲这个案例讲了三次。这个行为传递出来的不是他在重复无效信息，而是他可能认为这是他的整个商业生涯中最重要的一件事情，比他今天手里有一家市值几百亿元的公司、他成为浙商的代表重要得多。

我为什么要说这些呢？意思就是，其实我们在采访中得到的每一个字都是有价值的，即使是被多次重复提起的内容，也有价值。它可能会给我们提供新的线索，它本身也会构成细节，同时还是我们大胆假设的源头之一。

每一句话都可疑

通过采访对象获得的每一句话、材料中的每一句话都是可疑的。因为每个采访对象都会站在自己的立场表述，每个人都有自我保护的本能，站在自己的立场上讲，一定会讲对自己最有利的，这是人之本性。每份材料也都是这些材料组织者自己的价值输出，他们在输出的时候一定会选择自己想输出的部分。在前面提到的电商网站创始人之间的“互撕”中，每个人都讲了有限的真相，或者说每个人站在自己的立场上都觉得自己讲的是真相，这两种可能都是存在的。但无论如何，他们两个人一定都对真相做了取舍。

所以，即使我们认为那些材料是真实的，可能是真相，我们也要对材料的真实性保持怀疑。因为只有在怀疑材料和采访对象话语的真实性的时候，我们才能够审慎地分析到手的素材，才会小心地求证，尽可能避免犯错误。

在这方面我也有很多教训。在关注乐视之前，我一直认为贾跃亭要么就是一个超级商业天才，要么就是一个超级“白手套”，但是在近距离观察之后，我发现我之前很容易被现实扭曲力扭曲，并产生误判。尤其是我当时缺乏商业经验，完全是凭借书本上的东西来进行判断的。

譬如贾跃亭说的乐视的一云多屏，我在当时感觉他的逻辑是成立的，后来我在自己做商业计划书的时候发现，商业上的思考不光是想如果做到什么高度就如何，还要考虑当下的高度。当下的高度决定下限，设想的高度决定上限。设想的高度指标太多，就意味着死亡的风险会乘方式增加。但在当时，我并没有意识到这点。

我们在认知上一定会犯一些错误，容易被现实扭曲力扭曲。再举个例子，在 P2P（互联网金融点对点借贷平台）的传播链中，很多人都知道这是骗局，我相信很多人也劝过家人不要去参与那些项目，免得被骗，但还是有人参与，而参与过这些项目的人通通被骗了，被“收割”了。这是为什么？这就是一个传播提供的现实扭曲力。而媒体记者如果真的回归逻辑去分析，就会发现它是不符合逻辑的，是有问题的，但是很多人在那时候还是选择相信。

所以说我们在采访中、在搜集材料的时候获得的每一句话、每一个、字都是可疑的，我们都要求证它们，要通过各种线索交叉验证它们。

人性是最好的判断中枢

既然每一个字都有用、每一句话都可疑，那我们该如何进行判断与取舍呢？其实方法是有的：人性是最好的判断中枢，也是最好的价值中枢。

为什么这么说呢？其实人性都是相通的，这就是同理心。你在看一个人大义灭亲、义正词严的时候就会想，你能不能这样做，你做不做得到。如果做不到，那你就会体会到这个人要么真的是超级英雄，要么就是在表演。很多企业家都是表演型人格，动不动就摔杯拍桌。

我们在采访中也会遇到各种各样的采访对象，怎么跟他们达成逻辑上的共识？肯定不是顺着他们，他们摔杯子你鼓掌，或者他们一摔杯子你就立马做出惊讶的表情。七分采访，三分写作，采访不只是问，最有效的采访是对话。你不能只听，只索取而不输出，你不输出的时候，对方能够给你的东西也是有限的，你只有反复地和对方进行对话交流，不断启发他，他才可能提供给你新的东西。但是对话一定要有对话的逻辑和对话的知识积累，并不是所有人之间都能够顺利展开对话。

很多媒体从业者年龄偏小，对很多东西无法理解。你怎么能指望一个二十出头的年轻人理解柳传志这样一个在父亲去世的时候已经快 60 岁的人当时哭得稀里哗啦的，泪水把写着悼词的纸都打湿了？那是真实的情感，因为我体会过。我的父亲在我还不到 23 岁时就去世了，我在写《父亲的死与之后的两个月》的时候，就是那种感受。感同身受的情感就是同理心，而同理心带来的是逻辑上的共识，是对话的可能性。

父亲或者母亲如何关心孩子，旁人都只会通过描述来推演，其实即便是企业家，他们对自己的孩子也是普通父母对自己孩子的那种方式。所以我觉得作为写作者，我们在采访和获取信息的过程中要具备一种思维能力，那就是洞察人性的能力，还要具备一种工具性的能力，叫“推己及人”。你要相信，同为人类，企业家跟我们拥有的 99% 的情感、做出的 99% 的行为都是相同的，他们只不过比我们在事业上干得大一点儿，钱赚得多一点儿，有可能吃得好一点儿、穿得好一点儿而已。有时候你会觉得他们是一群比我们更苦命的人，比如宗庆后只在晚上看看抗日剧，因为他每天回家都很晚，家人都睡了，没有人搭理他，他有时候睡不着，就看一会儿抗日剧，然后第二天一早去办公室。

我们要努力地通过这些方法论和技术手段，尽可能地了解、接近真相，梳理出通往真相的线索。你要相信你获得的资料的价值，求证你获得的资料的真实性，用人性这个基本工具筛选、组织你的素材。高效调查的三个方法，说穿了就是这三句话。

04　怎样从细节中挖掘真相

曾有一本畅销书叫《细节决定成败》，我起初觉得那是公司老板用来进行奴化教育的，后来我在写作中遇到了一些困难，从而修正了自己的观点——细节的确能决定成败。

我们现在来探讨如何从细节中挖掘真相。我有三个观点，也是三个方法：第一个是细节多多益善，第二个是细节编织成网状才有价值，第三个是真正的细节在于人心。

细节多多益善

我们采访、获得信息、梳理材料的时候，能够获得的线索和细节越多越好，因为线索和细节都可以用来相互印证，可以用来证实也可以用来证伪。这些不断印证的细节和线索可能又会提供新的线索。有时候很多细节看似孤立，实际上是极有价值的。

大约在 2002 年，我去山西采访，打算写一篇小煤窑的稿子。那天我坐火车到大同，在大同火车站下车的时候正是凌晨，我突然看到几个武警押着一个人下火车，我就把这件事情记下了，心里想着明天早上一定要查一下当地报纸，看看到底是什么事。我觉得这件事情可能跟我要写的稿子有联系。第二天早上我查了当地的报纸，发现了一起刚刚发生不久的小煤窑爆炸事故中的在逃矿主被抓捕归案这样一个细节。有了这个细节，我觉得那篇稿子基本上就成了一半。我是怎么使用这个细节的呢？我不能直接描述它，说什么人在什么时间被抓捕归案，我描述的是我那天早上下火车看到了这么一件事，第二天的报纸报道说那个在逃矿主被抓捕归案。

当一个很孤立的、偶然出现的细节变成一条线索、一个重要细节的时候，它就会产生价值，牵出别的线索与细节。然后你就可以沿着这条线索走下去，甚至以新闻背景的方式铺陈更多的信息增量，例如从瓦斯爆炸增量到凡·高曾经遭遇的那场瓦斯爆炸……

还有一个细节也让我印象深刻。我还在南方周末的时候，去做一组打拐的稿子，那组稿子是我在南方周末写得最长的一组稿子，采访前前后后花了将近一个月。整个采访的过程很顺利，采访得也很充分。我们与被解救的被拐女性坐同一班火车从福州回贵阳，要坐 56 个小时。让我最受触动的场面是，火车到了贵阳，下车的时候，所有人贩子和被拐者一起下车站在那儿，突然有人大喊一声："蹲下！"她们齐齐地蹲在那里。那一刻，我被深深震撼了。这个车厢里所有被要求蹲下的人中，有人贩子也有被拐者。这些被解救的女性回到家乡，脚刚踏上贵州的土地，就被要求蹲下。我那组稿子的总标题叫"她们真的被解救了吗？"，我们探讨了很多东西，除了她们家乡的贫困，还有她们的生存环境，她们在回去之后能否重新获得认同，她们会被怎样对待，等等。

这是我的职业生涯里让我印象非常深刻的两个细节。我还想跟大家分享一个小经验，那就是要着力给自己提供线索、制造细节，每次采访多问一两个问题。你在采访柳传志的时候可以问一个关于任正非的问题，在采访任正非的时候再问一个关于马化腾的问题。这样，你的线索、细节与素材永远都是第一手的，永远会有新的线索出现。本质上讲，线索也好，细节也罢，其实是可以人为地抽出来的。

细节编织成网状才有价值

细节多多益善，因为它们之间可能有逻辑性、可编织性。孤立的细节没多少价值，细节织成网状才有价值。

我在大同的那个早晨，如果第二天的新闻说的不是小煤窑爆炸案在逃矿主被抓捕归案，而是其他某个案件，那么这个细节对我而言就毫无价值。但是因为它恰好就是，所以它就有了价值；如果小煤窑爆炸案的那个矿主跟我后面的调查没有关联，那么这个细节的价值也会缩水。所以要不断地把各种各样的细节和线索编织成一张网，让它有从量变到质变的过程。

我们时常谈到星座。星座作为论据可以用，但它只能是一个辅助性的论据，不能成为单一论据，也不能成为主要论据，它只是有助于使描述对象变得丰满。但如果通过量化分析能够发现互联网公司的老板们有百分之七八十是天蝎座，或者百分之七八十是处女座，那就是一个有意思的话题了。《异类》一书中就讲过这样一些量化分析。这些量化分析很有价值，你不是在用星座本身描述和论证，而是在用背后的量化工具进行定义。

再举个例子，比如说你去采访一个人。在接受采访前，他梳了梳头。这是个孤立的细节，他可能觉得头发乱了，也可能想要收拾得利落一点儿再接受你的采访。但如果他在每次接受采访前都梳头，那梳头就成了真实有效的细节，它的价值就完全不一样了。因为前面的梳头是一个一次性动作，后面的梳头是一种习惯性行为，能够形成性格。

在细节的具体使用、判断方面，我们可以说纵向的细节形成性格。所谓纵向的细节，就是一个人沿着时间轴在某个特定情境下每次都做出同样或相似的行为，它会形成性格。打个比方，某企业家每次接受采访都会骂人，这就是他形成的性格。横向的细节形成现象。横向的细节就是在某个时间段之内，一个人的多个行为、多个动作，或者多个人的同一行为、同一动作，它们可以形成一种现象。一个地方出现一件怪事，那是偶发的；经常出现怪事，那就是现象。

我在写《逝者与未亡人》的时候去采访张锐的夫人，聊完之后我觉得收获非常大。这是一个罕见的、堪称完美的采访对象。她学的是新闻，也是新闻从业者出身，受过长期的新闻业的逻辑熏陶。她知道怎样去讲、哪些是重点，她先给自己过了一遍，然后再跟我讲。她讲的东西就是我想要的东西，这个发现后来也造成了我内心的一些惶恐。这是一个细节。我突然发现，这次采访太完美了。然后我就会去求证——证实或者证伪，把采访内容放一段时间再重新梳理。这些都是细节，它们通过不断地被证实、串联，在编织成网之后，就会形成文章真正的架构。

真正的细节在于人心

我们时常会讨论什么是好细节、什么是坏细节。我觉得真正的细节在于人心，判断细节真正的价值并不在于它的多少，而在于它能否触达人心，使人产生情感共鸣、感受到心理上的冲击。在《逝者与未亡人》里，张锐的夫人给医院打电话，那个细节对我来说是有震撼力的；她回到家中看到张锐的电脑页面，对那个细节，我能感到同样的疼痛；我们对话的咖啡馆，曾经是张锐见投资人时她等待丈夫的地方……一个个细节串联起来，就能引发人的情感共鸣。

我在写“湖畔花园”那篇稿子的时候，对几个细节也试图用人的命运感来处理。无招与一粟，他们曾经差一点儿相遇，后来一直在两条平行线上没有交集，然后回到了杭州，回到了阿里巴巴，在“来往”失败后一起创立了钉钉，一个成为 CEO，一个成为 CTO。能够采访到这两个“实习生”，有运气的成分在里面，但写作的时候必须呈现他们的情感关联。

前面说过，在写作的时候，我会去看看《断背山》的结构，它对我来说很有帮助。安妮·普鲁的小说特别有助于写作训练，她的虚构作品有着非虚构作品的语言风格，简洁大气，没有什么废话，一步到位，直击事物的本质。

我一直想说，真正好的写作是什么？其实就是打通了虚构和非虚构的写作。非虚构讲究的是真实性，虚构讲究的是文学性，而这二者结合的写作真正讲究的其实是技术。用更好的技术呈现真实的东西，这就是我们要做的事情。

我们现在要做的就是提升两方面的能力：一方面是接近真实，接近我们想要的真相，获得更好、更有价值的素材；另一方面是把这些素材的价值呈现出来，用更好的技术写出更好的作品。

王天挺写作方法论

无论你是职业写作者还是写作的业余爱好者，无论你写的是特稿还是自媒体稿，作为个体的人始终都是最重要的。要去理解你的采访对象，对他们产生共情，尊重他们——尽管你可能并不认同他们——去呈现他们作为个体的那一面，这样的写作，我觉得才是有价值的非虚构写作。

- 写好细节的四个步骤：观察；写作的训练；细节的准备；追问。
- 提高故事高级感的三种方法：找到叙述的节奏感；勾勒故事的画面感；制造独特的语言风格。
- 经典开头十式：场景式开头；直接引语；第一人称讲述；动作开头；专家言论；描述事件；突破常识性问题；完整故事；引人深思式；观察式。
- 经典结尾五式：金句式；叹息式；首尾呼应式；提出新问题式；借鉴文学作品的结尾方式。
- 让故事更有文学性的四种方法："抽象阶梯"；变换叙事视角；使用"自由间接引语"；不要简单地贴标签。

书单　《光荣与梦想》《巴黎评论》《百年孤独》《了不起的盖茨比》《一桩事先张扬的凶杀案》《天龙八部》《小说机杼》《番石榴飘香》《枯枝败叶》《没有人给他写信的上校》，特立斯和何伟的作品

影单　《燃烧》《寄生虫》《小偷家族》

特稿单　《北京声音地图》《弗兰克·辛纳屈感冒了》《寻找玛丽莲·梦露》《传奇古典谋杀的终结》《南航 3739：一场裹挟 263 人的空中惊魂》《查理·南派三叔：你真的疯了吗？》《北京第一高楼里的别样人生》《被遗忘的国家任务》《不存在的村庄》

其他　《杀手》《崩溃》《结局的十三种方式》

– 讲师简介 –

王天挺

新媒体“故事硬核”编辑，文化播客“展开讲讲”创始人。

关注人物和城市题材，实习期间即创作《北京零点后》，它被誉为“《人物》杂志改版后互联网上传播最广、美誉度最高的特稿之一”。这篇文章的写作手法随即催生出了“零点后体”——《中国零点后》《南京零点后》《清华零点后》等多篇文章。文章发布七年过去，在《人物》杂志的官方微博上，这篇文章下面依旧有人在留言。

代表作有《北京零点后》《被遗忘的国家任务》《北京第一高楼里的别样人生》等。

第四讲　用文字给故事一个有质感的肌理

我们大多数人往往忽略了一个事实：人类思考是通过故事进行的，而不是通过事实、数据或者公式。这意味着写故事并不是作家、记者或者历史学家的特权，每个人在日常生活里都需要讲故事。如何说服你的老板、打动你的伴侣、为一家企业做战略上的传播，都需要故事来帮忙。

举个例子。在一次公司汇报会上，每个汇报人都拿着 PPT（演示文稿）宣讲。只有一个人，在轮到他的时候，往桌子上放了一个柚子。所有领导都蒙了，然后他就围绕这个柚子讲了一个故事。在此期间，那个柚子就像有魔力一样吸引了所有人的目光。

这一章的目的就是告诉你，当你有一个"柚子"，也就是想讲的故事摆在面前时，怎样能把它讲得更好，让你学会讲述一个有质感的故事。

面对同一个故事或者选题，为什么有的人能把它写得好看而有的人不行？好看的故事所必备的要素是什么？对于这些问题，我会分享一些小的写作技巧，以及如何在写作中使用它们。接下来，我会和大家探讨以下几部分内容。

第一，细节决定故事的质感。

第二，提高故事高级感的三种方法。

第三，故事的经典开头和结尾。

第四，四种方法让故事更有文学性。

01 细节决定故事的质感

细节决定故事的成败

这是非虚构写作的第一条准则，它不仅是一项技术，而且作为价值观贯穿文章始终。

首先，我来讲讲为什么需要细节。让我们先来欣赏一篇作品，直观地感受一下细节的冲击力。这篇作品是元曲作家马致远的《天净沙·秋思》：

枯藤老树昏鸦，
小桥流水人家，
古道西风瘦马。
夕阳西下，
断肠人在天涯。

看完这篇作品，你是不是很容易就知道好的细节是什么样的了？好的细节就是能让文字瞬间在读者脑海中形成画面感，引起读者对生活经验的共鸣，从而引发人类共通的情感。

在当今时代，细节比任何时候都重要。因为新一代年轻人是依靠视频图像记忆成长起来的，阅读画面是这一代人的本能。

相信很多人看过日本推理小说家东野圭吾的作品，为什么几乎他的每部作品都可以被拍成电影？他曾经谈起自己是怎么写故事的：他先在脑海中模拟故事的场景，让场景中的人做出动作，然后把脑海中呈现的画面记录下来。

非虚构写作也是一样的道理，你需要完整、准确地还原现场，要还原的不仅仅是采访对话，而且包括动作、神态、氛围等。

告诉你一个小技巧，它也是我的习惯：在采访现场，用手机随手拍很多照片。写作时照片会勾起很多画面记忆，而那些画面背后的情绪也就冒了出来。

究竟什么是细节，用一两句话很难说清楚。

举个例子，假如你说现在北京上空有一群大象在天上飞，人们是不会相信你的，但如果你说有 425 头大象在天上飞，又说有 425 头粉色的大象在天上飞，人们大概会愣一下。最后你用非常严肃的态度说，有 425 头粉色的大象刚刚飞过天安门广场，它们在飞往国贸时发现东三环堵成一片。

这是一个细节最简单的排列组合，是一个“新闻的把戏”。

作家马尔克斯说，作家面临的问题是可信性，而细节能帮你让别人相信。

大家可以做一个简单的练习，就是找一个最简单的句子，给它增添细节，看看可以把这个句子续到多长。

我的建议是，不仅在特定的写作里，在日常生活中也时常使用找细节的技能。

很多人来媒体实习，很喜欢研究和讨论一些经典的稿子。但我说这样做没意义，有用的细节都不在最终的那版稿子上。要想有收获，你就先从帮记者找资料开始，然后跟着采访，第一版稿子出来之后，你再研究哪些资料用上了、哪些被舍弃了。对于采访内容也一样，看看记者是怎么选择材料的，跟你想的有什么不同，最后再看看最终版本跟第一版有什么不同。当你把这个流程做完后，你会收获更多。

所以我有的时候也跟那些没有机会实习的朋友说，实在不行的话，你就去看一些烂稿。那些有缺陷的稿子里的错误，大多数人都会犯，你只要多看并且在写稿子的过程中尽量避免，稿子就会逐渐趋于完美。

推理小说家劳伦斯·布洛克曾经说，他在成长最快的那几年在出版社看了大量质量极差的书稿，这让他在写小说时不自觉地就会避开那些不好的写法。

当你慢慢有了这个意识时，细节自动就会出现在你的眼前。记得有一次我在游泳时耳朵进水了，好几天都听不清声音，去坐地铁的时候耳朵突然通了，我就发现无数的声音向我涌来，那些声音其实一直都有，但我从未注意过。然后我就因为这个写了《北京声音地图》，我想，原来有这么多声音是被大家忽略的啊。

对一个新的写作者来说，找细节是最佳的“入门技能”，因为细节就来源于生活，每个人只要多留意和观察，让自己敏感一点儿，就可以学会这项技能，不管原来你写文章写得怎么样，你都可以用这种技术在短时间内提高水平。

我在实习的时候写了《北京零点后》，其实它没有主线，没有戏剧冲突，也没有深入刻画人物性格，但就是把简单的细节描写做到了极致，于是就产生了奇妙的化学反应，增强了文章的质感。

写好细节的四个步骤

观察

第一个步骤是“观察”。在大多数特稿写作和非虚构写作里，观察和采访所占的比例是 50% ∶ 50%。但观察这项能力在新闻采访课里经常被忽视，我一直很奇怪它为什么不受重视，通常好像只有突破、访谈和拿料的能力被突出了。

比如我写的《北京零点后》这篇稿子，观察和采访的比例是 80% ∶ 20%。写这篇文章时我确实并没有做多少采访，我认真看了看文中人物夜间的工作，然后把那些状态写了下来。我记得写这篇稿子的时候，我去见一个上夜班的保安，除了打招呼，我俩一句话也没说，他到哪儿我都跟着，他干什么我就看着。

时间久了你就会知道，通过观察得来的信息量远比提问多。1 个小时里你最多也就能问 20 个问题，但一个人在 1 个小时之内可能会做 3 600 个动作和表情。你需要记录他不同寻常的动作，理解他为什么做这个动作，这个动作代表了什么。在人物特稿里，这些你观察到的微小细节，最终可能成为你不动声色地提供的一种对主角人物性格的佐证。

比如，我在《北京零点后》里写过夜班电台节目的一个嘉宾系鞋带，那个动作突然就打动了我。你能感觉到在大半夜做节目，她是非常漫不经心的，她在很闲散地摆弄鞋带。这样的举动在白天很少见，因为在北京这座城市，白天人们总是匆匆忙忙的。

还有一个例子是在夜班公交上，我跟着司机在那条线路上来回跑了四五个小时。凌晨两三点的时候，有一位女士上车，很明显能看出来她有在夜场工作的那种风尘气，但因为下了班，她又透露着一种拒人千里之外的神情。她上了车，拿出一个口罩给司机，很开心地笑着告诉司机注意雾霾，氛围突然就变了。我立刻就被打动了。不管她之前的工作是多么压抑和愁苦，她依然在享受日常和平凡的人情，这就是最动人的瞬间。如果你只是在夜班司机下班时采访他，你会有这种亲眼见到生动细节的机会吗？他可能只会告诉你，有一位女士送了他一个口罩。

我教大家一个小技巧，把自己想象成一个摄像机镜头，你在真正摄像的时候不可能一直都用长镜头吧，你会一会儿从远处看，一会儿拉个中景，一会儿给一个特写镜头。把这个观察技巧用到写文章中，长镜头就是你的叙述铺垫，特写就是高潮。如果有条件，大家可以在观察的时候物理性地变换视角。

有一次我在新疆给韩红做采访，她经常参加义演，记者一般就在台下离她最近的地方。我跑到附近一栋四五层高的楼上，视角变了，我能看到范围更大的场景。我发现当地人真的非常喜欢她，他们会用自己的小动作配合台上的节奏。然后我突然明白韩红和当地人有一种不一样的情感纽带。我后来想，这就相当于我给自己放了一台无人机去拍摄。

总而言之，大家要找到适合自己的观察方式，打开思路，观察颜色、大小、形状、动作、声音等一切可以观察的事物。

写作的训练

第二个步骤是写作的训练。有了好的细节素材，要怎么处理，需要经过一些简单的训练。

以前我在《人物》杂志实习的时候，年轻的记者都要先写一种1 500字左右的报道，这在内部叫作“小侧写”。这种小侧写就是用生动的笔法对一个人物进行快速的、准确的描绘，它通常包括对人物现场环境的描写，以及对人物本身的语言动作或周围人的反应的呈现。

后来大家发现这种练习很有用。进行这种练习之后，当你去写一个宏大的故事的时候，你绝对会记得“跳回来”写细节。

这样的“小侧写”总会包含几个元素：现场环境、主要人物的动作、主要人物的状态、主要人物和其他人物的交往。

听起来好像很简单，但它其实包含：一个远景——现场环境，一个动态行为——主要人物的动作，一个静态行为——主要人物的状态，主要人物和这个世界、其他人的关系——主要人物和其他人物的交往。

几乎所有人物报道都需要包含以上几点，最后这些观察加上采访所得——包括主角和外围采访，就是一篇合格的人物特稿。如果没有以上几点，那只能叫作人物报道。区别就在于你有没有生动、准确地展示人物形象，用细节展示打动你的人性中的一部分。

国外很多非虚构写作的教材都有相似的练习，比如写一个特殊情境中的人物的状态，或写两个人在发生冲突时的表现。

在世界新闻史上有两篇经典的稿子，它们的共同特点是没有采访到主人公本人。一篇是非虚构作家盖伊·特立斯的《弗兰克·辛纳屈感冒了》，另一篇是著名记者法拉奇的《寻找玛丽莲·梦露》。

为什么没有采访到主角的稿子能成为经典？因为作者在写作前都进行了大量的走访和观察，即使没有面对面聊天，没有主人公心声的袒露，人们依然能通过作者观察到的那些细节看到栩栩如生的主人公形象。

细节的准备

第三个步骤是细节的准备。观察细节是可以提前做准备的，而不只是靠在采访现场撞大运。

要写好一个关于人的故事，最关键的地方在于你怎么理解这个人，你的判断将决定你在之后的写作中如何取舍材料，以及用何种方式呈现这个人的性格。我喜欢在采访前查阅很多相关人物的资料，给人物做一个案卷分析的工作，分析的内容包括人物的外表、家庭背景、教育程度、经济情况、情感史、天赋、信仰、身份、道德、动机、友谊、自我认知、价值观、习惯、爱好等，这些要素构成了这个人。

你可以做一个表格，在每个选项后面填上你的理解。很多时候，尽管你还没去采访，但有些细节你已经可以猜到了。

举一个简单的例子，还是刚才说的《北京零点后》里的那个保安。

采访之前，我会对这个保安有什么想象？大半夜、寂寞、无聊这些因素可能指向的行为是什么？遛弯、玩手机。于是我就想，在遛弯上我能做什么文章——什么最能体现他在遛弯时的那种寂寞感？我想就是数步数。他走一圈巡逻的地点要走多少步？对于这个问题，我必须提前策划好，如果我在去之前不做好这个准备，那我是无法记录下步数的。一个人在大半夜数另一个人走路的步数，这本身听起来就是很悲伤的故事。

还有一次，我要写主持建造中国最大射电望远镜的科学家南仁东的故事。我知道他很重要，但我不知道他有多重要，那么我就需要找一些佐证。

他看上去就是普通的农民模样，但是他的帽子上写着 03，我问他这个编号代表什么意思，最后发现 01、02 等编号指代的就是台长和副台长之类的头衔。像这样的细节，如果你事先不做准备，不去了解，那你看到那个数字的时候会有反应吗？你可能就不会把那个细节记下来。

外表、家庭背景、教育程度等十几个细节要素并不一定要出现在每篇文章中，需要根据文章的长短和想要表达的内容进行取舍。而当你真正出去采访的时候，你也会发现，无论事先预想得多么周到和完备，仍然会有预料之外的东西跳到你眼前，那通常会是一些不错的东西，它们也会为你的人物注入生命力。你要是对自己的现场观察没有什么信心，那就要尽早做准备。

追问

第四个步骤是追问。这个追问是广义上的，我觉得这项技能适合所有类型的写作者，只要你写东西，你都需要这项技能。

每个被采访者的习惯都是说结论，这是人性所在。所以你问完第一个问题就想拿到细节几乎是不可能的，你必须有耐心，一步步把采访对象引导到你的细节轨道上来。采访课老师可能也教过大家，有些时候，你甚至需要用一些自己的秘密细节换取别人的。

比如在《北京零点后》里提到夜间修路工人时，我写的是“卸载到地面上的沥青温度高达130℃，如果不小心踩上去，2厘米厚的胶靴底都会融化。”这个“2厘米”的细节是怎么得来的？其实你不能太指望一上来他就告诉你鞋底的厚度。我是先问这个工作难在什么地方，他说“非常烫”。于是我就追问他，怎么个烫法儿？他说，以前有人试过踩上沥青，鞋底会融化。我再追问他，多厚的胶鞋底？他说2厘米。你需要追问好几次，才能拿到最好的细节，否则这句话就会变成“在夜间铺沥青的工人苦难至极，因为沥青的温度非常高。”

还有一个例子，我在写《传奇古典谋杀的终结》，采访那个痕迹鉴定员，和他聊现场、杀人、血迹时，看得出他对自己的工作很痴迷。如何表现这种痴迷？说他工作认真、几天几夜不回家会显得很平淡，所以必须找到一个细节的角度。我就继续追问，从他的爱好、习惯问到生活细节。最后聊到他的妻子刚生了个儿子，他还给我看照片，然后突然他就说：“你知道吗？新生儿的脚掌是没有掌纹线的。”儿子出生后，他做的第一件事就是去看儿子的脚底板，还有比这个细节更能体现他对刑侦技术的痴迷的吗？

我们在公关文章里经常看到这样的案例，为了表现某位领导的兢兢业业，写他熬夜加班，非常辛苦，但就到此为止了。为什么不去写写他们睡的行军床，或者他们加完班和保洁阿姨的聊天呢？我就写过医院的急救车，那是意大利产的，非常贵，但上面经常到处都是呕吐物，因为半夜很多醉酒的人拨打 120。这不就生动很多？为什么科比的那句话“你见过凌晨 4 点的洛杉矶吗”广为人知？你哪怕让领导聊聊他加完班看到的凌晨北京的模样呢？

02 提高故事高级感的三种方法

不知道大家有没有过这样的经历，在准备好写作资料，开始动笔之前，要去翻一本书或一篇范文，不是为了看内容，而是为了从中寻找语感。

我自己有这样的习惯，如果要写快速概述的文章，我就会翻一下《光荣与梦想》和特立斯的作品；如果要写的是缓慢的体验式文章，我就会提前看一下何伟的书；如果要写访谈类文章，我就会看看《巴黎评论》。我这样做的目的都是寻找语感，营造氛围，从而提升故事的质感。

第一种方法：找到叙述的节奏感

什么叫节奏感？我的理解就是读起来叮叮当当、此起彼伏。找节奏感最好的方法就是朗读，建议大家大声朗读自己写完的文章。读着气喘不喘？该停顿的地方有没有停？读到高潮迭起的地方是不是气息断了？这些与节奏感相关的问题通过朗读都能够看出来。

还有一种方式就是读你喜欢的作家的作品。我记得当时在写《北京零点后》之前，我把特立斯写不为人知的纽约城的那篇文章直接背下来了，目的就是找细节之间衔接的节奏感。很明显能看到，他的节奏衔接是通过白描和数字完成的。

举一个例子，《北京零点后》这篇文章很明显的一个特点是数字的使用。经常有人来问，是不是数字本身让文章更好看了？其实不是，数字在这里起的就是调整节奏感的作用。比如说，文章如果想表达“急救中心有 23 辆车”这个事实，那么我一定不会直接这样写，我会写“有 23 辆急救车的救护中心”，因为数字其实并不是我要强调的重心，23 辆跟 24 辆没什么区别。如果叙述的所有重心却落在数字上，那这篇文章就变成财经报道了。这里用数字的目的是在提到急救中心时，让急救中心的细节更丰满，用一个气息更长的长句调整节奏。

数字在这里本质上是一个工具，不是报道的事实。在我写的文章里，它从来不是一个事实，只是一个让文章更“好玩”的工具。文章叙述最后的重心一定不是落在数据上的，但是这个事实是用数据来推动的。

再比如，我在《传奇古典谋杀的终结》里为什么把第三个案例放在最后，也是因为节奏感——第三个案例是最荒唐的。并且我制造了两个起伏，扔狗头这件事本来就够荒唐的了，被判刑又使荒唐更进一层。这就是节奏。

> 河南一位新郎在新婚夜因彩礼锤杀新娘；杭州的一位父亲给自己女儿买了巨额保险，然后杀了她；北京一家烤鸭店的厨师拿片鸭刀抢劫割喉，作案用的裤子、袜子、秋衣都烧了，但把刀冲洗干净放回了烤鸭房。在浙江温州，一位姓杨的凶手为报复情敌

掐死了一条狗，把狗头扔到情敌床上，他最后被判了故意杀人罪。

但也有人会说，是不是所有文章都是这样的节奏？当然不是，海明威和汪曾祺的作品就不是这样的节奏。重要的是找到你喜欢的、适合当下这篇文章的节奏。海明威的特点就是短句多、对话多，用对话去营造氛围，这是一种很厉害的技术。推荐大家去看他的短篇小说《杀手》，他用很短的对话把人写活了。我们也都知道他很重要的一个理论，那就是"冰山理论"，即作家的思想感情如同冰山，被写出来的往往只有"八分之一"，没写出来的"八分之七"都在水下。他的作品表面看起来干净利落，但里面藏着很多深沉的东西。

还有一种节奏是汪曾祺式的，几乎全是短句，用来写吃喝玩乐的日常。当文章中有轻巧的动作、直接的情感表达时，就适合用这样的短句。给大家看一个例子：

> 红小豆上海叫赤豆：赤豆汤，赤豆棒冰。北京叫小豆：小豆粥，小豆冰棍。我的家乡叫红饭豆，因为可掺在米里蒸成饭。
>
> 红小豆最大的用途是做豆沙。北方的豆沙有不去皮的，只是小豆煮烂而已。豆包、炸糕的馅都是这样的粗制豆沙。水滤去皮，成为细沙，北方叫"澄沙"，南方叫"洗沙"。做月饼、甜包、汤圆，都离不开豆沙。[①]

---

① 汪曾祺. 食豆饮水斋闲笔 [M]. 广州：花城出版社，2015.

然后你再看他谈自己的写作，还是一样的节奏感：

> 曾见一些青年同志写作，写一句，想一句。我觉得这样写出来的语言往往是松的，散的，不成“个儿”，没有咬劲。
>
> 有一位评论家说我的语言有点特别，拆开来看，每一句都很平淡，放在一起，就有点味道。我想谁的语言不是这样？拆开来，不都是平平常常的话？
>
> 中国人写字，除了笔法，还讲究“行气”。包世臣说王羲之的字，看起来大大小小，单看一个字，也不见怎么好，放在一起，字的笔画之间，字与字之间，就如“老翁携带幼孙，顾盼有情，痛痒相关”。
>
> 安排语言，也是这样。一个词，一个词；一句，一句；痛痒相关，互相映带，才能姿势横生，气韵生动。
>
> 中国人写文章讲究“文气”，这是很有道理的。[①]

我推荐大家在刚开始学习写作的时候尽量使用短句。方法很简单，写完一篇文章之后，看能不能把句子在原意不变的情况下再删几个字。我认识的几乎每个实习生都做过这种练习，你要清楚地知道你想表达什么，然后将其尽可能清晰地表达出来。有时候大家为了写得好看，显得有水平，就会很生硬地“拗造型”，写出来的句子很别扭，像一根扭曲的梅花枝。一开始写得像松树一样直就可以了，像汪老一样，准确、清晰地表达是第一步。让我印象很深的是，他在1997年去世前留

① 汪曾祺.汪曾祺散文[M].北京：人民文学出版社，2005.

给世界的最后一句话是："给我来一杯碧绿！透亮！的龙井！"一点儿都没变。

但菲茨杰拉德就相反，他很喜欢用长句。长句也有它自己的节奏感。给大家看一下菲茨杰拉德在《崩溃》这篇文章中写的长句的节奏感：

> 我发觉，在这两年里，为了留住某些东西——一份内心的宁静，也许是，也许不是——我已经对所有我曾喜爱的东西敬而远之——从早晨刷牙到晚餐会友，其间的每一个行动都成了一桩费劲的事。我发觉我已经有好久不曾喜欢过什么人什么东西了，只是跟着别人老气横秋装腔作势地"喜欢"。我发觉即便是我对至亲的爱，如今也成了一种"试图去爱"的努力，至于那些本来就不太热络的关系——一位编辑，一个烟草商，一个朋友的孩子，只不过是鉴于前情往事，我记得我"应该"去应付的人而已。就在同一个月里，诸如收音机里的声音、杂志上的广告、火车的嘶鸣、乡间的死寂统统让我心烦——我看不起人们温和心软，我动不动（尽管是暗地里）就想吵架，蛮不讲理——憎恨夜晚，因为晚上我睡不着，也憎恨白天，因为白天之后就是晚上。如今我睡在壁炉边，因为我知道，我越是早点精疲力竭，即便只是有点儿累，那个幸福的做噩梦的时刻就会越早到来，噩梦就像是一种宣泄，能让我更好地迎接新的一天。[①]

① 菲茨杰拉德 . 崩溃 [M]. 黄昱宁，包慧怡 . 上海：上海译文出版社，2011.

最后告诉大家一个小技巧，如果你知道自己要写的文章适合用短句，但你又控制不住，那就强迫自己多用句号。当你想用长句时，最重要的是连贯的气势，但停顿也很重要，这时候可以用破折号，破折号是经常用到长句里的调整节奏的工具。

第二种方法：勾勒故事的画面感

马尔克斯在《番石榴飘香》里提到，他在写故事前必须先有一个形象。《枯枝败叶》中写的是一个老头带着孙子去参加葬礼的形象，《没有人给他写信的上校》基于一个人在巴兰基利亚闹市码头等候渡船的形象。《百年孤独》中的形象又是什么？就是外祖父带着一个小男孩（马尔克斯）去见识冰块的场景。

为什么画面感这么重要？因为新一代人的成长背景已经不是读字时代，而是读图时代，画面——而不是文字——会唤起人们所有的记忆和情感。当代知名的小说作家无一不是塑造画面感的高手。我采访过南派三叔，当时我是这么写他的：

> 不同于其他很多网络小说作家的是，他有一种独特的极富画面感的写稿方式。他始终觉得自己的人物是活的，他在脑海中打开了一扇门，他能闻到气味，感受温度，静电的情况和干燥的湿度。“如果这个房间让我很不舒服，我的写作就会非常不舒服。”
>
> 在房间里，所有的人物都是自己在行动。他唯一能做的，就是在瞬间让人物静止。他可以从各种角度看到这个人的表情，看他身上的汗水如何滴下来，衣领的褶皱如何翻起。然后他把这些

都记下来。

东野圭吾也是这么写的，他自己就说过很多次，他的写作方法就是在脑海中想好场景，把动作之类的在头脑里过一遍再写下来，一气呵成，所以东野圭吾的小说非常适合改编成电影。还有一个北欧的犯罪小说家叫尤·奈斯博，他在小说里把北欧独特的冰雪犯罪感写得特别好。

所以，要让读者产生共情，就必须将他们置于熟悉的场景中，读者就会调动过往的观看经验，体会和理解你想要表达的情绪和情感。所谓“画面感”，就是你要制造一个巨大的容器，先把读者请进来，再在里面呼风唤雨。

这也是为什么说如果在采访现场太匆忙，就先拿手机把现场拍下来，回家之后再看照片找感觉。在写文章之前，我的脑海中就已经有了一个个画面和场景，然后我把那些画面和场景写下来就可以了，画面越清晰生动，写得就会越好。

再拿《查理·南派三叔：你真的疯了吗》举例，我一开始就用了一个画面感极强的开头：

> 在临近西湖一所军区疗养院的单人病房里，南派三叔摇着一张黑色轮椅。他管这张轮椅叫“查理”，这也是他认识的一只蟾蜍的名字。前些年他在一座山里跑步，看到一只蟾蜍，独自躲在紫外线灯箱里，等着吃被灯光吸引过来的虫子。他从小到大把这类孤单的东西都叫“查理”，这是个不吉利的名字，只有在他不开心的时候才会出现。

我这么写有三个理由：一是他本人是一个悬疑小说家，这是他本人经常营造的氛围；二是给读者营造一种氛围，让人感觉到这个人的情绪是低落的，跟后面他生病了呼应；三是这个画面其实解释了他个人的精神内核，也是文章一直想表达的，那就是孤独。很好的画面就能实现这么多功能。

然后往下看，我也是用画面来描述他的童年的。这样写也有一部分原因是我想用南派三叔的方式致敬他本人：

> 但现在，他独自一人，没几个人知道他在哪儿。他就像是回到了28年前嘉善干窑镇的外婆家，体弱内向，孤单一人，总觉得无事可做。在地里偷偷烤个红薯，结果将别人家的祖坟给烧了。在外婆家他遇见了第一个“查理”——一本搁置在架子上落灰的笔记本。
>
> 在一个夏天，他躺在铺着凉席、挂着蚊帐的露天院子里，听到了人生的第一个故事。那是一个关于血尸的谜团——书生、古棺、古祠堂，还有萧索的灵堂和漫天的妖雨。他被这个故事吓得泪尿齐崩，但在那一刻，“查理”消失了。
>
> 按照当时还叫徐磊，日后的南派三叔的说法，“某种心智的成长，停滞在书生进入村庄的雨夜”。

连最后的直接引语我都找了一个有画面感的“书生进入村庄的雨夜”。这样的例子还有很多。我们说一个故事有画面感，是指读者在阅读的时候脑海中能出现具体的形象。其实写一个有画面感的故事包含了两个环节：第一，你自己脑子里首先要呈现形象；第二，用准确的语言把这个形象描绘出来。

呈现形象是指你知道接下来将要写的这段很重要，它会揭示人物的性格。这时候你就要把自己代入人物，进入你描绘的那个场景，你要置身其中。南派三叔跟我描述他逐渐失控的那个场景让我印象很深，一家三口日常吃饭其乐融融，可能小孩也有很多天没见爸爸了，但突然他就崩溃了：

> 随着书稿的压力，这种身体被控制的负担越来越大。大半夜，他的妻子发现他在扮演书里的角色，面目狰狞，手舞足蹈。有的时候还将刚构思好的惊悚情节大声念出来。邻居在外边“砰砰砰”砸门。有的时候甚至出了家门还缓不过来。一天晚上，他带着妻子儿子，陪几位朋友外出吃饭，菜刚刚端上来，他突然指着菜碟说：“这个墓里有两具尸体，好像被盗过！”并不像开玩笑的神情，孩子被吓得直哭。

这种常规的小家庭里的画面非常能打动我，它不是策划好的、惊天动地的，而是日常的场景，让我很容易把自己代入，比后面他说他掉到冰窟窿里还能打动我。你把自己代入了，就知道自己会怕什么，在意什么，通常你跟故事人物的感觉是类似的，这些“在意”和“怕”就是你着重要去写的。甚至在某些时候，你在采访前就需要发挥想象力，根据现有的材料模拟一些场景，从而更好地设计关于“在意”和“怕”的问题。

有了脑海中的场景，怎样将其呈现出来？我在这里教大家一个我觉得很重要的技巧：白描。之前跟大家举过《北京零点后》和《传奇古典谋杀的终结》的例子，还有马致远的散曲，它们都用到了白描的手法。

简单来说，白描就是用简洁的语言描述、表现人物的特点。具体说就是只抓住一点来写，不要分散笔墨。你的目的是极致地突出一个特征，不需要展开。记住三点：突出特征、传神、概述。还是拿我写南派三叔的那篇文章举例：

> 他喜欢钓鱼和做菜，所以拖稿理由经常是小拇指骨折、厨房爆炸之类。他喜欢湖里的东西，不爱吃鱼肉，爱喝各种各样的鱼汤，沙县小吃里的猪心汤也是他的最爱。对他来说，豆浆一定要喝甜的，豆腐脑一定要是咸的，在吃火锅的时候，他一般选辣底，从不用蘸料，在开了自家的宁记火锅之后，他会把汤底喝掉。

在这段文字中，突出“特征”就是表现他其实是热爱生活的人，“传神”就是小拇指骨折、不用蘸料这些小细节，“概述”就是不要展开他是怎么跟编辑解释的——“我今天不交稿是因为小拇指骨折了”，以及编辑怎么觉得可笑，这些东西都不需要写。这就是白描，准确而有力。

很多人会忽视白描的作用，认为它只会在特定的文章，比如《北京零点后》里被用到。其实不是，大多数人节奏感差的原因就是只会用单一的叙述节奏写作，叙事速度永远是一样的。白描会帮你变换速度，就像换挡，换成这个档叙事，效率一下就提升了，能帮你省去很多冗余的信息。我在做编辑时经常跟记者说“快速通过，这段快速通过”，说的就是这个意思。

第三种方法：制造独特的语言风格

你是哪种风格的写作者？每个人心里应该都有个答案。你是偏爱长句还是短句，喜欢把自己代入文章还是不喜欢？你喜欢用直接引语还是转换视角叙述？你擅长体会人物情感还是更喜欢总结观点？

把上面这些问题的答案合在一起，就是你自己的写作风格。我个人现在比较喜欢从电影里面寻找风格。比如《燃烧》《寄生虫》《小偷家族》这三部电影，大家会比较喜欢哪种风格呢？奉俊昊导演的《寄生虫》有着一种冷酷的社会学结构的风格，其基调是绝望的，叙事是严丝合缝的，每个动作都在对应一个隐喻。是枝裕和导演的《小偷家族》呈现的是迷惘而不是冷酷，他使用的是一种他常用的平淡语调，他连表达愤怒的方式都是冷静的，但在这种冷静的表面之下，是人物充沛的情感。李沧东导演的《燃烧》是我最喜欢的一部，它的叙事节奏是平缓的，怒火藏在冰山下，但人的存活又还有意义。其中不仅有对人细微的描述，也有概括——“小饥饿”和“大饥饿”。

我给大家的建议是，不管是小说、电影还是剧集，找到你最喜欢的一部，然后想一想是什么吸引了你。把那个吸引你的东西找出来并放大，用在你所有的作品里，慢慢地，那个东西就会成为你的一部分。再去找新的最爱，再去学习放大，最后这些东西加起来就成了你的独特风格。比如，你可能是一个“村上春树 + 李沧东 + 菲茨杰拉德式”的作者，那按照我们通常所说的，你就是深受这三位作家影响的作者。

03 故事的经典开头和结尾

我有一个习惯，我每次都会在文章的开头和结尾的写作上花大量的时间，甚至会花上两三天去想一个好的开头，如果对开头不满意，我就写不下去。这当然不是一个健康的写作习惯，但也说明了开头的重要性。开头不仅决定故事的走向，也决定了叙事的节奏，有些开头甚至直接把人物性格的弧光揭示了出来。接下来，我会分享十种常见的非虚构写作的开头方法，其中的重点是场景式开头，因为它是最流行的，也是效果最好的。

场景式开头

仍用“南派三叔”那篇文章来举例，其实它的开头就是标准的场景式开头。一个最简单的场景包括什么？就是一个画面和几个细节。以我写的《南航 3739：一场裹挟 263 人的空中惊魂》为例，这是一个机长成功使飞机迫降的故事。开头是这样的：

> 53 岁的贺中平本不该执飞 CZ3739 这趟晚间珠海回北京的航班。这次因为珠海航展航班密集的缘故，他才被临时抽调来飞行。
>
> 他是前空军飞行员，在民航又飞了 20 年，有超过 20 000 个小时的空中飞行经验。他身材高大，四道杠的机长制服熨得笔挺，在南航，年轻人最初见到他都会表现出钦服和敬畏。
>
> 这天上午，贺中平先研究了去珠海的飞行计划，打了个盹儿，然后去基地的自助餐厅吃饭。他夹了几块红烧鱼，一份炒菜和几

份素菜，喝了一碗西红柿鸡蛋汤。在餐桌上摆着一块塑料提示牌，上面写着：机长和副驾驶执行任务前 4 小时内在同一地方用餐时，应尽量避免食用相同的食物。

开头其实主要就写了一个画面，就是事发当天中午他吃饭的场景。为什么写这个场景？因为后面发生的变故是激烈的、令人意想不到的，我希望在开头展示一个风平浪静的、每天发生的场景。这个场景就是吃饭，但餐桌上也蕴含着小的起伏：机长和副机长不能吃同样的菜。这表明在这个行业，危险是时刻存在的，暗示了风起云涌前潜伏的危机。

这个场景为什么好？因为它能勾连读者的情感。前面的场景有多平淡，后面的冲突就有多激烈。每个读者都会产生"是啊，每个意外都是在这样平平淡淡的日子里发生的呢"的感觉。

接下来看一个场景的升级，就是除了一个画面和几个细节，我另加了一点儿东西。以我写的《北京第一高楼里的别样人生》为例，我在这篇文章的开头加了一个元素，这个元素叫象征符号：

穿过国贸三期那扇 4.5 米高的荷兰皇家宝盾旋转门，你来到 9 米高的大堂。地面由金黄色的大理石铺就，那是从以色列专门运来的。四面是镶着金箔的仿古窗棂墙面，头顶上 4 组 500 公斤的彩色玻璃泡吊灯，由 600 个人人工吹制……这一切都确定无疑地告诉你：欢迎来到新世界。

这也是一个场景。但它比机长的场景多了一个象征符号：大堂。

旋转门到玻璃吊灯无不代表了这栋楼的浮夸、泡沫和对上等生活的追求。这样描写场景不仅仅为了展示细节，勾连情感，也为整篇文章定下了基调：像整个大堂一样华丽的工作和生活。

另一个场景式开头是关于一个老人编词典被国家遗忘的故事（《被遗忘的国家任务》），我又在前面的基础上给它升了级：

> 在打印店打了几份材料之后，车洪才先生小心翼翼地把它们装进包里，来到位于北京王府井大街的商务印书馆。进门之后他也不知道该找谁，直到传达室的人来询问，他才被告知应该去外语辞书编辑室。编辑室里只有一位小姑娘，问他："您要出什么书？"他说："出一本词典，《普什图语汉语词典》。"
>
> "没听说过。"小姑娘摇摇头。"大概有多少字呢？"她又问。"两百多万。"车洪才答道。她惊讶地抬起头，赶忙去找编辑室的主任。
>
> 当编辑室主任张文英赶到时，车洪才把打印好的词典编写过程、体例说明的材料交给了她。她越看越吃惊，突然发现这本词典在商务印书馆是立了项的，但她却完全没有印象。最后她跑去资料室查档案，结果在一份20世纪70年代的档案中找到了记录：商务印书馆接全国辞书工作会议的指示，组织编写《普什图语汉语词典》，时间是1978年。
>
> 这意味着，到2014年即将出版为止，这部词典编了整整36年。

这里的场景不仅仅是一个画面，还是一个故事，但这个故事是在一个具体场景里发生的。它不是一段回忆、陈述或说明，它有动作、有对话、有情感的表露，也是整个故事的开始。

到这里我们可以总结出场景式开头的三个要点。第一，场景最好是单一的、集中的，不需要在多场景中来回切换，“一次只说一件事”，一次也只表达一种情绪，不要贪多。第二，场景要么反映人物性格（《查理·南派三叔：你真的疯了吗？》），要么营造气氛（《南航 3739 一场裹挟 263 人的空中惊魂》），要么有象征意义（《北京第一高楼里的别样人生》），要么是一个故事（《被遗忘的国家任务》），这就是你选择场景的标准。不要为了有场景而选择那种没有意义的动作，比如采访对象喝了杯水、扶了扶眼镜，如果实在没有，宁可不写场景。第三，也是最重要的一点：从最打动你的那一刻写起。

这句话在我写作的不同时期里都被印证了。比如，我写编词典的车洪才为什么要从他去商务印书馆那里写起？从时间线来说，我见到他的时候，他去商务印书馆这件事已经过去三四年了，我听到这个情节也是在采访的中段。为什么把这段提到最前面，就是因为这段不仅打动了印书馆的人，也打动了我。我当时被他波澜不惊的讲述震惊了，他显然没把它当成一件大事，听的人却吃惊不已。

所以，选择好的场景就是寻找整个采访过程中最打动你的那一刻，它有可能不是通过正式采访得来的，也有可能是个意外。一定要找到它，然后丰富它，它天然就是为了打破时间线而存在的。

当然，应该根据不同的文章，使用合适的开头方式。除了场景式开头，还有另外九种开头方式：直接引语、第一人称讲述、动作开头、专家言论、描述事件、突破常识性问题、完整故事、引人深思式和观察式。

其他开头方式

直接引语很好理解，就是引用重要人物的重要话语做开头。它一般是提纲挈领的话，是关于重要问题的描述，能够吸引读者往下读。

第一人称讲述就是用自己的故事开头，把自己代入故事，成为你即将讲述的故事的一部分。使用这种方法大多数时候是因为自己就是故事的主角，或者深度参与其中，比如何伟写《江城》。

动作开头类似场景描写，但可以不用勾连意义，比如说某位明星如何走了进来，如何与人打招呼，最终坐了下来跟你聊天。时尚杂志的一些访谈经常这样开头。

专家言论这种开头可以用在出现了某些新的科技成果，或是对政治局势有了特别的判断的时候。它通常包含了一个观点，可以是直接引语和叙述相结合，也可以是多人的意见，以呈现不同的观点。

描述事件指用叙述的方式快速地将一件事的前因后果说清楚，不需要聚焦于某一点，而在于完整和准确地描述。比如对一起校园枪击案的描述，一定要包含时间、地点、事件经过、死伤人数和凶手近况。

突破常识性问题就是一个出人意料的结论或者观察，它通常可以是一项科学研究的结果，可能跟人们的预计正好相反。它也可以是一个人们预料之外的调查结果。总之要引发人们的好奇心。

完整故事是指从头到尾完整叙述一个故事，而不是从故事中间选择一个场景切片。但它又不同于描述事件，它是由动作推动的。

引人深思式就是让读者想象一些场景，比如“你能够想象未来我们和机器人共处的场景吗？”接下来可能是要写机器人领域的最新发展。

观察式指的是记者对某种趋势或者变化的观察，不是对具体的一个场景，而是对现象的概括，比如说常见的“当代 90 后到了一个怎样的时刻”。

结尾的方式

结尾的重要性在于，它是读者结束阅读后离他最近的那部分。读者可能已经记不清开头了，但一定不会忘记结尾。

金句式

常用的结尾方式有三种。第一种是金句式，你实在不知道怎么结尾的话就用这种方法。其好处之一是，一般金句都不会很长，结尾的落点就是一个下沉的语调，节奏上给读者的感受就是话说完了。另一个好处是，在前面大量的情感和故事的铺垫下，一句主人公的直接引语会让人唏嘘，尤其是在时间跨度比较大的故事中，会让读者“叹一下”。

比如说在写南派三叔的那篇文章的结尾，我就选了一句在采访中他告诉我的话，他说他耳朵里总能听到一个声音。幻听也好，矫情也罢，它都能反映文章的主旨：一种充满使命感的孤独的写作。

> “你以后还写作吗？”
>
> “肯定会写的。”就像他最喜爱的悬疑作家史蒂芬·金一样，不写作的时候，总能听见一个声音，在耳边说话：“怎么不写了，怎

么不写了？”

那个声音可能也叫查理吧。

叹息式

第二种是叹息式，这是我自己发明的词。叹息式指的是用叙述的方式传递某种情绪，这种情绪应该是全文带给读者的印象，而作者代替读者将此情绪高明地叹了出来。比如说菲茨杰拉德最著名的小说《了不起的盖茨比》的结尾：

> 于是我们继续奋力向前，逆水行舟，被不断地向后推，被推入过去。[①]

后来何伟在《江城》的结尾也用了船的意象：

> 我终于不再担忧未来或者过去，我于是看了这座城市最后一眼。建筑物灰蒙蒙的。由于夏季洪水的到来，乌江江口的江面变得宽大起来。一艘小舢板在靠近岸边的水面上小心翼翼地行驶着。插旗山隐藏到了迷雾中。我们的飞船加了速，迎着江流逆水驶了过去。[②]

这样的结尾在第一人称写作中经常出现，最近的新媒体写作里也

---

① 菲茨杰拉德．了不起的盖茨比 [M]. 巫宁坤，汤永宽，萧甘，译．上海：上海译文出版社，2006.

② 海斯勒．江城 [M]. 李学顺，译．上海：上海译文出版社，2012.

经常有。我自己在写《传奇古典谋杀的终结》的结尾时也用了一下：

> 现在，也许我可以试着去写伟大的新型犯罪报道，关于全新的、肉眼难以察觉的、不可思议的犯罪，如果一个记者只要不停地追逐新知就能在未来仍然有用。可是这时代马蹄声急，让我感觉自己就像电影《一一》里那个男孩，“我也老了”。

对于这种结尾，在文章情绪饱满，人物命运错综复杂，对人物的评价又不是那么单一有定论的时候，就可以大胆使用。

首尾呼应式

第三种结尾的方式叫首尾呼应式。这听起来是小学生作文里经常使用的技巧，为什么还要用？因为经典的就是管用。马尔克斯的《一桩事先张扬的凶杀案》结尾又回到了一开始凶杀案的现场，回到了所有人的起点，读者会有一种看完十季《老友记》突然回到了故事开始地的唏嘘，这时候你就会知道所有人物的命运已经注定。

> “圣地亚哥，我的孩子，”她对他喊，“你出什么事了？”
>
> 圣地亚哥·纳萨尔认出她来了。
>
> “他们把我杀了，韦内姑娘。”他说。
>
> 他绊倒在最后一级台阶上，不过立刻又站了起来。他甚至还把沾在肠子上的灰尘抖落干净。韦内姨妈告诉我。他从那扇自六

点钟起就敞开的后门进了家，随后脸朝下倒在了厨房的地上。[①]

使首尾呼应式结尾时，开头的场景可以不全写完，留一部分，到最后再把全部的拼图拼完整。特别是当你用场景式开头的时候，你可以留意一下，有什么好的细节可以放在最后。我自己在写《被遗忘的国家任务》的时候就是这样处理的，开头写的是老人去商务印书馆的场景，结尾又回到了那个场景：

> 2012 年 4 月，去商务印书馆的那天，是他 30 多年以来头一次回去，他洗好了头，套上一件棕色的皮夹克——这样显得精神，搭着公交就来了。儿子的担忧也并没有出现，张文英女士当场就表示她愿意接手词典。按照合同规定，词典将会在 2014 年年内出版，每千字稿酬 80 元。

对照着看，以这个场景结尾不仅让文章形成了一个完整的闭环，而且制造了一种“平凡的一天将要发生不平凡的事”的感觉。大家也可以把它跟南航那篇文章的开头进行比较，一个在开头，一个在结尾，但效果是不是都一样？

其他结尾方式还有提出新问题式，比如故事的结尾其实并不是终点，而是一个新问题的起点，它常见于科技报道；还有一种是对最新情况的介绍，比如在一个时间跨度很大的故事中，结尾会告知读者这

---

① 马尔克斯 . 一桩事先张扬的凶杀案 [M]. 魏然，译 . 海口：南海出版公司，2013.

个故事的主人公的近况怎样。

大家也可以借鉴一下文学作品中的结尾方式。马原写过一篇《结局的十三种方式》，介绍了文学创作中常见的结尾方式，它们可能在非虚构写作中不能被直接使用，但相信会给你带来一定的启发。

04　四种方法让故事更有文学性

第一种方法："抽象阶梯"

抽象阶梯对写故事来说实在是太有用的一种技巧。它是一位名叫早川一荣的日本语言学家在《思考和行动中的语言》这本书里提出来的，他的观点是：所有的语言都存在于阶梯上。最具概括性或最抽象的语言和概念在阶梯的顶端，而最具体、最明确的话语在阶梯的底部。

对非虚构写作来说，就是要在阶梯的顶端创造意义，然后在底部做例证。但大家仔细想想，自己是不是通常会忘记这一点？很多人在写作时经常从一个概念阐述到另一个概念，用一种思想去解释另一种思想，这样的写法我一般形容为"卡在梯子中间了"。也许我们写论文可以这么写，将概念一层层地抽丝剥茧，但在写故事中，停留在阶梯中间是最糟糕的事。

用《圣经·创世记》里的一个故事举例：

雅各出了别是巴，向哈兰走去。到了一个地方，因为太阳落了，就在那里住宿，便拾起那地方的一块石头枕在头下，在那里躺卧睡了。梦见一个梯子立在地上，梯子的头顶着天，有神的使

> 者在梯子上，上去下来。耶和华站在梯子以上，说："我是耶和华你祖亚伯拉罕的神，也是以撒的神，我要将你现在躺卧之地赐给你和你的后裔。你的后裔必像地上的尘沙那样多，必向东西南北开展，地上万族必因你和你的后裔得福。我也与你同在，你无论往哪里去，我必保佑你，领你归回这地，总不离弃你，直到我成全了向你所应许的。"

这个故事很好理解，上帝（耶和华）就是阶梯的顶端，雅各个人的故事就是阶梯的底端。雅各通过上帝的使者，从梯子底端爬到顶端，聆听上帝的教诲。这就是一个最基本的故事单元，有思想的人在顶端表达意义，在底端举例子，中间有一个使者领着你走上去或者走下来。但你的重点肯定不是去写那个使者，一定要写抽象阶梯的顶端和底部。拿我写董方卓的那篇稿子《天才球员董方卓的残酷答案》给大家具体解释一下，在"麻烦"那个章节我是这么写的：

> 他一个人被甩到了安特卫普，觉得糟透了。他望着俱乐部啰里八嗦的工作人员。这些人都来搞他，洗衣机是坏的，冰箱冷冻室也不工作。现在他就想给他母亲办个签证，折腾他干什么？驾照寄过来还给寄丢了，天天蹭别人的车，有一次别人给他忘了，走了两个小时才找到家。说来尴尬，他也确实不知道英文住址。或许是因为都被欺负，他跟队里的黑人球员关系更好。只有那些三十多岁的老队员那种，特别老，追着他小腿踢。他不耐烦，就一个加速把人甩掉了。之后有媒体问他最喜欢哪支球队，那当然

是曼联啊！不行，得是安特卫普。他最喜欢的食物是薯条，因为薯条是比利时发明的。

……

在国内的经纪人高琪坐不住了，跑到比利时来。“这人是个傻子啊。”他目瞪口呆。董方卓给自己找了个在俱乐部打杂的阿姨当翻译，二号翻译是一个港务局的员工。不会烧菜，但认识每一个中餐馆的老板。自家的客厅里就摆个空的大书架，房间里还放了张婴儿床。最令人心酸的，董方卓正非常认真地、严肃地研读一本书，叫《男人的十大优点》。

高琪不得不认识到，他们把一个什么都不懂的小孩，扔进了最为凶险的成人世界，这里正是全世界的金钱、欲望、背叛、欺骗浓度最高的地方。

大家能不能看出来，哪部分是顶端，哪部分是底部？很显然前面他刚去比利时的不知所措那部分是底部，最后一句“凶险的成人世界”就是顶端。再说得清晰些，顶端表达就是“当年青少年留洋的足球体制是有问题的”，不仅没有人关注青少年青春期的生活，也没有人帮助他们融入当地文化，更没有人教他们怎么应对媒体。俱乐部只想建立跟海外俱乐部的联系，经纪人只想挣钱。

以上我的这些解释就是阶梯中间的部分，但直接这么写很理论、很枯燥。我会直接写这个年轻人的愤懑，这些东西都包含在他的个人故事里。如果有人指导他，有人关心他，他会自己去看一本《男人的十大优点》吗？

这就是抽象阶梯的三个位置：顶端、中间、底部。中间是从底部通向顶端的使者，但这个使者，你在心里想清楚就行了，不要写出来。

这个技巧最有用的地方不是教你要写什么，而是不要写什么。每当你特别快地敲着字，解释得很开心的时候，你都要停下来想一想，你现在写的故事位于阶梯的哪一部分，是不是应该往两端靠一靠了，还有没有涉及两端的更好的材料可以用。

第二种方法：变换叙事视角

这也许称不上一种方法，而是非虚构写作这几年在国内外的一个趋势。这个趋势就是有越来越多的人把第一人称写作加入非虚构写作模式。获 2017 年普利策特稿奖的那篇作品写的是种族歧视导致杀人案件，作者是一个黑人女记者，她在文中就用第一人称阐明立场、告知身份。这一做法的好处是告诉读者，作者是在一个具体位置上理解这件事的，她不是一个权威，只是带读者来看这件事。

研究人类学的项飚老师说过，人类学的发展历程有过一个阶段，那时研究者把自己写入民族志几乎成为一个义务。为什么要这么写？因为“学者们强调，研究者不是全知全能的上帝，我们总是以某种具体身份、在某个具体位置上观察和思考。所以需要阐明自己的立场，说明如何在互动中理解对方”。所以“我”的介入是一个显著变化，“我替你看”变成了“我带你看”。

这种方法还有一个好处是，能够在一定程度上避免媒体责任。从第三人称角度来讲是一个全知视角，相当于作者提供给读者的信息是百分之百准确的，就像在说我会很全面地告诉你一个故事，你听我一个人说就对了。这个角度到目前为止经常会出现问题，记者写一篇稿子两头不讨好，所有人都在指责你。这么看来，全知视角出现了问题，对记者的媒体写作不利。而大家好像对个人的主观看法，或者说这种带读者进入故事的写作模式会更宽容一些。

我自己对此有很深刻的体会。我们编辑部开会，记者讲自己的采访细节讲得活灵活现，而到稿子写出来时，他讲的那些动人的东西往往就没了。因为在采访过程中，记者对人或事的感知、判断每分每秒都在更新，但是按照我们传统的非虚构写作模式来写的话，最后呈现的就只是一个明确的结论，中间那部分记者的思考、态度的改变却遗失了，而那可能是真正有价值的地方。我希望读到记者本人的态度变化，跟着记者的新发现也不断改变自己的态度，这样能达到一种沉浸式的阅读效果。

但在国内，能做到这一点的作者不是太多。不过大家可以借鉴真人秀的主持人，比如《十三邀》里的许知远和《仅三天可见》的姜思达，他们都是很典型的把自己代入采访对象的故事里的例子，虽然也会有争议，但效果就是显得更真实了，节目呈现的是过程而不仅仅是一个结果。

还没有被一些非虚构写作套路“污染”的读者，可以尝试从自己身边的事写起，把你自己写入故事。然后，逐渐尝试做一些采访和观察，用自己的方式去写别人的故事，这一定是未来非虚构写作最重要的方向。

第三种方法：使用“自由间接引语”

什么是“自由间接引语”？大家可以去看詹姆斯·伍德《小说机杼》

的第一章内容。简单来说，在我们平时的写作中，对采访对象引用语的使用方式总共只有两种。一是第一人称叙述，就是我们经常见到的加引号的直接引用；二是第三人称叙述，也就是采访者以一个第三人称的全知视角，替采访对象把他说的话说出来。

但在文学写作中，这二者都有缺陷，第一人称叙事总显得不可靠，因为这样只是靠主人公的眼睛看世界，从头说到尾；全知视角则早就过时了，没有人笃信一种确定的、说教式的叙事。于是就出现了一种“自由间接体”，“自由间接体”就是同时用主人公和作者的眼睛和语言看世界。

在非虚构写作中，我们用这个方法进行了一些尝试。还是拿董方卓的那篇稿子给大家举例子，我在写那篇稿子时也是第一次有意识地想用这个方法。但对很多语感出色的作者来说，他们经常下意识就会这么用了。

> 他一个人被甩到了安特卫普，觉得糟透了。他望着俱乐部啰里八嗦的工作人员。这些人都来搞他，洗衣机是坏的，冰箱冷冻室也不工作。现在他就想给他母亲办个签证，折腾他干什么？驾照寄过来还给寄丢了，天天蹭别人的车，有一次别人给他忘了，走了两个小时才找到家。说来尴尬，他也确实不知道英文住址。或许是因为都被欺负，他跟队里的黑人球员关系更好。只有那些三十多岁的老队员那种，特别老，追着他小腿踢。他不耐烦，就一个加速把人甩掉了。之后有媒体问他最喜欢哪支球队，那当然是曼联啊！不行，得是安特卫普。他最喜欢的食物是薯条，因为

薯条是比利时发明的。

直接看是看不出来区别在哪儿的，我把当时采访他的录音找了出来，大家可以看一看他自己是怎么表述的，然后我是怎么处理的：

第一段录音

董方卓： 就很简单嘛，欧洲它就很简单嘛。然后它那个厅就比较大一些。然后有一个那种什么书柜，叠柜那种的，很大一排。然后一个大的沙发。它没有书，它什么都没有，它空的。就给我留两个小的那种圆的小蜡烛。

董方卓： 对。那会儿然后什么浴室坏了，然后还有洗衣机什么那些，后来找人去修嘛。

记　者： 我听说好像都挺古老的嘛。

董方卓： 对。

记　者： 我都很难理解那种古老的微波炉是指什么样？

董方卓： 就是扭的那种的。

第二段录音

董方卓： 当时也没有车，当时是因为后来过来两个曼联球员，每天搭他们的车，因为俱乐部有配车嘛，给他们配，跟他们过去。

记　者： 没给你配吗？

董方卓： 因为当时我驾照还没到，我出国前才把驾照给考下来。

考下来以后，对，要寄过来。第一次还寄丢了，可能也没寄丢，可能是他们塞那个东西，要我自己去邮局拿，我又没去拿，所以就没有了。后来我又让人捎了一个，驾照给捎过来了。后来有驾照了以后，完了又让他们给我个车。

第三段录音

董方卓： 走着去训练好像有过一次，我是走回去的，我是训完练，对，走回去的。对，我确实是那次练完以后不知道怎么回家，就没有车，队友都走了，我是自己慢慢走回去，确实走了两个点。

董方卓： 然后好像圣诞节那次也是没有车吧。

记　者： 圣诞节为什么会没有车？

董方卓： 然后也是走过去的。

第四段录音

（这段是他的体能教练黄庆良在接受采访时说的话）

而且好多那种老外记者呢，都是不太友好。

……

首先你得说我，我最喜欢安特卫普，剩下的＋再喜欢别人，所以我为什么知道薯条是比利时的呢？因为薯条是比利时发明的。第二个就问你喜欢吃什么，吃薯条吗？他说喜欢。知道哪儿出的吗？美国麦当劳。他说这是我们比利时发明的。我都知道了。中国球员比较实在，就直接说了，后来就得违心了，就得“外交辞令”说话。

如果我什么都不做，把以上四段录音内容拿过来加上引号放到文中，这个就是直接引语，是董方卓对他刚去比利时的时候没有人帮助、无所适从的一种自述。但一般来说作者不会这么啰唆，肯定会用叙述的（也就是第三人称的）方式来表达。我又用这种方式重新写了一遍，大家注意这里面的区别：

董方卓一个人来到了安特卫普，他先是去了新家，发现里面的洗衣机是坏的，冰箱也不工作。“我母亲想来看我，签证也一直办不下来。”因为没有驾照，董方卓每天要蹭别人的车训练，驾照好不容易寄过来，又寄丢了。有一次，别人忘了捎他，他自己走了两个小时才到家。他的体能教练黄庆良说：“外国记者不太友好，问他喜欢吃什么，他说麦当劳的薯条，人家就不太高兴，因为薯条是比利时发明的。后来他就学会了‘外交辞令’。”

这就是一个标准的有直接引语又有叙述的写法，大部分稿件都是这么写的。但这种写法的缺陷就是不够生动，没有办法深入体察董方卓那时候的心境。我当面跟他聊，是能够体会到一个不到20岁的年轻人的那种疲惫和无助的，我非常同情他。这也就是我们常说的，你要对采访对象有同理心，无论他是个所谓的好人还是坏人。那怎么办呢？那就用“自由间接引语”。詹姆斯·伍德提到，要在人物和作者之间打开一个小口子，比如，作者不直接写“角色感到困惑”，而是把自己代入角色，让角色把自己通过观察产生的困惑体现出来。

我没有直接写董方卓的困惑，但我把自己代入去体会了。比如“说来尴尬，他也确实不知道英文住址”这句话，“说来尴尬”是我作为作者的表达，因为他说到这儿很不好意思，英文不好，没法儿打车，只能走回家。我把自己的判断和他的讲述融合在一起了。这就是“自由间接引语”。

我在这里只是跟大家简单地介绍了一下这种写法，要想用好它，还需要大量阅读和训练。还有一点也非常重要，你的采访要足够多、足够扎实。

第四种方法：不要简单地贴标签

这也许并不是一个明确的技巧，只是一个方向。有很多想尝试非虚构写作或者特稿写作的朋友会遇到一个问题：什么是好的非虚构写作？在这件事上是否有标准，我不敢妄下结论。但排除热点事件、热点人物带来的爆款，我认为在写作价值观和写作技术上还是有标准的。

在当下的非虚构写作里，有一个不好的趋势就是给人物和事件贴上社会学标签。至于如何理解这个社会学标签，就是很多写作者喜欢在写作前找意义、找价值、找时代坐标，比如这个采访对象是不是反映了我们当下的某种潮流？大家习惯于迅速把那个标签贴上。是阶层标签（底层残酷）、亚文化标签（“丧”）还是民族主义标签？这些都没错，但请不要把这些标签在人身上贴得到处都是。

我很认同詹姆斯 · 伍德批评新新闻主义大师汤姆 · 沃尔夫作品的观点，他说沃尔夫作品中的人物“没有一个可算是个体”。他们全都是从社会目录表中选出来的，即便是小人物也都是类型化的人物。有些作者在描述一些偶像的粉丝时，就认为他们一定是肤浅的、奇异的，这些标签会从穿着、言论一直贴到行动上，人物本身会具有一种社会学意义，成为一个标本。但除此之外，人物没有任何个体的特征。读者会为这样的角色狂欢，这在本质上又变成了消费一种符号，而角色身上没有任何打动人的地方。

请记住，无论你是职业写作者还是写作的业余爱好者，无论你写的是特稿还是自媒体稿，作为个体的人始终都是最重要的。要去理解你的采访对象，对他们产生共情，尊重他们——尽管你可能并不认同他们——去呈现他们作为个体的那一面，这样的写作，我觉得才是有价值的非虚构写作。

杜强写作方法论

非虚构写作，其内在要求就是去创造、接近一种文学化的表达，而所谓文学化表达，就是从看似平常的经验当中发现那些我们熟视无睹的意义，达成一种对他人、对自我的更加深刻的认知。真正的写作一定要拓展读者的认知。这种拓展包括信息层面的拓展，即读者不知道有这种事情发生，你告诉他；同时也包括认知层面的拓展，读者不曾这样理解人类的生活经验，你通过你的写作让他体会到。

- 好细节的四个指标：细节与主题的相关性；细节与描绘的人和事的贴近性；为表达提供更多文学性；在结构或叙述节奏上起作用。
- 抓到好细节的方法：选择恰当的采访方式；从感官入手获取细节；及时追问获取细节；在采访中把握线索；使用冗余信息。
- 好细节怎么用：用来塑造人物；用来写动作和场面；用来控制节奏。
- 细节运用的四个误区：细节越多越好；缺乏细节就束手无策；细节丰富但行文呆板；陈词滥调充斥。

影单 《教父》《这个杀手不太冷》

特稿单 《废物俱乐部》《大兴安岭杀人事件》《少年杀母事件》《无臂人，盲者，鸭子，白鹳》《陈天桥：搬家到应许之地》

– 讲师简介 –

杜　强

《时尚先生 Esquire》杂志副主编,《南方人物周刊》前资深记者。

曾获第四届“人民文学之星”非虚构奖、2019 瑞士“真实故事奖”。2013 年，从时政记者“艰难”转型做人物特稿，逐渐爱上了这种复杂人性的写法。酷爱科恩兄弟的电影，爆款特稿《太平洋大逃杀》曾创下微信阅读量超过 3 000 万的记录，并被影视公司以百万高价买走改编权。

他时常在思考的一个问题就是:“如果我们被甩到了日常经验的边缘，去经历这些惊人的、可怕的事和这些考验人性的时刻，我们自己会做出怎样的选择？”

代表作有《太平洋大逃杀》《天才落魄的暮年》等。

第五讲　用细节调动五感，把故事写得像电影一样

大家在写非虚构故事时，可能常常会遇到各种各样的问题。比如，我们都知道文章要生动才好看，必须恰当地使用采访得来的细节，但是怎么才能获取最好的细节？有了好的细节，该怎么用？大家的阅读经历中都会有这种情况：有些文章或者报道，要么特别干瘪，全是笼统的描述，无法给人留下任何印象；要么处理不好结构和叙事节奏，好的细节全都被漏掉了，或者埋没在凌乱的叙述里。关于细节的使用有很多误区，但每种误区也都有对应的解决原则。

大家应该都会同意，细节乃故事之甘露，没有好的细节，故事就只是梗概，人物也没有血肉。在故事的写作当中，对细节的作用再怎么强调都不为过，它塑造人物，让表达更加生动，这都是大家知道的方面，其实好的细节有时候甚至能够赋予故事更加深刻的内涵。

举个例子，大家应该都听说过“白银案”。甘肃白银是一个矿业城市，1988—2002 年这 14 年间，那里先后有 11 名女性惨遭杀害，部分

曾遭受性侵，凶手专挑年轻女性下手，手段异常残忍。后来案犯高承勇归案，在审讯过程中有一个细节：警察问他为什么后来不再作案了。

高承勇的回答很有意思，他说：“我老了。”

这句话乍一听好像很平常。你可以想象出一个高承勇的故事，里面有变态心理、血腥的杀戮，但是只有“我老了”这种细节能让整件事情的气息完全不同，显得更加有意味。直白地说，它会让故事的质感上升到一个更高的层次。

所以好的非虚构作者或者记者在听到“我老了”这样的回答时，是不能错过它的，它就属于最好的那类细节。但是，我相信也会有人觉得这个回答不好，或者说理解不了它好在哪里。

不过反过来说，其实更常出现的情况是，写作者为了让文章更像一篇特稿或者更有文学性，会刻意地加很多细节进来。比如有的文章是这样写的：

> 采访对象某某走了进来，穿着蓝色西装，头发梳得很整齐，白衬衣的扣子开到了第二颗，对我笑了笑，然后坐在沙发上。

很多文章中充满了这种刻意的、平庸的细节，不如不写。所以说，对细节的运用，对于故事的表现力作用很大。但用好细节并不容易，因为它依赖于作者对细节的感知和判断力，也需要一些写作经验的积累。

接下来我会和大家探讨以下几部分内容。

第一，辨认好细节的四个指标。

第二，抓到好细节的方法。

第三，好细节究竟该怎么用？

第四，细节运用的四个误区。

01 辨认好细节的四个指标

什么样的细节才是好细节？采访中哪类细节才是真正宝贵的呢？我根据经验，总结了四个指标。

第一个指标：细节和你要表达的主题的相关性有多强？

当然是相关性越强越好，也就是说，细节必须有目的，一定要为表现主题服务。

比如上文提到的“某某穿着蓝色西装，头发梳得很整齐”这个糟糕的细节，它的目的很模糊，你要用它来表现对方的什么呢？不知道。但如果写的是一个遭遇冤案后获得平反从监狱出来的人，那这个细节就还算不错，因为这时候这样表达是有目的的，它说明人物正极为用力地回归生活。

所以当你拿不准要不要保留某个细节的时候，你首先就得问自己：这个细节跟的主题有没有关系？凡是没有目的、没有表现主题和人物的细节，都应该坚决删除。

大部分时候我们会在文章中写到不止一个人物，这里有一个小技巧，那就是要注意观察，用一个独特的细节来让读者记住你的人物。

举几个最简单的例子：电影《教父》中，教父怀里抱着一只猫；

电影《这个杀手不太冷》中，杀手莱昂养植物、喝牛奶；我很久前写的《太平洋大逃杀》中，杀人魔头刘贵夺在上船时带着 165 条香烟。

这样做的好处有很多。我们都有这样的经历，有时候忘了某个人的姓名，却记得他的特征，比如我们复述《教父》这个故事，在提到教父时会说，就是那个抱着猫的人。当然，细节让人记住人物，但也得和主题相关，比如就教父而言，猫就和黑手党头目这一身份的威严形成了强烈反差，设置这个细节是有目的的。

我有时候改稿也会反思，自己是否无意中描写了一些没有目的或者没有意义的细节。如果没有必要，那就可以删掉。如果此处细节很重要，最常用的、最不需要“才华”的解决办法或者说“笨办法”就是多费些笔墨。当然，这里说的是一般性的细节，对于那些直接左右故事情节的细节，比如人物动作，只要描写得简洁、准确就可以了。

这里可以用我写的《废物俱乐部》来举例。

深圳三和那个地方，人非常多，很多三和大神[①]过着那种有上顿没下顿的日子，也不愿意进厂，处于一种对生活完全不做长远打算的状态。我在其中写到了长时间赖在网吧里的人其实各有各的理由，我只挑选了两个比较有代表性的人，一个是留守儿童小麦，另一个是退伍军人。其实我对这两个人采访得非常充分，每个人都跟了好几天，但是最终写出来的内容，每个人都只有 100 来字。比如那个退伍军人，他跟我讲了自己的身世、跟老婆的矛盾，他非常想念自己的孩子，很后

---

① 三和大神指在三和流浪的打工者。他们不愿做月结工资的正规工作，而是选择做日结工资、能立即拿钱的临时工作。工作了一天之后，他们就将工资挥霍一空，然后继续做这种日结工资的工作。——编者注

悔离开部队，跟当年的战友聚会时心里感到非常失落……细节非常多，但是我只留下了很少的素材，其实判断标准只有一个：在文章结构的特定位置，你的主题需要你完成什么样的表达目标？你的目标是告诉读者，这里的网吧里有很多对生活失望、生活在迷茫和悔恨中的人，因此你只需要选取他们的素材中与此相关的部分，无须用大量细节塑造他们。

第二个指标：细节与所描绘的人和事有多贴近？

这个“贴近”指的是细节当中包含了很多关于人或事的、人无我有的东西，它能够为读者理解人和事提供最丰富、最生动的信息。

这里可以用魏玲所写的《大兴安岭杀人事件》举例，作者写这篇稿子缘起大兴安岭要禁止采伐，所有以伐木为生的当地人都得在规定的时间内转行，但令人震惊的是，作者在采访期间竟然近距离接触到了一起杀人案。文章主人公之一贾二是大兴安岭深处的一个伐木工人。作者写道：

> 贾二的活越来越重……他的破拖拉机属于农用机械，禁止拉木头，禁止上路。但大家都上，都超载，报废的车在路上开，没牌的车也在路上开，按城市里的标准这里十个司机九个酒驾，有安全意识的喝啤酒再驾。
>
> 贾明说，如果贾二有一天让木头砸死，他也不会吃惊。木头装在拖挂上没有挡板，全靠四根立柱挡住，拖挂一到，放开保险钢丝绳，四五吨的木头顺势滚下，人要钻进拖挂底下，钻不及时

就会被砸死。

作者用了很多笔墨来写伐木工人这个职业的特点，生动是一方面，更重要的是这些细节和主人公非常贴近，对于这些一般读者不会了解的职业信息，作者通过这两段细节描写给出了很深入的交代。

假设你要写一篇关于外卖员的报道，哪些细节算是贴近的呢？你肯定会写他们和时间赛跑，但如果你获得了一个信息，是关于外卖员坐电梯的技巧，比如要去 10 楼，在哪部电梯那儿排队能最快挤进去，外卖员知道一些一般人不知道的判断方法，这就是好的、有用的细节，因为它展示了更丰富的关于外卖员这个职业的信息。因此，你只需要站在读者的立场想一想，这个细节能不能拓展他们对人物和故事的认知。

还是以《废物俱乐部》为例。三和大神过着常人难以想象的艰难颓废的生活，在文章中我需要用一些细节来表现这一点。从素材来看，我有很多选择，比如有很多打工者跟我讲述他们的生活如何艰难颓废，但他们提供的素材很容易变成一般稿件里那种细节的品质。我最终用的是这么几个：一个是皮裤哥，他从来不工作，靠别人的接济填饱肚子，我当时请他吃了一顿饭，问了他的情况，最终写了皮裤哥好几天没吃饭饿晕在地上；一个是叫“正宗三和大神”的家伙，他每逢挨饿就在 QQ 群里到处找人打架，我甚至见证了其中一次的过程；还有打工者跟中介产生矛盾，用手打碎了人力市场的玻璃，满地都是血。之所以选这么几个素材，是因为在所有素材中它们最鲜活，而且大都是我亲眼见证的，比如满地血，我还拍了照片。这些素材也许没有听来的细节那么极致，但是它们属于人无我有的，而且我去过现场，描述起来会给读者近在眼前的体验。这就是所谓的贴近性。

第三个指标：好的细节为表达提供了更多的文学性

举一个最简单的例子来说明其中的差别。大家都看过模特在 T 型台上走台步，姿态非常轻盈优美。这时候有两个采访对象向你形容走台步，都用到了修辞。一个说“走起来像一只优雅的猫一样”，或者“走起来像一只兔子一样”，另一个则说“走起来像踩在蜻蜓上一样”。以前面提到的两个指标来衡量，它们跟主题的相关性一样，和人物的贴近程度也一样，但我们会觉得第二个人的描述是更好的细节。这就是因为它为表达提供了更多的文学性。带有文学性的表达，其语言是新的、不落窠臼的，而且是更加准确、栩栩如生的，甚至带有审美层面的效果。上面的第二个采访对象说模特像踩着蜻蜓走，我眼前似乎就有蜻蜓在黄昏时分跃动的画面，轻盈优美，用来形容模特走台步特别准确。

可能也有人缺少这种判断力，在采访和选择素材的时候，不理解其中的文学性，比如他就是感觉不出蜻蜓的比喻比猫或者兔子好。这就需要作者培养对细节的感受力。

这个话题比较难，因为它很微妙，是一个作者总体写作才能的体现，里面有天赋的部分。很多人天生似乎就有一种敏感度和语言的表现力，能够抓住那些独特的细节，当然这也依赖于后天文学阅读的培养。没有什么捷径，只能通过大量阅读来提升。

我在这里分享一个比较具体的练习方法：大家有时候看到一些不

寻常的事情，哪怕是走在大街上看到一场争吵、一个很奇怪的人，都可以想象自己怎么告诉朋友这件事情的独特之处。写作很多时候就和跟朋友聊天一样，你可以随时随地练习，试着活灵活现地告诉朋友那个细节的迷人之处。

至于如何提高所谓的文学素养，我自己也还在学习，比较推荐福克纳、乔伊斯和卡佛的小说。阅读当然也有技巧，如果只为娱乐而阅读那就不必在意，但当你有意学习的时候，你就要留意那些特别精彩的笔触，比如你看到福克纳写一个小男孩在众人注视之下的窘迫感，他说好像小男孩在悬崖边荡秋千，在荡到最高点的时候戛然而止。你这时候就可以想象一下，假设是你自己在描写那种窘迫感，你会怎么写，而福克纳厉害的地方在哪里，有哪些写法是你可以学习和借鉴的。

第四个指标：你的细节能否在结构或者叙述节奏上起作用？

如果答案是肯定的，那么你的细节也会是好的或者有用的细节。

在这里我想补充说一下细节的几种类型。

第一种细节可以叫作言语和动作细节，具体就是故事中人物说了什么——可以是对话，也可以是独白，以及人物做了什么，比如撒谎时结巴了，愤怒时眼睛红了；第二种可以叫作人设细节，比如前面提到在电影《教父》中，教父抱着一只猫，以及在《这个杀手不太冷》中，莱昂总是喝牛奶；第三种是心理细节，采访中人物会告诉你他在想什么，对一件事情有什么内心反应；第四种是环境细节，不管是在故事发生时，还是在采访时，都会有环境细节存在，比如天气、场所等。

你能想象一个故事文本里全都是言语和动作细节，或者一个故事文本里完全没有环境细节吗？大家在读小说时可能会发现有很多环境描写，甚至有的环境描写在篇幅上占据了不小的比例，有时候好像还挺烦琐的，感觉这种环境细节也没有什么用处，但是其实你可以试试把这些环境细节去掉，看看文章的叙事节奏会发生什么变化。

从叙事节奏上来讲，好的节奏一般是上面提到的四种细节的合理配比，有环境，有语言动作，有心理描写，有对话，它们在一定程度上交替出现，这样读起来不会枯燥和单调，也能够在读者脑海中构筑意象，构筑故事的画面感。这种结构或者说叙事节奏的需要，就给了一些细节存在的合理性。比如我在《太平洋大逃杀》中写过这么一段：

> 船还在秘鲁渔场的时候，每到夜晚，四周夜幕的深处会亮起其他船只的灯光，星星点点，尽管微弱缥缈，却让人产生身处中央、被包围、被拱卫的错觉，这时候那灯光已经不见了，窗外一片漆黑。

之所以要有这段环境描写，就是因为船上的杀戮过于频密，充满刺激性的语言、动作，我需要在这个地方控制叙事的速度，让它适度地慢下来，营造一种更适宜的阅读感受。它不太符合前面说到的三个指标，但是也是好的、有用的细节。同样地，有时你会出于结构和叙述节奏的需要，加入一些语言、心理的细节。

总体来说，细节判断指标不是需要绝对遵循的，因为每个故事、每次写作都不同，不能一概而论，因此对细节的把控还是依赖于作者对叙事比较深的认知和训练。

02 抓到好细节的方法

选择恰当的采访方式

首先，你必须为你的采访选择一种最合适的采访方式，采访方式一般来讲有以下三种。

第一种是坐下来聊，也就是访谈，不管是在咖啡馆、酒店还是在当事人家里，特点都是不带情境的对谈。

第二种是情境式采访，比如跟当事人一起去干活，参加他的聚会，或者参与有冲突、有碰撞的事件，等等。总之就是把采访对象放置到情境中，情境是人物展现个性、展现个性中真实一面的绝佳机会，而且对写作来说，情境式采访会让叙述有场景变化，不至于呆板。一般来讲，情境式采访是“打开”采访对象的最佳方式，需要有意识地进行。对于情境式采访，我和我的同事有一个说法，叫“贴身肉搏”，就是说采访时跟采访对象非常贴近，跟随他的生活，常常是一天持续 10 个小时，但这个得有条件进行才可以。

第三种采访方式是体验式采访，它有时候是不暴露身份的卧底采访。这种比较适合一类特定的选题，比如一种职业、一个群体，不仅需要你有体验的条件，而且得有这种必要，也就是说有一些素材是不体验、不卧底就无法获得的。

那么应该怎么选择这三种采访方式呢？我以一次自己比较熟悉的

采访经历来说明。我在写《废物俱乐部》这篇报道的时候，需要跟深圳三和的打工者搞好关系，进入他们的生活，但是这群人恰恰有一个最大的特点，那就是不爱跟陌生人说话，尤其不愿意聊自己的身世和经历。他们的戒备心非常强，因为他们有的是断绝了家庭关系，有的是欠了大笔的赌债，需要在这里隐姓埋名。

因此在去深圳之前，我和编辑商量，完全用体验式采访，我将带着 50 元在深圳三和度过 10 天。但是后来很尴尬，我在 50 元花完后没坚持下来。不过体验本身还是最主要的采访方式，因为“三和大神”对记者戒备心很强，而且记者如果透露身份就可能没法儿真正进入他们的世界。所以在 40 多天里，我跟这些人一起劳动、打游戏，四处游荡，获得了很多最鲜活的第一手素材。但是问题很快就出现了，我发现自己没有办法打听到他们的个人经历。千方百计地打听会很奇怪，都是打工的，你为什么那么关心他和他父亲的矛盾？为什么你那么想知道他离家出走的原因？这里面缺少正当性，因此我必须选择另外一种采访方式，也就是坐下来访谈。为了不轻易暴露自己，我只挑选那些真正有故事的人，跟他们讲明我的来意，然后把他们约到酒店里做长时间的访谈。我最终选择的是红姐，还有一个叫宋涛的“三和大神”。

在三和的时候，虽然我已经跟打工者一起生活，但是我也会警觉地反思这种情境是不是过于单一，所以也尽力参与他们的另外一些情境，争取得到一种更全面的理解，于是其间我去了一家五星级酒店打工，做传菜工。总体来说，情境式采访是最重要也最有效的一种采访方式，我自己一般都会尽力抓住情境式采访的机会。

从感官入手获取细节

还有一个很重要的问题，那就是怎么帮助采访对象回忆、讲述，以此获取细节。

一般来讲，不同的人有不同的职业，在接受采访时有不同的习惯。比如学者、企业家这种偏精英的人群，他们总是习惯于说观点、想法，缺少细节，而另外一些人可能没什么观点，能讲细节，但是会沉溺在那种琐碎的细节当中，天马行空，根本拽不回来。这两种情况都需要作者在采访中有比较强的掌控力，要很明确地打断采访对象，把他拉回设定的采访轨道。很多人会不好意思打断，那样的话，采访肯定会失控。其实打断很简单，你甚至可以无视他正在讲的主题，直接提出你想问的问题。当然，可能有人心理上会有一个坎过不去，但只要尝试一两次就会习惯。

我被问到过好多次，在采访中如何问到那些很小、很生动的细节，为什么有时候拿到的素材非常干瘪，没有故事也没有情节。我自己总结了以下几个小技巧。

第一，要多问“感官问题”，少问“大脑问题”。在你需要具体细节的时候，视觉、听觉、嗅觉、触觉这些感官就是你的基本框架，你要按照这几种感官去提问，尽量不要跟对方探讨观念性的信息。在采访“鲁荣渔 2682 号案件”的时候，我需要还原船舱内的杀人事件，我当时所想的就是要详细地询问当事人的感觉器官能够搜集到的一切信息——气味、声音、画面等。

第二个小技巧是帮助采访对象回忆。很多时候，采访对象不记得事情的细节，因为时间比较久远，或者他们有意模糊，这个时候就需要采访者非常细致地、有技巧地提问。比如《太平洋大逃杀》的当事人赵木成，他作为船员亲历了船上的杀戮事件，但是他的叙述非常粗糙，达不到写作需要的细致程度。我当时不断用现实的感官体验来帮助他回忆，比如杀人时，你是坐着还是躺着？你是怎么躺的？从你的位置看过去能看到什么？灯光怎么样？让他调动所有的感官记忆。我觉得人类记忆的特点是很难突然凭空唤起的，必须借助事物之间的关联和相关的实际存在的物件才能唤，大家可能会有一个体验，比如听到一首周杰伦的歌，就突然想起了中学时代的某个傍晚。道理是类似的。

及时追问获取细节

第一个问题：什么时候要及时追问？我有时候跟新记者去采访，本打算以他采访为主，我在一旁听，结果我听着听着就会很着急，因为采访对象讲了一件很有价值的事情，对我们的写作主题很有帮助，需要在写作的时候把它生动还原，但是记者没有再追问。

什么时候要及时追问？这个问题其实没法儿一概而论。作者需要对自己的写作主题、故事的各个重要节点有比较确定的掌控，当采访对象聊到一个节点、一个情节的时候，你才会明白这个是重要的，才会清楚地知道你在写作的时候可能需要写言语、动作、场面，有了这个意识，你才能确定要不要追问细节。这类情节节点一般都有一些特征，比如采访对象的讲述突然脱离了抽象层面，事情突然有了画面感，有了动作和对话，一般来说到了对人物和故事都很重要的时刻才会如此，这时你就需要很细致地追问下去。也许当时你还搞不清楚这段素材的用处和你的主题的关系，但是无妨，你可以先把素材拿到，后期再进行思考和处理。

第二个问题：采访对象回避细节怎么办？这有两种情况：一种是真的记不起，解决方法就是我们前面提到的调动感官帮助他回忆；另一种是有意回避，这时候就进入了我们所说的“贴身肉搏”时间，你必须换个角度再问几次，实在没有新鲜角度的话，哪怕重复一次你的问题也好，不达目的誓不罢休，直到采访有可能崩掉为止。在采访《太平洋大逃杀》主人公的时候，我采访了十几天，常常对同一个场面问好多遍，最后对方都有点儿烦了：“总是说，我这都说了好几遍了。”但我想的是，他回答的信息还不能满足我的写作需要。当然，对于这种贴身肉搏式的采访，你可以做得更有技巧一点儿，把这类有挑战性的追问放到采访最后。

在采访中把握线索

很多人在采访时要么是读采访提纲，要么是漫无目的地提问，看不到思路和线索。

其实在故事类的选题中，抓住线索的基本方法就是寻找人物的动机和欲望。一般来说，人物越主动，欲望越强烈，故事的线索就越鲜明；如果人物比较“佛系”，故事就会温暾。在采访中抓住线索可以理解为：将一桶水抬到屋顶，水越多，屋顶越高，把水倾倒下来的场面就越壮观。林珊珊所写的特稿《少年杀母事件》，一开始有这么一段交代：

张明明决定杀掉他的父母。

这个想法在他脑中盘旋了差不多两个月。

（然后直接引语）“我想，只有杀了我的父母，才能让我多年积累的仇恨得到释放，让我真正地过着无拘无束的生活。”

人物的动机极为强烈和可怕，最终酿成了一个悲剧。单纯从获取写作素材来说，主人公张明明的强烈动机就给了作者一个很明确的线索，之后的采访都可以顺着这个强烈动机顺势展开，比如为什么要杀，怎么准备，等等。

这里有一个小提醒：在采访之前，我们每个人都会有一定的预设，有一个对故事或者事件的基本认知，这个避免不了，但是必须要有保持采访的开放性的自觉，时刻反省自己有没有刻板印象，并且注意避免因此诱导采访。

还有一个比较重要的问题是，你即便做到了方法上的所有尝试，却还是拿不到好的细节，这很有可能。还可能在同一个情境中，不同的作者会接收到品质完全不同的细节。那么，限制一个记者获取好细节的瓶颈究竟在哪里？我觉得关键还是在于作者理解人和故事的能力，以及他的基本文学素养，需要作者对文学表达、社会科学等有一定积淀，这些就好像在作者内心构筑了一张意义之网，很多平常经验、平常现象也有可能引发不同的认识和理解。

使用冗余信息

这具体指什么呢？我建议大家读一下魏玲写的一篇特稿——《无

臂人，盲者，鸭子，白鹳》，作者在这篇文章中将敏锐观察的本事用到了极致。

来读其中一段：

> 贾海霞讲这些时，老婆在客厅出出进进，满头小卷弹簧般颤动着。客厅高大、空荡，定格着一个家庭曾可能变得富裕却突然并且永远穷了下去的瞬间。
>
> ……
>
> 贾海霞没搭理她，好像他正热烈描述的是一个别的人。
>
> “特有意思，特有意思。”他足足讲了1.5个下午，光是讲和老婆并肩战斗的美好时光，用着一种语文课分角色朗读搭配情境表演的讲法。他全程夹着烟，却只点了两次火，抽上一两口又马上摁灭。

这段描写非常生动。作者本人说过，采访中，她头脑中似乎有一个雷达，不断接收那些生动的细节。人物的表情、动作，周围的气味、光照，每个细节她都不会错过，尽可能多地接收。当然，这种接收不是漫无目的的，而是伴随着作者对人物和故事的理解。

即便如此，作者还是会接收到大量看似无效的信息，有的真的浪费了。你可能会问，为什么还要这么做？你可以想想你看过的文学作品，其中有大量的环境描写、动作描写、氛围描写，有的甚至跟故事主干毫无关联，但如果去掉，作品的感觉就完全不一样了。这里面就涉及采访中的信息冗余问题。

采访素材一定要有一定量的冗余，一个原因是作者在采访中没有办法完全想到后期写作的需要，故事尚不清晰，逻辑也还没理顺，到了写的时候才可能发现一些素材能化腐朽为神奇。另一个原因是文学性层面的，这些冗余素材不仅能在适当的时候控制行文节奏，而且能帮助你构建一个丰富、复杂的世界，让故事变得枝叶茂盛，细节充盈、有氛围。哪里像？怎么像？我们穿过故事的走廊走到后院，推开门就能看到后花园里独特的风景，但我们对这一切的感受其实更主要地取决于走廊，即叙述所营造的氛围，而不是花园，走廊的风格是古朴风、神秘风还是中华田园风，决定了我们对后花园的审美体验。

03　好细节究竟该怎么用

用细节塑造人物

就这个问题，我给大家分享两个小技巧。

第一个技巧，要关注和运用人物与众不同的言语、动作细节素材，可以是人物的外形特点、独特的讲话方式、口头禅、习惯性的肢体语言。前文提到的言语和动作细节、人设细节，总体是比较容易理解的。值得一提的是该在什么时候让这些细节呈现出来。所谓小技巧在于，当你的人物第一次出现在文中的时候，你要使用这类细节让读者记住他，就好像一部电影的重要人物出场的时候都要给他一个特写，你也需要马上使用细节让这个人物的形象、气质、性格鲜活起来。为什么要这样呢？因为读者需要对人物形成认知、产生共情，尤其是要产生共情。读者无法对一个面目模糊的人产生同理心，不可能希望一个面目模糊的英雄打败反派，如果对主人公不产生共情，读者是读不下去的。

还是拿我比较熟悉的稿子来举例。在《废物俱乐部》的第二篇《卧底、小偷和赌鬼》中，主人公小曾出场的第一个细节是他主动问我要不要进富士康，还劝我说不累，紧接着有一段简短描写，讲他极为消瘦，T 恤破了个洞，牛仔裤过于宽大。然后他带着我去了一栋民房的顶层，那里是他睡觉的地方，跟狗窝一样，但是他很为此自豪，甚至说，等他进了富士康，这个地方就交给我来继承。

这些细节达到了两个目的：第一，把人物形象交代清楚了，读者脑海中对小曾长什么样有了基本概念；第二，呈现了人物个性当中可爱的一面，在一个大家都很懒的地方，小曾却很勤快，主动要去富士康，而且很天真，把“狗窝”当成宝贝，还很是仗义，让我继承“狗窝”。这里的细节描写虽然还不算充分，但是读者已经能够对小曾产生基本的共情，准备好跟着作者的叙事往下走，关注小曾后来的命运。

用细节塑造人物的第二个小技巧比较微妙，而且不是每个人物和故事都具备使用这个技巧的条件。具体来说，就是你需要适时呈现那些反应人物精神内核和故事意义内核的细节。我先举个例子，还是小曾。我跟他，还有另外一个三和大神在城中村游荡了很久，到了傍晚时分，我们又去人力市场找工作，当时那里在招快递分拣工，但是另一个三和大神张伟伟不愿意去，觉得太累。这时候我写了小曾说的话和表情细节：

“先看看，分的（岗位）好了就干，先吃个饭，不好就不干。”

小曾盯着我们，眼神里几乎是祈求的神情。

这里提到小曾眼神中是一种祈求的神情，这个小小的细节其实指向了故事中小曾最核心的部分，指向了小曾这个人物的精神内核，我紧接着在文章下面做了一点点解释：

> 在当时，我并不能体会他眼神中所包含的意思，直到后来小曾与我们决裂、破口大骂，我才明白他经历的是世上最孤独的一种斗争：在一片灰暗、令人作呕的气氛当中，你根本看不清自己的对手是谁，自我的意志太过脆弱，常常沦为可有可无的东西，你所能寄望的仅仅是一丝脆弱的人间的瓜葛，而它又时有时无、稍纵即逝。

这个精神内核解释了小曾之前所有的行为：他为什么仗义，他站在悬崖边、眼看就要回去做毒贩的困境，等等。

这样表现人物和故事内核的细节当然是通过采访得来的，但是未必在采访阶段就已经显现了它们的意义，有很多是你在写作阶段、在故事组织阶段才能够看清楚的，会与你文章的表达过程有关。

用细节写动作和场面

我们在采访中会收集到大量的人物的动作细节，对它们的使用要遵循前文提到的原则，首先要和主题紧密相关，有目的性，而不是空泛地写一些没有具体指向的细节；其次要准确，应当用尽可能少的笔墨达到你的表达目的，这样才能兼顾表达的效果和效率。

还是举一个我自己比较熟悉的例子。在《废物俱乐部》“三和女神”和她的男神们那一篇当中，一开始我写到了一个名叫石头大哥的人：

> 在三和人力市场的拐角处，石头大哥四仰八叉地坐在轮椅上，他腿部以下没知觉，可模样看起来只像是走累了、顺手找地方歇歇脚。

我在写石头大哥的形象的时候，尝试了很多种方法。我看到的细节是这个人非常懒散，但是又非常惬意地坐在轮椅上，如何将那种意味体现出来呢？我选择将他形容为“看起来只像是走累了、顺手找地方歇歇脚”。这个表达不能说让我很满意，但是基本达到了我的表达目的，用一个修辞手法传递出石头大哥的精神状态：虽然残疾，但是坐在那里很有气势，好像他拥有这个地方似的。这就是我所说的准确的意思。

我们时常会评价一篇文章的文字“很优美”，但是其实文字优美与否并不是很紧要的要求，对语言的第一要求是准确，要让读者如在眼前地理解你要表达的感受其实非常难。可以说，准确是给写作者提出的最难以达到的要求，我自己也时常感到束手无策，写不下去，表达不出来。如果一定要说有什么方法，我的体会是，写作者应当紧紧地捉住自己所感受到的动作和场面细节的微妙之处，多尝试一些方法，变换各种表达方式，直到表达准确。

用细节来控制节奏

先聊聊我很久之前学习到的一个概念，叫作“抽象阶梯”。

大家想象一下一个表达：“他回家去了。”很简单，很抽象。还可以具体一点儿，比如：“他买了一张火车票，在下着大雪的那天离开北京，回到了东北老家。”这就比“他回家去了”更加具体。但它还可以更具体、更不抽象，比如：“他拖着一个黑色的行李箱，一脸疲惫地走进了售票大厅，排队十五分钟、跟一个插队的大妈大吵一架之后，终于买到了车票。那趟火车下午两点四十出发，他对这条高铁线太熟悉了，第一站是秦皇岛，他曾经在那里读了一个可有可无的本科文凭，第二站是沈阳，接着是长春，在昏昏欲睡 6 个小时之后，他在哈尔滨站下了车。走出车站时，他看见父亲蹲在地上抽烟，烟头扔了一地，他说：‘爸，我回来了。’”

显然，第一个表达高度抽象，第三个表达最不抽象，第二个介于两者之间。这个就是表达中的“抽象阶梯”概念。之所以提到它，是因为它对一篇文章的结构、表达的节奏非常重要，而细节的多寡在其中发挥关键作用，更多的细节支撑起更具体的表达、一篇节奏和结构良好的文章，作者需要有意地使其在不同的抽象程度之间切换，该具体的具体，该抽象的抽象，很多文章节奏糟糕，主要原因就在于抽象程度总是一样的，叙述全都是一个“拍号”。我举一个自己的例子来说明，因为我清楚自己在写作时心理上的具体构想。

《废物俱乐部》中“小曾”那一篇写到，有一天晚上小曾说想死，我赶紧带着水和吃的去找他，然后写了一段对话：

“不行就回家吧。”我劝小曾。

“回家？赚不到钱。”

“赚不到钱的人多了，不用成天这样。”

“回去也没用，过日子而已。”小曾说，“我哥坐牢了，出来就好了，我就可以跟他去干大事了。”他的哥哥小时候在乡里贩毒……

“小钱很容易搞，”他嚼着包子，脸上鼓出一个疙瘩，“在一线城市好多人说带毒，现在只是没有那个心，要是逼到绝路，肯定就去干了。”

……经过那次聊天，我们从萍水相逢的打工者变成了“朋友”。

往后的十多天，我们一起通宵上网、骑着没有坐垫的共享单车四处晃悠，他教我三和什么活能干、什么活不能干，结论是都不能干，还告诉我村里的姑娘不能娶，因为没见过世面，QQ炫舞上的妹子可以约出来，但嘴巴得机灵。有一天中午，他涨红了脸欲言又止，我问他怎么了，他说：“你能不能先借我10块钱吃饭，回头还给你。”

这两大部分就有一个明显的抽象程度的区别，我劝他回家的对话写得很详细，还有对他讲话神情的描写，后面我说我们成了朋友，后来的十多天一起上网，等等，这些是更加抽象的、更具概括性的表达。以素材的丰富程度来说，后面我也可以写得非常具体，但是从文章节奏的角度考虑，必须做出这种取舍。大家如果通读全文，在这里明显就能够体会到节奏的变化。

我们通常说文章要有节奏，所谓节奏指的其实就是抽象程度，也就是细节的丰富程度。当你需要让文章节奏慢下来时，最简单的方法就是加入言语、环境等细节，当然这些细节得重要、有用。比如在《废物俱乐部》中，我和小曾、张伟伟一起骑着自行车在龙华公园附近晃悠，我在中间加了这么一段环境细节：

> 我们三人各自找来一辆小黄车，沿着三联路朝着龙华公园的方向骑去，经过空旷的工地和巨大的广场，经过神情匆忙的深圳市民，拐进不知名的道路，在狭窄阴凉的巷子里一遍遍摁着车铃，当回到大路时，傍晚的凉风已经吹了起来。

它的作用当然包括交代故事地理背景，营造一种凄清、迷茫的氛围，另外一层用意就是控制节奏。

在节奏层面运用细节，你可以说细节是文本的润滑剂，但是细节的作用其实不止这个，它也可以用来构筑你的文章的风格和腔调。另外一个重要的方面就是我们在前面已经稍微提到过的冗余信息的作用。

大家都阅读过小说，你会发现很多小说的主干故事有时候挺简单的，作者将大量的笔墨用在了其他描写上，比如不厌其烦地写环境、写事件发生地的风土人情。有不少特稿也是如此。以魏玲所写的《大兴安岭杀人事件》为例：

> 阿龙山一年只工作 5 个月，下着大雪的、最冷的五个月。路

化成沼泽时，木头就运不下来了。

许多事在这里只好争分夺秒。菜只能每年七月种一茬，另三季只有吃土豆、白菜、酸菜，酸菜就是腌白菜。到了八月，山上野生的蘑菇、木耳、蓝莓、松子熟透了，镇上就空了。小酒馆也不开了，玻璃上贴张纸：上山采山。

松子长在山的最深处，采够一百斤，靠人从山上背下来。阿龙山人说，采山要比放树苦。收完松子，打松子壳。那几天，松子壳堵住家门外的路，人走上去像踩进厚厚的雪里，只好用带铲斗的拖拉机清理。

死了人也只有夏天埋，其他时候土是冻着的。

阿龙山死的人越来越多了。殡葬业大亨李宝良忙得要命，“没办法，”他总是笑容可掬，“总得有人做这个不是？为大家服务！”

你如果仔细分析这样的环境细节，会发现它和主干情节的联系比较弱，已经超出环境描写的必要，可能有些作者就会选择舍弃，但是总体读下来，你会发现这样的细节对阿龙山人生活的展开，对文章总体腔调和风格的塑造非常重要，如果没有，文章完全会是另外一种样貌。

所谓细节和信息的冗余，指的就是叙述枝枝蔓蔓，血肉丰盈，明明可以直截了当地写 A，但是作者不直接写 A，而是绕路去写 B，甚至 C、D、E、F。这不是什么高深的技巧，稍加练习就能体会到。当然，前提是你采集了冗余的细节。这是一种更加背离媒体和新闻写作的方式，更加接近文学手法。这样做的主要原因在于，非虚构写作的主要目的已经不是简单地告诉读者一件事情前前后后的经过，它还要达到一种文学的、审美的效果，但又不单单是为了审美，因为作为有文学追求的写作者，他会认为人是复杂的、故事是复杂的，只有把人物和故事放置到枝枝蔓蔓的细节当中去，读者才能更加准确地理解人和故事。

我常常举一个有点儿极端的例子。某地发生了恶性伤人事件，深度报道追根溯源，梳理出事件逻辑，最终指向社会的或者公共治理的问题。这是最经典的深度报道思维，但也是粗线条的。而特稿会呈现人物和事件更混沌的一面，当中也许有很多东西不能归因，也许充满了偶然，可能偶然到行凶者之所以爆发，仅仅是因为他长期遭受背痛的折磨，直到对人生的不适突破了临界点。

再次说明，这是一个极端的例子，但特稿中文学手法的合理性，恰恰是文学本身的合理性。我们为什么孜孜不倦地探究人性和人的存在？经济史、政治史、社会史范式的对人类境况的叙述，是不是对“人”的全部理解？从人文的、文学的角度来说，特稿也许道出了更大程度的真实。

所以我的建议是，大家要更多地从文学角度理解和运用你所采集到的细节，不只是为了叙述生动，更是为了达到一种更深层次的对人和故事的理解。

04　细节运用的四个误区

第一个误区：细节越多越好

这一点在采访阶段一定是正确的，因为采访时你并不知道写作时的需求和思路，那么在一个总体的线索之下获取尽可能多的细节，一定会给后面的写作带来事半功倍的效果，给你的文本提供更多的可能性和厚重感。但是在写作阶段，一定不是细节越多越好。

我见过很多稿子，尤其是很多特稿的初稿，其中堆砌了特别多的细节，包括言语的、动作的、心理的和环境的细节，这些稿子往往缺乏对文本总体思路的把控，导致全文叙事被淹没在琐碎的、指向不明的细节当中。这一点易于理解，但是具体怎么把握这个多少的问题呢？尤其是我们在前文还谈到了细节的冗余和闲笔问题。

首先，我建议你将所有细节按照和表达目的的贴近程度进行一次简单的评估和分类。第一类为最贴近细节，可以说没有它的话表达目的就一定无法达到；第二类是次贴近细节，有了它，表达目的完成得更充分，有增色，但是去掉也不影响主要表达目的；第三类和此处主题相关，但是意义的指向不明确。判断的方法就是把它删掉，再通读一遍，评估一下表达效果——是否达到了目的？如果自己无从判断，那就使用这种“变量控制法”，让编辑或者其他不那么了解素材可能性的读者给你讲讲阅读感受。经过了这一过程，我相信你会对哪些素材没有必要存在有一个准确判断。写的篇目多了以后，你的经验会增长，到时候也不太需要借助别人的意见了。

另外，关于细节的冗余和闲笔相对难以判断，它对作者的经验和直觉依赖得比较多，总体上遵循一个原则，那就是不以细节是不是有趣为判断标准，而是以它对文章的节奏和结构的作用来判断，很多时候写作者舍不得删掉一些细节，是因为觉得挺有趣、删了太可惜，其实大无必要。

第二个误区：缺乏细节就束手无策

很多人问过一个问题：我没有细节，但我想要把文章写得更生动一些，有什么可行的办法？总体来讲很难很难，没有米是没法儿做饭的，绝大多数时候你只能去补充采访，但是有一些情况下也可以靠着文字的编织，至少把文本写得非常好看、易于阅读。我再以魏玲写的《陈天桥：搬家到应许之地》为例。文中提到陈天桥患了惊恐症，不敢坐飞机，但是他现在人在洛杉矶。作者写道：

> 他（陈天桥）是包了一架飞机来这儿的。如果你也认识一个重度焦虑加惊恐发作患者你就知道了，那需要的勇气够杀一头大象。真的。他曾先后有三家公司在华尔街上市但没人敲钟；与哈佛和麻省理工合作时，校长们别无他法，只好飞过太平洋来拜访他。还有些别的事和时刻，都没能把他弄上飞机。就像一个阿拉丁神灯故事，最终把他弄上飞机的事物包含了愿望和幻想色彩——一则报纸简讯，上面说，加州理工学院的脑神经科学家理查德·A. 安德森（Richard A. Andersen）让一个瘫痪病人用意念挥动了机械手臂。

大家可以判断下这段文字中属于记者通过采访得来的细节有哪些，很少，可能只有包机去美国、旗下公司上市敲钟他没去这两个，但是作者通过资料的素材，尤其是通过她很有魅力的语言编织，把这一段写得很好看。读者明白了陈天桥的惊恐症有多么严重：作者用了一种修辞手法，形容惊恐症患者坐飞机需要“杀死大象的勇气”。她还写了一些判断性叙事的句子，比如“就像一个阿拉丁神灯故事，最终把他弄上飞机的事物包含了愿望和幻想色彩”，这样的句子把采访到的主干事实和资料性事实非常巧妙、有机地结合在一起，如果不仔细分析，你甚至不知道哪些是采访素材、哪些是资料素材。

所以，当你采访的素材不足或者不够生动时，你可以使用这种有编织感、很有魅力的语言，这样写同样能够保证一种有品质的叙事，让读者能够跟着你的文字走下去。当然，这对写作能力是不小的挑战。

第三个误区：细节丰富但行文呆板

导致细节丰富但行文呆板的最大问题是对细节的判断出了问题，很有可能你的细节看似丰富，但其实都是一些烦琐的无效细节，既没有那么生动，又和你的表达主题没有那么相关。所以，大家如果遇到这种问题，可以根据我们前面讲的来判断一下你的细节是不是真的丰富和有效。

当然，还有另一种情况，那就是细节确实不错，但是仍然呆板、不够生动。根据以往的经验，我认为问题主要出在节奏和“抽象阶梯”上，也就是说作者面对丰富素材，失去了对结构和节奏的掌控力，具体要怎么解决这个问题呢？

这里面涉及一个叙事感的基本问题。很多有经验的编辑都会告诉作者，写作的时候，你要把故事展示给你的读者，而不是告诉他，也就是说，要“展示”而不要“告诉”。这两者的具体差别还是以案例来解释会清晰一点儿。

比如写一个 35 岁的程序员因为职业危机而失眠，“告诉”的方式会这样写：

张大军最近遇到了职业的瓶颈：公司在裁员，他听说自己很可能在裁员的名单上。他的焦虑已经非常严重，前天晚上，他连续吃了三次安眠药都睡不着。

而“展示”的写法会是这样：

周五一大早，张大军走进办公室，他看到同事小王从人力资源部门的透明办公室里走出来，眼神很沮丧，冲着他撇了下嘴，又抬起手指了指张大军。当天下午，小王就收拾了个人物品离开了，他的东西如此之少，走的时候只拎了一个白色的塑料袋。小王的离开给了张大军很不好的预感，那天下午他总是在发呆，望着办公室外的草坪将近一个小时。回到家已经是夜里12点多，张大军洗漱完毕，强迫自己躺在床上，屋里似乎进了一只蚊子，关灯后在他头顶嗡嗡地转个不停，张大军打开灯，又找不见。他看看手机，两点了，他吃了安眠药，闭着眼，但感觉比睁着眼时看到的东西还要多，他朝左边翻身，不一会儿肩膀感到麻木，又挪向右边。再开灯时是4点35分，安眠药还剩下三颗，他没喝水吞了两颗。很糟糕，他脑子里总想着剩下的那颗安眠药，琢磨着两颗药效不够，等他再次起身拿剩下的那颗药的时候，时间已经是6点半，该起床去挤地铁了。

这两段都是我虚构的，当然，第一段的信息可以更多一些，但是你如果仔细看就会发现，问题不在于信息的多寡，而在于信息的呈现方式。第一种就是我们所说的“告诉”读者信息，而第二种就是把故事和细节展示出来，有一种娓娓道来的感觉。这里面的主要差别在哪儿呢？使用“告诉”这种方式时，信息经过了作者大脑的过滤，作者对其进行了总结和概括、提炼，试图用他认为好的方式让读者高效率地获得信息。而在“展示”的方式中，作者原原本本地叙述细节，让环境、人物形象徐徐展开，营造了一种电影般的叙事感。同样的细节在不同的叙述方式之下，会让读者产生完全不同的阅读感受。

我们提到的行文呆板、不够生动的问题，大概率出在叙事的姿态上，你要展示你的细节素材，不要咀嚼之后投喂给读者。当然，还应该弄清楚一件事情，那就是抽象的问题。“告诉”这种方式并不是“抽象阶梯”里面所说的过于抽象，而是在叙述姿态上有问题，大家可以自己再找一些案例并进行一下比较。

第四个误区：陈词滥调充斥

说到陈词滥调，大家的第一反应一般是觉得它指语言问题，比如描述人物心情激动，就说“心潮澎湃”，感觉和我们主要讲的细节无关，但其实并不是这样。在语言上的陈词滥调之外，还有一种更加伤害写作的对人物和故事的理解上的陈词滥调。

我在一些别的场合举过例子，因为这个问题实在是太让人头疼了，遇到的话会完全没有阅读的兴趣。比如，当写作的主题是父亲和儿子时，十个人里面会有六七个人写的主题是“和解”，讲父子曾经是怎样对抗的，后来因为什么事，他们终于和解了。非常无聊。

所有语言和表达被发明出来其实都要在效率和准确两个要素当中寻求平衡。比如你看到模特走台步，觉得很美，于是说她“翩若惊鸿”，这样当然可以，效率很高，不用思索太多就脱口而出，别人也能明白你的意思。这也是我们有成语的原因。但是你这样说准确吗？有创造性吗？恐怕没有。写作本身是一种创造性活动，写的东西一定不能是“砖头”或“罐头”——一种已经制作好的、陈旧的东西。我在前面提到，我的一个采访对象将模特走台步形容为“像踩在蜻蜓上一样”，这样的形容特别有趣、准确、不流俗，比“翩若惊鸿”好太多了。

同样地，我们对人物和故事的理解也应当追求这种创造性，它在很大程度上决定了你会选取什么样的质感的细节。如果你对一段父子关系的理解是“和解”，那么我相信你只会在众多的素材中挑出那种最俗气的，但是，假设你理解到这对父子最终关系好转，其实是由于儿子因为父亲衰老而生出了怜悯之情，那么你挑选出的细节就会完全不一样。儿子的一个眼神或者一句话中的用词，都会因为你这种更加准确的、新颖的理解而产生真正的意义，你会捕捉到它，并把它留下来，编织进你的叙事。

依然以《废物俱乐部》里的小曾为例，要怎么理解他的故事？如果停留在一个很懒的打工者在网吧游荡、偷盗的颓废故事上，那么很多细节都会被浪费。故事中有这么一段：

> 他（小曾）新开了一局《英雄联盟》，拉上我一起打，起初场

> 面很不顺，队友很快点了投降认输，小曾自言自语地算了算，“不要放弃，我们能赢”，他瞪着屏幕，手指飞快地敲着，冲我大喊大叫，逆转获胜的一刻，啪一声摔了鼠标：“爽不爽 ?!”
>
> “走，出去抽烟。”小曾推开椅子，走到吧台要了两根“南京”，一根五毛，出了门靠在电线杆上。马路当中车来人往，像一架兀自运转的机器，精确、冷酷，无须谁来操心。小曾默默地抽烟，情绪似乎一下子掉到了地上，“今天又废了”。

这个细节之所以有用，并且被放置在文章的这个位置，更多地基于前文提到的人物的精神内核，也就是文章后面交代的：“他经历的是世上最孤独的一种斗争：在一片灰暗、令人作呕的气氛当中，你根本看不清自己的对手是谁，自我的意志太过脆弱，常常沦为可有可无的东西，你所能寄望的仅仅是一丝脆弱的人间的瓜葛，而它又时有时无、稍纵即逝。”对小曾的理解，如果不是一个三和大神怎么犯懒、怎么颓废，而是更深入一层，变成对人的意志的一种展现，你就会发现很多细节生发出了全然不同的意义和作用。

从这个意义上来说，一篇文章的主题、作者对文中人物和故事的创造性的理解，是能不能把细节运用好的最根本的、最有制约作用的原因。但是我想，所谓非虚构写作，其内在要求就是去创造、接近一种文学化的表达，而所谓文学化表达，就是从看似平常的经验当中发现那些我们熟视无睹的意义，达成一种对他人、对自我的更加深刻的认知。

真正的写作一定要拓展读者的认知。这种拓展包括信息层面的拓展，即读者不知道有这种事情发生，你告诉他；同时也包括认知层面的拓展，读者不曾这样理解人类的生活经验，你通过你的写作让他体会到。

但是像“和解”这样的主题表达，本质上是对写作中的文学性的扼杀，是智力上的偷懒，也是糊弄读者，一定不会产生好的作品。类似“和解”这样的表达，还有很多例子，比如“初心”“安全感”，第一个使用它们的人挺有创造力，很准确地让读者知道了一种人间的现象，也因为这一点，它们才变得流行，以至于成为陈词滥调。很奇怪，最初太出色导致最后“烂大街”，但这可能就是表达的一种宿命。

– 讲师简介 –

杨瑞春

腾讯网副总编辑，腾讯谷雨奖发起人。

杨瑞春一手打造《南方周末》特稿板块，在那个群星璀璨的时代，成为中国特稿“梦之队”队长。她推动中国特稿选题创新和文体创新，从她的手底下产生了《沙兰镇水灾：一连串错误导致的悲剧》《380公里：一块煤的利益之旅》等经典作品。

她总是潜心于内容之美，到腾讯后除了继续领导非虚构写作团队“谷雨实验室”等，还推出了知名节目《星空演讲》，众多明星名人因此首次走上演讲台，讲述人生起伏，创造点击量超过千万的众多“爆款”演讲。

附一　为什么讲好一个故事很重要

在南方周末工作期间，我带领当时的团队转型做特稿，李海鹏、南香红、张捷、关军，这些闪闪发光的名字，都是这个特稿“梦之队”的成员。那个时期集中产出了一批高质量的特稿经典作品，奠定了《南方周末》特稿在整个中国新闻界的地位，南方周末成为中国特稿发展的引领者。我和张捷还编著了一本《南方周末特稿手册》，这是对那段时期探索的记录和心得。现在，我在腾讯新闻也在带领一个专注于非虚构写作的团队“谷雨实验室”。同时，为了鼓励提升非虚构写作和纪录片的业界水平，2019 年，我还推动腾讯公益慈善基金会和腾讯新闻一起发起了谷雨奖，而本书的几位作者或是谷雨奖评委，或是谷雨奖得主。谷雨奖在设立时有一个表述：“真实而深入地呈现事实，对人类社会来说，始终、从来、永远是一件至关重要的事情。我们的文明为此做过浩如烟海的工作，文明的存续也依赖于这项工作。”我想，这是所有做非虚构作品同行的使命感所在。

《南方周末》特稿，我们做对了什么

回想在南方周末探索特稿的日子，在那个时间能做成这件事，可以说是“因缘俱足”。

第一，方法论先进。我们从一开始就摒弃了原来中国传统特稿报道还没完全摆脱报告文学的那种旧写法，用现代媒体的特稿理念指导我们的特稿创新，这个流派源于西方新新闻主义，在中国新闻机构中是绝对领先的。而我们在此基础上又做出了有自己特点的中国式特稿。

第二，运气好，有一支先天条件绝佳的团队。最早做特稿转型的专题部团队本身就是南方周末文字能力最好的一群人，完全符合特稿对文字水准的高要求。而大家对于做特稿的方向，可以说是一拍即合。这里面最典型的例子是当时李海鹏做的“举重冠军之死”这个选题，它相当于特稿转型的开篇，但一出手就成了传诵一时的名篇。

第三，当时的南方周末是整个中国的新闻高地，一旦有什么探索，就立刻会被业界关注到并给予正向反馈。南方周末也是最鼓励创新，内部风气最活跃、最宽容的媒体。南方周末非常鼓励名记者创立个人品牌，李海鹏和南香红等几位记者曾在报社的组织下，在几所著名的高校开了个人作品研讨会，这样的高调鼓励今天在媒体机构已经非常罕见。

第四，当时依然处于传统媒体的黄金时期，有具有力度和锐度的报道产出的舆论环境。

但南方周末特稿也不是一开始就没有受到过质疑，它在面对内外挑战的过程中探索和发展，同时寻求自我突破。这中间比较重要的是题材的突破带来的影响力的突破。早年，南方周末的“拿手菜”是调查性报道，大部分写得比较刚猛、粗粝，主旨是揭示真相、声张社会正义。而注重用文学性的手法讲故事的特稿，其题材往往比较软性、边缘。我们最早在做特稿的时候，也会从这样的选题开始，比如孤独症患者人群，处于被歧视境地的同性恋群体，某种探索性的但涉及伦理的医疗手术，等等。大家习惯于认为这就是特稿，而这类题材的局限也被认为是特稿的局限。特稿和社会调查报道之间貌似存在一道鸿沟。这个问题在我从专题部转去新闻部担任主任，同时自己编辑头版之后突然得到了解决，我有机会尝试把特稿和一些重大的《南方周末》传统题材相结合。在多篇稿子出来之后，大家才意识到，调查报道也可以这么写。比如，我当时主力合作的李海鹏报道“11 · 21 包头空难”，在调查结果不可能在短时间内取得突破的情况下，把笔墨着重用在航班上遭遇悲情命运的群像上，突出的是无常之痛。我和他合作的另一篇对沙兰镇水灾的报道，在调查事故原因的同时，展示了故事中的这所村庄小学被一次次贻误时机、失去了孩子们的揪心过程。后来李海鹏和陈江在汶川地震后还写了《灾后北川残酷一面》，关注的是天灾下人心和人性的复杂。这样的调查报道非常注重讲故事的技巧，用了很多文学化的手法，但是在表达上更克制、更冷静，体现了对复杂社会现实的深层理解。特稿方法论和重大题材的结合，在《南方周末》最重要的头版位置的频繁曝光，进一步提升了《南方周末》特稿的影响力，这是当年《南方周末》特稿能够迅速崛起、被广泛认可的重要原因。而其中的一些名篇今天看起来依然不过时，依然触动心灵。

讲故事的能力是一种底层能力

无论做什么品类的报道，不会讲故事，在传播效果上都会吃亏。一些记者虽然从业很多年，各种能力也不错，为什么没有成为真正的名记者？因为差那一口气，就是输在了不会讲故事上。但大家也普遍为手里抓着一把一手材料但不会讲故事的记者感到遗憾。会讲故事的记者手里相当于拿了一把快刀。

我看到过一句很有意思的话："平庸的人才去讲道理，优秀的人都会讲故事。"这句话点出了讲故事的能力的重要性。为什么故事在人类的信息传递中如此重要，简单来说，这是造物主给我们写的代码，人脑的理解方式就决定了如此，我们无法反抗。人类的经验传承就是由故事开始的。我们成长的过程与故事相伴，我们的灵魂也是故事来参与塑造的，无论是虚构故事，还是非虚构故事。关于讲故事能力的重要性，好像没人比尤瓦尔·赫拉利说得更清楚："智人之所以能打败同时期的尼安德特人和其他人类，成为当今人类的先祖，是因为他们讲故事的能力，可以让人类形成有效合作。"我们也可以对这句话做一个升级：优秀的人会用讲故事的方式讲好道理。讲故事这种底层能力与其他能力嫁接，能够产生 1+1 ＞ 2 的效果。

从个人经历来看，我对此也感触颇深。和当年很多从开始做特稿就一直专注于非虚构的同事不一样，我本人算是"杂食动物"，在当记者的时候就非常喜欢尝试各种报道领域，我尝试过文化、时政，还做过调查记者。当年我在应聘南方周末时和主编江艺平谈的条件中有一条，那就是不要限制我所报道的领域，所以我估计是报社中仅有的同时为新闻部和文化部工作的记者。后来我转型进入新媒体领域，尝试过微博内容运营，还负责了几年娱乐领域的报道。正是在负责娱乐报道期间，我创办了明星名人演讲节目《星空演讲》，这个节目现在已经有 70 多位明星名人来参与，产出了一系列爆款演讲。同时我也用越来越多的精力来做视频节目，是《知遇之城》等网络精品视频节目的出品人和制作人。

我个人似乎有几次转型，但是，无论是从记者到编辑，还是从演讲节目到综艺节目，这种转换对我来说并不复杂，做这些事情所需的共通的底层能力，其实也就是讲故事的能力。有了这样的核心能力，相当于有了一个可适配很多车型的引擎，通过学习可以迅速把握一种事物形态的要领，快速地让轮子转起来。

比如在做《星空演讲》时，我们需要和明星名人演讲嘉宾一起思考，怎么讲好他们的故事，依然无外乎找到方向和立意，挖掘人物的内心世界，引发观众共鸣。

比如主题：一个人是丰富且复杂的，讲什么主题是最好的选择？以姚晨为例，她做了一场迄今为止《星空演讲》传播最广的演讲。团队最开始想的主题是所谓的“高大上”的正面人设，但姚晨觉得那不是真实的“她”，我们和她充分讨论后，她提及自己的状态，说她真正想表达的是作为一个中年女明星的尴尬，这个主题在演讲后被看作女性职场中年的一个典型样本，引发了巨大共鸣。

比如细节：黄奕的《星空演讲》，是这位深陷家庭纠纷的女明星第一次公开讲述她的原生家庭给她留下的阴影。这里面有不少她缺爱的童年成长的细节，让人理解了她糟糕的婚姻选择背后的逻辑。

又如材料的挖掘和突破：赵丽颖一开始拒绝提及她的农村出身，但是经过讨论和激发，她主动在“小小的英雄主义”的主题挖掘下，勇敢袒露过去，从而完成了自我的超越。

以上这些探索其实和写一篇稿子的过程没什么大的不同。

在内容领域，讲故事这个能力是相通的。我经常会在别的领域看到一些讲故事的高手，心有戚戚焉。比如上映时大卖的2019年国庆献礼片《我和我的祖国》，对于这样的“命题作文”，容易主题先行、套路化，但它作为一部献礼片收获了高票房和高评价，殊为不易。我看这样的电影会觉得很熟悉，因为这个结构很像特稿策划，大部分故事的处理都与非虚构写作有异曲同工之妙。

第一，一个典型的事实或者主题。从个体的维度、人性的维度去讲故事，这正是特稿最擅长的人文特征。电影摒弃了传统非虚构电影英雄人物的“高大全”塑造模式，每个故事都选择了在重要历史时刻或者历史事件中的小人物。比如在开国大典前还在测试国旗升降系统的技术人员，他克服了自己的恐高症，解决了技术难点，保证了大典升旗这一重要环节的平稳推进；比如因为秘密研制原子弹而三年不能相见的科学家情侣，他们意外在公车上碰到后发生了一系列故事；比如在女排“三连冠”当天和自己心爱的女孩离别，要做出保护电视天线还是送别女孩这一抉择的小男生。这些都很像特稿选题的特征，有非常强的戏剧张力。

第二，细腻的刻画和大量的细节。电影犹如历史切片，对切片的刻画传递的却是时代的背景和氛围。在黄渤演的那个来源于历史真实事件的故事里，时空高度浓缩在开国大典前夜的北京，有纷乱紧张的场景刻画，有大量对旗杆制作的细节的数字精准计算……我当时在看到这段的时候，突然想到了李海鹏写的《举重冠军之死》。当年这篇特稿发表时，我们惊叹于李海鹏是用什么样的方式、以怎样的冷静，搜集了主人公才力死之前家里在吃饭用钱方面大量的数字细节，比如早餐吃的一块钱三个的馒头，菜市场买的一共四块七角的便宜蔬菜，等等。这些看似琐碎的细节都指向才力家庭的贫困和窘迫，和才力面临疾病突发的压力叠加起来，形成了很强的压迫感和无助感。而电影里负责升旗任务的技术人员，面临着施工环境的限制和验收时间的紧迫，以及在计算上稍有失误或者材料不达标就会导致失败的巨大压力。虽然一个是非虚构特稿，一个是电影，但是二者在主题的选择和讲故事的方式上非常相似。

文史不分家，延伸开去，一些知名的历史著作，比如《万历十五年》，之所以风靡一时，也是因为它们突破性地用了讲故事的叙事方式去写历史。这本书把时间坐标定在其实并无大事发生的某一年，但前后贯穿时空，围绕最有影响力的六个历史人物的状态娓娓道来，展示大明帝国的运行机制。这和刚才所说的《我和我的祖国》的叙事结构是不是也很相似？作者黄仁宇如果做记者，应该也是个一流的特稿记者，只是记者使用的细节来自自己的采访，而历史学家是从档案中挖掘了大量的历史细节作为组装作品的材料。历史学者里的口述历史学派则和记者更相近，作品中有大比例的篇幅来自对历史当事人的直接采访，口述历史学家唐德刚讲到文学性的重要，就推崇“写历史必须用文学来写，并与新闻合作（新闻是当前的历史），……现在搞口述历史要像桃园三结义一样，把历史、文学、新闻三位一体变成刘、关、张三兄弟，就可以写成很好的历史了”。当然，需要强调一下，这一类历史著作虽然生动，但有别于通俗历史故事。特稿和严肃的历史著作重要的相似之处，还在于严谨性，它们都需要进行严格的事实核查。我认识的某些优秀的特稿记者，现在正在转型写一些历史类的主题，我很期待他们书写的历史。

不过，特稿记者们转型做历史的真是凤毛麟角。我之前很多做特稿的同事，倒有不少在为大公司的公关部服务，他们的能力更好地包装了公司及公司领导者的形象。大公司影响公众的效率提升了，因为他们懂得更好地驾驭公众的认知和感受。对此我们是该开心，还是该小小地警惕一下呢？

总体上看，会讲故事在各个方面都能提升影响力，无论是新闻报道、历史著作、视频创作，还是文艺创作。即使在职场也是如此。懂得讲故事，懂得怎么用故事讲道理，用故事影响决策者，也是职场上升的秘密武器，要不怎么会有新东方年会的著名歌曲中的那句“累死累活地工作，干不过做 PPT 的”流传呢？

增强特稿写作能力的几个建议

第一，如果有个绝好的点子，无论是一个好的叙事结构，还是一次好的主题开掘，甚至是一次语言的尝试，都尽可能把它做充分，做到极致。单点上的创新往往已经足以让一篇稿子令人耳目一新。举一个叙事结构创新的例子。我在南方周末那几年是煤矿矿难频发的几年，一次次对事故本身的调查，聚焦于死亡人数上升，情状更加惨烈，已经很难让读者提起兴趣了。所以当时我做了一个策划：从北京一个小区采暖季的一块煤，追溯煤炭的整个利益链条，从更深处去理解矿难发生的背景和体制是什么。李海鹏这篇《380 公里：一块煤的利益之旅》出来之后，在一段时间内用类似叙事结构写的报道特别多。但当它成为一个经典结构之后，再这么写就有些陈旧了，要尝试更新的方法。再举一个主题方向开掘创新的例子。不久前，“谷雨”[①]有一篇关注度非常高的特稿——《卷入女儿耽美举报案的武大教授》，讲述了在二次元[②]界十分轰动的一起案件。这起案件被报道过多次，但主题多集中在法律意义上的抄袭和版权界定等问题，而“谷雨”的特稿则关注的是二次元和三次元混淆后的规则冲突问题，这就为这个选题带来了超出同行的传播和讨论热度。最后举一个语言尝试创新的例子。《智族 GQ》杂志出过一篇《魔都摆渡人：打捞上海滩的一百种焦虑》，它就是尝试用上海话去讲故事，也别有风味。

文学性是非虚构写作的重要特征，这确实为写作者们带来了文学标准的压力。创新是特稿记者头上的魔咒，有许多很有天分的记者就是因为觉得无法持续创新而感到痛苦，甚至因此放弃写作。但是如果他们在这里，如果他们还热爱写作，我会劝他们：写下去比什么都重要。最后能写出了不起的作品的不一定是最有天分的，很有可能是最能坚持的。

第二，无论写多小的事，都要记着背后应该有个大的 idea（概念）；无论事实怎样芜杂，叙事怎样创新，都要有清晰的逻辑。

---

① 谷雨计划，腾讯支持的非虚构作品创作与传播的非营利项目。

② 二次元一词源自日语，意思是二维，在日本动画爱好者中指动画、游戏等作品中的角色。相对地，三次元则是指现实中的人物。——编者注

第三，谨慎给出答案。因为简单的答案虽然更容易被理解、被传播，但很有可能是错的。“真实的对面还站着另一个真实”，有可能的话，尽量呈现事物本来就有的复杂性，而不要因为故事叙述的便利而做强行的简化。如果你很难做到这一点，那是因为你的技术还不够成熟。

第四，适时学套路，及时反套路。初学者可以多用一些打破常规叙事结构的写作套路来尝试特稿化的操作，掌握基本要领。但成熟的写作者会在完成这个阶段后，有意识地摒弃套路，更多地进行创新，寻找自己的个性。

第五，你如果想成为一个真正的特稿作者，可以多读小说，多看美剧和电影。讲故事的能力是相通的，特稿叙事的很多方法可以从文学和艺术作品中得到借鉴。传统意义上的特稿高手最好还是进入真正的特稿团队，在那里成长的速度会比自己的探索快太多倍。依然在坚持非虚构写作的人非常少，但还是有一些高质量的非虚构写作平台可以选择，比如腾讯“谷雨”、GQ 报道、《人物》杂志、“故事硬核”[①]等。即使是天才特稿记者也需要和好编辑去讨论和提升稿件，在好平台上将其放大传播。

从南方周末到腾讯

我从南方周末离开，到分管腾讯新闻“谷雨工作室”，重新回到非虚构的队伍里，大概过去了十年。十年间媒体生态已经发生剧烈变

① 故事硬核，腾讯“谷雨”支持的非虚构写作项目。

化，社交媒体、直播、短视频、信息茧房、算法分发等传播技术的变革，已经让内容海量增加，碎片化阅读成为常态。而在行业面临严峻考验时，“谷雨”选择了支持严肃内容和有深度思考、创作能力的作者，支持利用故事来呈现现实世界，更新写作技术并构建新的标准，和同行、同人一起寻找解决问题的方案。我所在的腾讯“谷雨”已经成为中国最重要的非虚构作品生产、传播和交流平台之一，除了专注于非虚构写作的“谷雨实验室”，还有专注于纪录片和视频的“谷雨影像”。另外，“谷雨计划”和谷雨奖为业界非虚构写作和纪录片也提供了不少支持。

“谷雨实验室”的作者和编辑既有来自“谷雨”内部的员工，也有来自国内外有志于非虚构内容生产的个体，还有来自国内目前最优秀的特稿生产团队“故事硬核”的成员。大部分成员还是来自传统媒体，但又因为处于更直接面对数据反馈、更容易被技术倒逼的互联网语境里，他们在选题和表达形式上面临的创新、求变压力会更大。

“谷雨”在日常操作中尽力做的就是打破类型，尽力放弃对底层叙事的依赖，强调公共性、故事性、时代性。所谓公共性，就是在传统的媒体报道所强调的自由、公平、权利等公共性议题的基础之上，更加强调在多元化的社会时代背景下，对个体和个性的关注。“人”始终是表达的目的和核心，在一篇优秀的非虚构作品里，读者需要见人、见人心、见人性。而好的非虚构内容意味着从中更能理解他人，理解世界。从这个意义上讲，在调查性报道囿于各种原因日渐衰落的同时，非虚构作品以自身的艰难努力对公共性进行了一定程度的拓展。所谓故事性，是指非虚构写作的本质就是要通过对真实故事的讲述，用事实的力量去吸引、辐射或者说服别人。所谓时代性，就是选题的重要性、呈现方式和话语风格要符合当下的语境，反映时代的特征，切合用户的需求并挖掘潜在需求。有两个词贯穿于“谷雨”的日常业务实践：同构、共振。意思是说，选题覆盖的领域要与社会同构，关注的议题尽量要有自己独特、独到的角度，但也要与社会关注的焦点尽量同频共振。“谷雨”始终强调，一个好选题应该是符合时代要求的选题。作者和编辑都是站在当下的坐标里，去理解当前人们的情感、所思所想和生活方式的。

让人欣慰的是，在这样的媒体兴衰迭代中，处于金字塔塔尖的非虚构写作反而在升温。这是优质内容在碎片化阅读时代享受到的价值回归。非虚构写作之路虽然一直面临挑战，但也一直在传承和发展。我们不能寄希望于非虚构写作这种媒体写作中的奢侈品有一个大爆发，优良的记者、编辑可能总会是非常少的一群人，我们希望无论多么不容易，火种还是在那里燃烧。

– 讲师简介 –

陈鸣

个人 IP 经纪公司“发光体”首席执行官,《南方周末》前深度调查记者。

24 岁时，陈鸣所撰作品曾获《南方周末》年度致敬。2014 年，他因创办了新媒体品牌“咋整 How to”，获得《城市画报》杂志评选的“85 后传媒精英”称号。2015 年，他参与了峰瑞资本的创办，帮助这只刚刚成立的基金在市场上迅速建立了知名度。现二次创业中。

代表作有《碘盐致病疑云》《差生韩寒》等。

附二　把写作变成人生的通用技能

我离开媒体 6 年了，现在偶尔还会梦见出去采访，晚上回到南方周末编辑部通宵写稿子。每次做完这个梦醒过来，我都会坐在床头多回味一小会儿，希望不要醒得这么快。

现在回头看，可以一门心思只在写稿子上面，真的是一种很奢侈的幸福。居然有人每个月给你付钱，让你写东西，每期还有很多读者在那儿等着看。

这 6 年也越来越让我意识到，媒体其实也是一个象牙塔。以前在报社的时候，采编是采编，经营是经营，很多写作的人十年下来都不碰商业。“商业”两个字听着很“高大上”，离写作很远，但商业其实就是社会的柴米油盐。

大多数需要用到写作能力的人不在媒体里，就算是媒体人也不可能一辈子待在媒体里。今天有很多做自媒体的人，做了自媒体就会知道，如何商业化是一件永远会被提及的事。因为你就在商业化的环境里，你得跟广告主打交道，跟各种潜在客户聊合作的可能性；如果你管理一支团队，你还得知道如何赏优罚劣、激励团队；如果你带货，你还得考虑如何一步步激发需求，将其转化成购买。你可能还得学习黑客增长模型，也就是所谓的 AARRR[①]，还得会 Call to Action（行为召唤）。

这才是我们今天谈写作时的整个大的背景环境。

我分享的内容分成两个部分：第一，你的读者最关心什么；第二，如何把写作技法平移成商业上的沟通技巧。

“写作”是一种通用的能力

我是国内第一批做微信公众号的人，因为早，在当时就有很多争议。我还记得一开始的时候，一些老同事觉得我在做一件不知道是什么、看上去挺低级的事，甚至有人把我拉黑了，他们的心情应该就像今天我们拉黑那些跟我们分享拼多多链接的人。

后来在 2014 年，我又创业做短视频，结果又做太早了，那个项目很快没钱了。那会儿连抖音和快手都没有，我们说的短视频跟现在的短视频也是两码事。

当时我们的投资人——IDG[②] 的一个合伙人，要开一家新的风险投资公司，我就去帮他了。这份工作需要我管理已经投资的上百家公司，我就每天跑去各家公司跟 CEO 聊天。就像以前出去采访一样，我会把聊的东西整理总结出来，在坐车、等人、闲着的时候就翻出来看，然

① AARRR 是 Acquisition、Activation、Retention、Revenue、Referral 五个单词的缩写，分别对应用户生命周期的五个重要环节。——编者注

② IDG 技术创业投资基金，又称 IDG 资本，创始于 1992 年，在中国进行风险投资活动，是最早进入中国的外资投资基金。——编者注

后把它们运用到自己团队内部的管理中。直到现在我自己开公司，在遇到产品上的难题时，我还会去找做产品出身的 CEO 聊；如果遇到财务难题，我就约在财务方面很厉害的 CEO 喝茶。

做了好几年投资公司之后，我发现该学的理论已经学了，于是继续创业实战。我们现在的公司叫“发光体”，一边帮助有才华的人打理 IP（有产权的知识、艺术及娱乐资产），一边帮他们理财。

做公司越久，我就越发现“写作能力”的底层是一种通用能力，为什么呢？因为它的底层其实是思维能力。

你的读者最关心什么

需求四象限

写作中最重要的是要弄清楚这篇文章是写给谁看的。不要因为喜欢特稿，一上来就不管不顾地聊技法。你用写特稿的技法写产品说明书、给领导写报告、写部门工作总结，甚至很多时候你用写特稿的方式写一篇商业报道，都是不合适的。

就算是写特稿，弄清楚你的读者构成也很重要。每个人都有他的热爱和恐惧，每个年龄层都有它的底色和使命。对象感就是始终牢记你在乎的那群读者，在写作的过程中与他们建立联结，回应他们的呼声，说出他们想说的话。

我在自己写作的过程中，曾经画了一个分析工具，我把它分享给大家。这是一个二维四象限图，横轴的两端分别叫热爱和恐惧，纵轴的两端是过去与未来。我管它叫爱憎象限图（见图 7-1）。

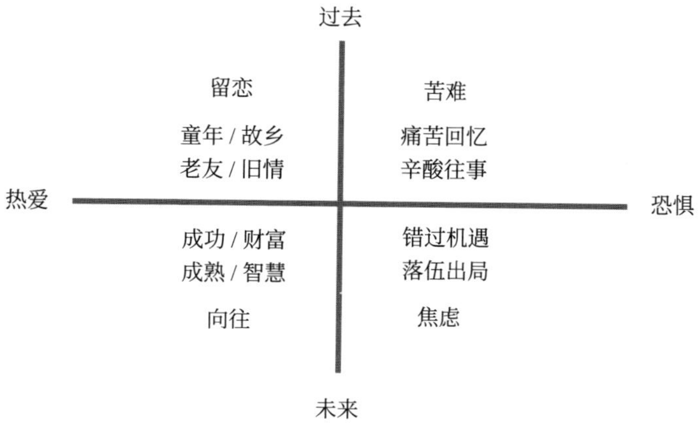

图 7–1 爱憎象限图

第一，过去的热爱，它的名字叫“留恋象限”，包括故乡、老友、旧情。比如，在篮球论坛“虎扑”上，你会看到无数怀念退役球星的热门帖，这样的帖子动辄就有几百万的阅读量，因为球迷们每次撒泪怀念都是在与心中的一段鲜衣怒马的少年时光告别。我读过一篇文章《我们女生也会为了球鞋，买不起粉底液》，有很多人，包括男生和女生，都在下面留言。这篇文章就属于这个类型。

第二，过去的恐惧，我管它叫“苦难象限”，它代表着痛苦回忆或辛酸往事。历次股灾是股民心中过去的恐惧，高考失利的人在许多年后都还会梦见试卷答不完。回忆如此艰难，那么多年过去，我们依然在梦中跋涉。有些公众号文章，比如《张杰小号曝光：成年人的崩溃，都是静悄悄》《21 岁女孩跳崖，遗书曝光：成年人的世界 999 次想死，1 000 次活了下来》，就属于这个类型。

第三，未来的热爱，叫作“向往象限”，是人们对自己的梦想和期待。外在表现是更大的成功和财富，内在追求是更好的心态和智慧。有非常多的“鸡汤文”都在这个象限发力，《不管是不是领导，你都该知道的领导力秘诀》就属于这类。

第四，未来的恐惧，这是我们的“焦虑象限”。我们害怕失去，害怕错过机遇，害怕选错方向，于是才会有那么多的成功学，那么多的“10 万 + 文章”，例如《你的同龄人，正在抛弃你》。

用好这幅爱憎象限图，每次写文章前花几分钟思考一下，这次的话题会落在哪个象限，你就能更好地帮助自己了解读者心中的情感共振点，更好地与他们产生联结。上面分享的是它作为写作工具的作用，它在人际沟通上用处也很大，当你有了这个意识之后，你能更好地找到合作的对接点。

我曾经有个客户是做家居的传统企业，企业做得非常好，但是品牌逐渐老化，年轻人不再优先选用它。他们通过朋友找到了我们团队，说想通过做抖音内容触动年轻人。

我跟对方董事长聊下来发现，引发他的焦虑的是很多主打互联网概念杀出来的新品牌。正如前面所说，引发焦虑的最核心的原因是对未来的恐惧。

梳理完之后，我就告诉他们：“你别急着说要做抖音，先把品牌重新梳理一遍。”因为做抖音只是一种手段而已，好比遣词造句；重新塑造品牌价值内核，好比提升文章的立意。一篇文章的立意好，读者内心深处的恐惧和热爱才会被深深触动，同样地，一个公司品牌好，用户才会爱上这个牌子。

我也观察到，这位董事长对未来的恐惧事实上并不仅仅是因为有越来越多的新品牌杀出来。在一次饭局上，他终于把内心最让他焦虑的事情说了出来，他儿子在海外读完书，不想回来接管他的家业。

故事的最后，经过前期调研，我并没有接他们的项目，而是给他们推荐了一支非常靠谱的人力资源咨询团队。因为他的焦虑需要依靠一支更加年轻化的团队来集体解决，既然二代不接班，那就应该在此刻就开始打造更年轻、更职业的团队。接下来才是品牌重塑的问题，最后才是做不做短视频的问题。

到时候他们如果还有需要，再来找我们做短视频，沟通起来也会更顺畅。

10% 法则

关于爱憎象限图，在写作上我有个小技巧分享，叫 10% 法则。文章的观点、提出的解决方案、文字表达都不要超出读者的认知太多，而是只比他们聪明 10%。千万不要一次输出太多的信息，这样会在对方的认知里造成信息拥堵。

在写作之外的日常沟通里，我们也应该遵循这个法则。

我现在每次和客户交流，向他们提供解决方案，也都会小心翼翼地遵循 10% 法则。因为如果你在某件事情上跟他们一样聪明，那你就帮不到他们；如果你比他们聪明太多，那你就只是在衬托原来的负责人有多无能，你和客户在情感上就产生不了共振，方案就落不了地，最终你照样帮不到他们。

我与大家分享一个小故事，它是美加海军的一次通话。

1995 年 10 月，加拿大纽芬兰海岸管理局人员和美国海军舰船进行了一次无线电通话。加拿大人说：“请改变你的航向，朝南 15 度，以避免碰撞。”美军舰长不以为然，说：“建议你改变你的航向，朝北 15 度，以避免碰撞。”加拿大人一直没吭声。美军舰长有点儿生气了：“这是美国海军军舰舰长，我再说一次，改变你的航向。”加拿大人回道：“不，我再说一次，改变你的航向。”

美军舰长彻底愤怒了，说：“这是美国海军林肯号航空母舰，美国大西洋舰队第二大舰队，我们和 3 艘驱逐舰、3 艘巡洋舰，总共 20 艘舰艇同行。我再说一次，船头朝北调转 15 度，否则我们将采取必要的反制措施，以确保本舰队安全。”这时候加拿大人说：“我这里是灯塔。现在轮到你说话了。”

荣格的 12 种人格原型

心理学家荣格总结说，全世界的人其实就分为 12 种人格原型。有的人想当英雄，特点就是专业技能特别强；有的人想当智者，一辈子追求的就是智慧；有的人的角色是叛逆者，特点是喜欢挑战眼前的规则；有的人是照顾者，他最开心的时刻就是一群人吃好、喝好、玩好，被他照顾得好好的。

这 12 种人格原型在商业上经常被用来塑造品牌。耐克的所有广告采用的都是英雄设定，它的品牌策略就是把全世界顶级的运动员尽量签完，因为这些人就是在运动专业上最强大的人。IBM（国际商业机器公司）采用的则是智者的人格原型，比如它早年主导“深蓝”计算机挑战棋王，近些年推出“智慧城市”“智能商业解决方案”，智慧永远是它的主题词。

自由			社交		
安全	自由	知识	归属感	亲密	享受
天真者	探险者	智者	常人	情人	小丑
秩序			自我实现		
精通	解放	力量	服务	创新	控制
英雄	叛逆者	魔术师	照顾者	创造者	统治者

图 7–2　荣格十二人格原型图

我自己在做上一家投资公司的品牌时，采用的也是“智者”原型，因为我们的创始合伙人是新东方老师出身，他非常喜欢分享智慧，同时 VC（风险投资）要想吸引到最好的创业者，一定要靠深刻的认知。所以我们采取了非常激进的举措——把投资人的行业研究报告几万字几万字地在公众号上发出来，引发了非常多的讨论和媒体转载。

德芙巧克力采用的是什么人格原型？在上面的十二人格原型图中，我们可以看到一种原型叫“情人”，这个类型的人容易给你“如丝般顺滑”的亲密感和甜蜜感。

我们来观察一下，《南方周末》采用的是一个什么样的人格原型？

《南方周末》核心读者又是什么人格原型？《南方周末》应该拿什么来跟核心读者产生联结？

就我当时所在的新闻部而言，我相信很多时候我们的读者是智者原型，他们也期待我们是智者。从我们做的新闻选题和操作手法上看，我们追求的要么是“新”，要么是“奇”，要么是“深”。

“新”指的是信息增量。比如汶川大地震突发，我们第一时间派记者蹭军用飞机进入震中，这样才能带来最大的信息增量。

“奇”指的是题材或角度。比如写美国大选，我们可以派记者去义乌，统计两党的帽子、徽章、旗帜的订单量，以此来判断选情。

“深”指的是报道的深度。比如我采访过一个很奇怪的案子，一个房地产商跟监狱打官司，说自己把地买了而监狱不搬，法院判房地产商胜诉，结果自然资源部站出来强悍地宣布法院判决无效。往深里挖内情，才知道原因是那块地下面勘探出了石油。

“智者”这个原型最重要的是“增加信息、增长知识、增强判断”，如果你无法做到这三点，无法在这三点上满足读者，那么你的人设就会有所动摇，你就会逐渐丧失竞争力。

今天由于微信公众号、短视频的兴起，受众已经被切分得很细了，对受众人格原型的把握越来越重要。比如做直播电商的“带货女王”薇娅，她有一个重要的人格是“照顾者”，“宠粉”的说法就是这么来的。她要负责挑选商品，配方上有问题，她就不接，因为她得为粉丝们把一道关。她要求商家必须给出最低价，保证粉丝们占到便宜。她还要求商家必须保证无条件退换货，因为她集粉丝的信任于一身，如果商品出了问题，那就是一个“照顾者”天大的失误。

很多想做短视频和直播的艺人的人格原型就是错位的，有的人是“天真者”原型，却非要卖情趣用品，有的人是“小丑”原型，受众对他最大的期待是好玩儿，他会希望受众信任他严肃认真地推荐一款商品并且佩服他的专业度吗？

再举一个近期的例子。最近有个国内知名度很高的女艺人跟我们合作，我们对她多个平台的粉丝做了一下分析，发现男性粉丝占比高达86.3%。男性粉丝比例像她这么高的对标账号是NBA（美国职业篮球联赛）的官方账号，你就知道这个比例有多惊人了。

但是在短视频领域，男性粉丝多不是什么好事情，因为男性的购买力相对较低。于是我们的策略规划上就出现了两个选择。一是改变粉丝构成，想办法提升女性粉丝的数量；二是维持现有粉丝结构，想办法在男性粉丝身上实现商业变现。

理论上大家都倾向于选第一种，但其最大的问题在于，这个女艺人的人格原型是“情人”，这已由她的长相、过往的作品决定，想挑战改变人格原型，基本上没有任何机会。而对女性粉丝来说，“情人”应该是有吸引力的男艺人，她这类女艺人更可能会激起竞争和防备的潜意识。

所以最后我们选择了第二条路，帮她规划的内容是做健身短视频。她很擅长此事，粉丝也爱看，更重要的是后面的商业变现，在健身短视频中，不论是运动品牌的投放还是运动品带货都是顺理成章的。

只要掌握了思维方法，你就可以把写作上的技法扩展为人生的通用技能。

把写作技法变成商业沟通技巧

相信很多人听说过被吹得神乎其神的“电梯演讲”，它说的是，假设你在电梯里遇到投资人或客户公司的董事长，你有 1 分钟的时间面对面向对方介绍自己的项目，你会怎么说？

很多写作能力很强的人一开始反而应付不来这种事情，因为写一篇文章通常有起承转合，1 分钟用来“起”都不够。

我刚开始转型做公司的时候，嘴巴也很笨，遇到这类场景，我从来都只是微笑点点头，有时候连名片都不递，更不用说能花 1 分钟介绍自己并且让对方感兴趣了。

直到有一天，我在看麦肯锡咨询顾问芭芭拉·明托的书的时候，突然间就明白怎么做了。我们以前写作的时候，学过一种“板块递进”结构，用这个方法就对了！

“板块递进”结构是说你在写一篇新闻报道的时候，一定要交代清楚背景情况、冲突事件、引发的问题和人们所采取的行动。这里面缺了背景，读者会一头雾水；缺了冲突事件，就没了新闻由头；缺了引发的问题，文章就不够深入；缺了人们的行动，事件就变成了静态的，没有后续了。

麦肯锡咨询顾问芭芭拉·明托把一模一样的结构概括成了 SCQA，我认为她讲得更直白浅显，所以我借用一下她的表述。

今天很多人轻视写作的价值，更忽视了写作背后隐含的思维方式的价值。他们如果听过芭芭拉·明托的故事，就不会再这么想了。芭芭拉·明托进入麦肯锡之前，麦肯锡连女员工都很少见；她在进去之后，只做一件不起眼的事情——教公司员工如何写作，包括如何写报告、如何写PPT、如何向客户做口头展示。最终芭芭拉奠定了麦肯锡最重要的几大理论基石，比如MECE法则、金字塔原则，以及我们刚刚说到的SCQA架构。

SCQA即Situation（情境）、Conflict（冲突）、Question（问题）和Answer（答案）。看一段广告词，你就能理解了：

得了灰指甲，一个传染俩。问我怎么办，马上用亮甲。

在这段广告词中，“得了灰指甲”就是情况，“一个传染俩”就是这个情况产生的冲突和威胁，“问我怎么办”就是问题，“马上用亮甲”就是答案。这则广告通过4个板块的递进，只用了20个字就讲了一个故事：从发生，到形成威胁，到引发思考，再到最终解决。

SCQA在写作上可以应用为QSCA，顾名思义就是先提出问题，然后交代背景，接着呈现冲突，最后给出答案。比如下面这段文字：

未来10年，劳动密集型企业如果不提升效率，存活概率是多少？（问题Q）

中国的人口红利已经消失，老龄化社会加速来临。（情境S）

年轻人越来越贵，工资每上涨10%，加上税赋杠杆效应，公司60%的税前利润就会被“吃掉”。（冲突C）

大量采用IT系统、外包服务是当务之急。（答案A）

QSCA 也可以稍做变化，变成 CSQA 来表达，比如上面示例的结构会变成：

> 年轻人越来越贵，工资每上涨 10%，加上税赋杠杆效应，公司 60% 的税前利润就会被“吃掉”。（冲突 C）
>
> 中国的人口红利已经消失，老龄化社会加速来临。（情境 S）
>
> 未来 10 年，劳动密集型企业如果不提升效率，存活概率是多少？（问题 Q）
>
> 大量采用 IT 系统、外包服务是当务之急。（答案 A）

你看，引入 QSCA 和 CSQA 之后，你的文章自然而然变成了一种递进结构，对于每部分，你都知道自己应该写什么，以及接下来会写什么。

写作从来不仅仅是写作，写作呈现的是一个人对世界的认知。过去我们留意到的可能仅仅是认知的结果，但其实写作还涉及认知的方法、认知的角度。

写作在普罗大众层面的朴实功能就是记录和沟通。记录就要把话说准确，一语中的；沟通就要把话说透彻，一语入心。

对大部分人来说，做到以上两点，认知和感知能力就已经提升了一个级别。写作是一种极为趁手的工具，不用实在可惜了。

人的念头像一壶烧开的水，水面上的每个地方都在冒泡，永无定性。而写作能够把人们的网状思维用树状结构梳理，最后用线性方式输出。这类似于一种思想打坐，写作帮我们创造了一个“我的副本”，它并不完全等于你，却是一种使你能轻便地进行自我观照的方式。它把一个几 GB（千兆字节）的人，压缩成了几 KB（千字节），内容却依然高度保真。

祝大家早日达到这八个字的境界：一语中的，一语入心。

下　篇

讲师代表作

野马危急

南香红

“如果野马能言，它一定可以讲出整整 100 年的忧伤和悲怆。”2001 年 8 月 28 日，27 匹新疆普氏野马在中国准噶尔盆地东北部被赶出圈养地，被人类圈养了一百年的野马被人类赶出了家门，这是它们返回原野的唯一途径。

但荒野对于它们完全是一个陌生的世界，它们的蹄子已经娇嫩得受不了荒原砾石的磨砺了，严寒、野兽和病痛更是威胁着它们的生命。放归后失踪的野马牵动着人们的心弦，我们再次将目光投向它们。

失踪

12 月的准噶尔荒漠寒封大地。这是大自然在这里的正常轮回。

不正常的是从 4 号开始，这里的气温直线下降，最后降到了零下 48 摄氏度。

准噶尔的大地在极度的寒冷中凝固了，天地混沌成一片苍茫，仿佛连空气都冻得咔咔作响。

新疆阿勒泰地区向牧民们发出紧急通告："停止转场，原地扎下帐篷。"此时从阿勒泰南下的几十万只羊正在牧人的驱赶下滚过准噶尔雪原，经过野马所在地——216 国道 311 公里处，转到冬牧场去。

野马就在这时失踪了。

大雪抹去了大地上的一切痕迹，白茫茫的雪原上找不到它们的蹄印和粪便。而这是寻找野马的唯一线索。

失踪的原因可能是，家畜的惊扰和严寒的袭击。

去年 8 月 28 日，27 匹野马被人工放归到准噶尔荒漠。当这些马圈中生、马圈中长、从未在荒原上奔跑过的野马，被赶出家门奔向棕黄的大漠深处的时候，专家们满怀忧虑。

它们没有在自然的磨砺下恢复野性，没有长成搏击自然的本领，没有成为真正的野生野马，一旦脱离了保护着它们的人的视线，生死难卜。

野马能否放野成功，关键看能否在野外度过冬天。

冬天的卡拉麦里是新疆最冷的地区。2000 年冬，这里的大雪厚达几十厘米，大风又使雪结了一层硬壳，新疆野驴、鹅喉羚等野生动物刨不开雪，吃不到雪下的草根，大批大批冻饿而死，有的则不顾危险往雪原上唯一的公路上狂奔，倒毙者不绝于路。

第一次到荒原中生活的野马，遇到的第一场寒潮是新疆十年不遇的一次。12 月 8 日，野马没有回来饮水。接下来的几天也不见野马的踪迹。人们确定野马走出了他们的控制范围，不知去向。

旷野里只留下一幢两间的白房子和三个养马人，王镇山感觉自己要疯了："每天听到它们的蹄声和嘶鸣，感觉有很多人在这里陪着我们，孤独寂寞都可以忍受，现在世界真的是一片白茫茫好干净，这太恐怖了。”

王镇山和观察站的其他两个人一遍遍地冲进朔风，在风雪中狂走。能够依靠的是手里的一个 30 倍的望远镜，这是野马观察站的唯一观察野马的工具。望远镜从你的手里夺到我的手里，但除了满目的白，野马踪影全无。

野马遇到了什么？它们会不会冻饿而死？它们流浪到了荒原中的什么地方？野马身上没有安装跟踪设备，找野马的唯一办法是开车到荒原上去。

野马中心主任曹杰知道这件事的严重性，他在电话里禁止观察站的小伙子们单车去寻找，因为一旦闯进荒原，会遇到意想不到的危险，单车无法求援，人就可能被冻死。

荒原生存 100 天

这是地球上唯一存活的野马家族，全世界的总数还不到 1 000 匹。虽然被称为“野马”，实际上已经没有了野生种群，它们全部是 20 世纪初西方探险家在准噶尔捕获的 28 匹野马的后代。

在圈中关了 100 年的野马终于回到了荒野。视野的空旷和自由来去的风刺激着野马，它们撒欢狂奔，但 3 天之后，它们个个都一瘸一拐的，懒得动了。它们的蹄子已经娇嫩得受不了荒原砾石的磨砺了。

野生状态的野马已经绝迹荒野 100 多年，荒野对于它们完全是一个陌生的世界。但野马毕竟是野马，它离开荒原，就沦为了人类的家养动物，野性尽失，近亲繁殖，一代比一代孱弱，最后面临的是物种灭绝。

这个物种在地球上生存下去的唯一途径就是回到荒野，自己去面对大自然的选择。而人类的角色也发生了转变，从对濒危物种的保护者退居为观察者。所以这 27 匹第一批放野的野马，代表了一个濒危物种的前途、命运和希望，也为人类保护濒危物种提供了示范。

从 8 月 28 日放野到失踪，这 27 匹野马在野外生活了 100 天。现在，它们是地球上唯一的一群在野外生存的野马。

“现在虽然不能说放野成功，但也不能说失败。”野马中心主任曹杰说，“野马的野性得到了前所未有的恢复。”

吃了 100 多年苜蓿，但野马一放野，其辨识毒草的能力就恢复了。因为荒野上不再有鲜美的苜蓿，有的只是蒿草、针茅类植物。野马很快就瘦了。

养马人王镇山心疼地说：“但是瘦了好，它们奔跑的速度明显地快了。”100 年的圈养，科学家曾测定，野马的奔跑能力下降了一半，几乎和家马等同了。野马和人的距离明显远了。它们对世界保持着高度的警觉，远远见到人就开始奔逃，养马的小伙子们再也不能抚摸它们的鬃毛，尽管几个月之前他们之间是那样的亲昵。

野马用它们的蹄子小心翼翼地试探着陌生而又熟悉的家园。

它们从来不走远，围绕着放野点白色小屋的南北西三个方向最多走出 30 公里。它们依赖着放野点人工给它们开辟的水源，似乎也离不开养育它们的人。每天按时回来饮水、午休。

后来它们的胆子慢慢大了，开始整夜不归。“马不吃夜草不肥嘛！”

王镇山很理解他的伙伴，他把野马这种有规律的活动叫作“按时上下班”。

和野兽的战斗

没有厮打搏斗，野驴落荒而逃。

这场战斗让养马的小伙子们很是得意了几天。但 11 月 11 日一匹小马拖着受伤的流着血水的腿回来时，他们知道野马和狼有了一战。

它们的到来立即惊动了荒野中的生命。荒野的生命链条又加上了一环，尽管这只是微弱的一支。

狼首先嗅到了什么，野马的蹄印后面总是尾随着肥大的梅花状的蹄印；狐狸悄悄潜来，偷吃了王镇山他们舍不得吃的两只鸡；野驴感到了某种失落，它们不得不把领地拱手让给野马；鹅喉羚远远地观望野马和野驴的争斗，情况不妙，它们就一溜烟地逃逸。

野驴在没有野马的日子里是荒原中食草动物的老大，当野马第一次见到家乡的亲戚时，双方都愣住了。

野马全部停止了吃草，竖着耳朵隔着 200 多米的距离观望，头马准噶尔 11 号试探着一步一步向野驴靠近，不知道对方会有什么反应。野驴群很大，有上百匹，显得“人多势众”。

头马几乎是在瞬间愤怒起来，它嘶鸣着弓着身子向驴群冲去，仿佛它恍然大悟：“噢，是你呀野驴，竟敢趁我不在的时候占我的地盘！”所有的成年母马如同听到了号角，排成一列冲锋，小驹子们在后面凑热闹。

狼是野马在荒野的唯一天敌。人们判断，马群肯定是和狼进行了激烈的搏斗，并且最终战胜了狼，不然这匹小马不会活着回来。一般来讲，单狼是斗不过野马的，最可怕的是一群饿狼攻击马群，群狼死缠烂打，搅散马群，最终得逞。

受伤的小马没有得到马群的呵护，反而遭到了遗弃。编号 15 的成年母马冲上来一口咬住小马的脖子，将它放倒在地，小马的母亲见状和 15 号马打在了一起。

但是排斥是来自整个马群的。母亲只好带着 143 号小马离开了。“这是野马的自我保护本能。它们是怕受伤的马的血腥味，引来更多的狼，给马群带来灭顶之灾。”养马人王臣解释，“为了让野马一切自己应付，我没有给小马包扎伤口。”小马和母亲一直与马群保持着距离，远远地跟着。狼没有再来。11 天之后小马伤口好了，马群又接纳了它们母子。

每天，准噶尔 11 号公马，这个野马家族的家长、父亲，首先来到结冰的水源，举起它的双蹄，奋力砸向冰面。当咔嚓的碎裂声响起，其他的马就围拢来，一齐喝漂浮着冰块的水。“嚼得咔咔响，就像小孩子夏天嚼冰块。”观察员王臣说。

“公主”之死

两辆北京吉普在荒原上画着巨大的“之”字艰难前行。夜晚天空没有星星，只有风在抽打着大地。他们又一次迷路了。

野马中心主任曹杰跳下车，差点儿被风掀倒。他蹲在地上，用皮大衣遮着风打着了打火机，借着微光，观察草根倒伏的方向和雪在草根下堆积的厚薄情况。他上了车，告诉王师傅方向，两辆车继续向前行驶。

“这是戈壁滩上的救命绝活儿。”曹杰得意地说。

此时正刮着大风，草全部倒向一边，迎风的一面几乎没有积雪。准噶尔盆地冬天多刮北风，看草根是荒原上一条救命的经验。

从 12 月 20 日开始，曹杰在卡拉麦里山有蹄类自然保护区卡斯特站的配合下开始寻找野马。

两辆车上坐着 8 个人，其他的地方都塞满草料，是给野马准备的。

根据野马放野点风大、寒冷、雪厚吃不到草的情况分析，野马有可能是顺着北风向气温高、雪少的盆地南部迁移的。他们就在离放野点的 216 国道向南 40 多公里的地方下公路往西南方向寻找。

他们绕着“之”字走，为的是尽可能地扩大寻找范围。天再冷，那架唯一的望远镜始终是热的，它一直带着人的体温。

这几天雪已经停了，只有狂风在荒野不停歇地纵横扫荡。

雪原上时隐时现新鲜的印迹。“踩成一片的是野驴，排成一列一列整齐前行的是马，没有小驹子蹄印的是家马，有小驹蹄印的肯定是野马。”几天跟踪下来，曹杰已经很有经验。

跟着跟着，蹄印不见了，雪地上干干净净，方向再次迷失，一天的寻找完了。12 月 23 日，寻找已经是第四天。

远远一座白雪覆盖的高岗上，有几个黑色的蚂蚁大小的蠕动的东西。是野马？人们兴奋起来，一脚油门踩下去，汽车颠得几乎飞起来。望远镜的镜头下，一群群的小黑点爬上山岗，有二三百头，是野驴，只有野驴才会集起如此大的群体活动。

握着望远镜的张彦豹突然叫起来，嗓音都变了："野马，野马，看！"野马就在野驴群的一边。"一、二、三……"曹杰一把抢过望远镜，一匹一匹地数起来。"怎么只有26匹？"他的惊呼把所有人的心都揪了起来。

车子加速向前冲，野马远远发现了异常，撒开蹄子就跑。张彦豹大声叫停，他说野马认识他，见了他也许就不会再跑了。

他拿着一捆草，向野马跑了10多步，响亮地打了一个呼哨，逃跑的野马一下就站住了。

野马站在那儿竖着耳朵仔细地听着、打量着，仿佛在思考这个人是不是值得信赖。张彦豹一边打着呼哨一边向野马慢慢地走，公马准噶尔11号迈开了步子，向张彦豹走来。它先试探了一下，然后就把头埋进张的手里猛吃起来。看样子是饿极了。

张彦豹张开手轻轻抚摸着它墙一样站立的鬃。他的伙伴瘦了，毛色也变成深棕色，蹄子的前缘变得光亮，那是刨雪吃草磨的。

马群基本上安好，3匹身怀有孕的母马情况也让人满意，但极瘦。问题出在一岁的4匹小驹和一匹16岁的、马群中年龄最大的母马身上，它们似乎羸弱到了极限，瘦得皮包骨，毛色没有一点儿光泽，东一块西一块如秃了一样。

小马的母亲们已经瘦得没有奶水了，粗硬的草它们还吃不动。而年老的马面临的是大自然的淘汰。

曹杰注意到一匹3岁的小公马一口草也不吃，而是往马群外跑，跑一段回头看看，轻轻地嘶鸣几声。"快跟上它！"曹杰叫道。

几百米远的地方，一匹一岁多的小母马卧在雪中，奄奄一息。它的编号是准噶尔 121 号，2000 年春天出生的。这正是刚才少的那一匹。

“小公马自己忍着饿一口草也不吃，给我们领路，是让我们快点救救它的伙伴。我忍不住眼泪往下掉，马真是通人性。”曹杰说。

小马的毛乱乱的，瘦得不成样子。见了人，它勉强抬起头，一双大眼睛充满哀婉。

它可能是饿的。养马人把小母驹赶起来，让它回到马群中吃草。

让人意想不到的事发生了，一匹低头吃草的母马突然冲过来，一口咬住 121 号的脖子，将它撂翻在地。马群骚动起来，几匹成年马低鸣着，上前围攻小马。养马人明白了，这匹小马是生了病被打出马群的。“这是野马自我保护的一种本能。生病的马会被赶出马群，以免传染其他的马。”

曹杰解下自己的领带，绑住小母马的腿，几个人把它抬到车上。最近的可以施救的点离这里大约 100 公里。

颠簸几个小时赶到保护站，为它挂上吊针时，它已经死了。

死亡降临的时候，它没有一点儿挣扎，它的头沉沉地放在地上，一颗大大的泪珠慢慢地滚下来。

“所有的野马在死的时候都会流泪。”王镇山说。

困境和解决之道

121 号小马驹的尸体被冷冻在保护站的仓库，曹杰连夜赶往乌鲁木齐。没有时间搞清 121 号是得什么病死的，这种病是否会传染，必须想办法救整个马群。12 月 27 日，一场汇集林业专家、野生动物保护专家、野马研究专家的论证会在乌鲁木齐召开。曹杰在会上提出野马面临三大危险。

一是野马现在所处的位置距古尔班通古特沙漠只有10公里的距离，目前它们以每天10公里左右的速度向准噶尔盆地西南方向迁移，再向前跨一步就进入沙漠。一旦进入沙漠，野马就会完全失踪。那时任何人为的挽救措施都无法实现，冻、饿、干渴都可能置马群于死地。

二是如果天气进一步恶化，比如大风、降温、大雪，马群会遭受致命打击。首先是3匹小驹和16岁的老母马性命难保，整个马群说不定也会出意外。

三是按目前食草匮乏、膘情下降的状况，如果不采取人工救援措施，野马就是扛过了冬天，也扛不住春天的倒春寒和产驹、发情等关口。

曹杰提出野马目前最缺的是一套跟踪设备。有了跟踪设备，野马跑到了任何地方，他们都可以把草料及时送到。曹杰说，野马冬天向沙漠中迁移正是它野性恢复的表现，自然状态下野马就是在相对温暖干燥的沙漠里越冬的。

“没有钱购置卫星跟踪设备，能给野马中的几匹套上项圈也好。”曹杰说。跟踪设备是一个在放野时就没有解决的老问题。

“怎么办明天有关部门就会决定，我连夜就出发。这几天不知野马的情况怎么样，不知道它们又跑到了哪里？”

曹杰心急如焚。

记者在发稿时曾试图和曹杰联络，以便得知野马施救的最新进展，但他的手机始终没有应答，估计他仍在荒原上。

两个男人的20年“婚姻”

南香红

不一样的男孩

李蜀仁说他曾是一个朝气蓬勃的男孩子，调皮，打架，喜欢一切冒险的事。和李蜀仁一个院子长大的吕光美说，李蜀仁常常被母亲拿竹竿子打得满院子跑。“性子野得很”的李蜀仁和别的男孩有一点儿不同，就是在青春萌动的时候，他脑子里幻想的“全部是男人的身体，只要是去找女孩的事，一帮男孩兴奋得一哄而上，我就躲得远远的，一点儿兴趣都没有”。

而孙庆生的性情和李蜀仁完全不同。从小他就是一个漂亮、羞涩而内向的男孩，女孩喜欢的事情他最为精通，踢毽子、跳绳常常是女孩纷纷败下阵来，最后他还留在场上。在大学里，因为舞跳得好，他成为学校舞蹈队的成员。一张30年前的黑白照片留下了他跳舞的情景：一个大眼睛的男孩，全身充满韵律，四肢张开，好像要飞起来一样。

两个男孩的第一次性经历都是和男人发生的，都是在看电影时结束了童贞。

李蜀仁说他这一生从来没有对女性有过性冲动。他认为他的“毛病”是娘肚子里带来的，并且坚信这一生无论用什么方法都不能改变，除非将他的肉身化了，投胎重做。

孙庆生不能肯定，如果他的第一次是和一个女性，他是否会成为“另一种人”，他可以肯定的是，自从有了第一次，他的性取向就变得非常的确定。

但那是 20 世纪 70 年代末 80 年代初，他们为自己的与众不同而痛苦欲死。

“半夜醒来枕头常常是湿的，就是在梦中也想不通自己为什么是这种人。”

这种人在那个年代被看成不男不女的人妖，是怪物。

“你得强装笑脸，言不由衷地戴着面具生活。”

最大的痛苦不仅是这些，最主要的是搞不懂自己为什么会这样。

李蜀仁偷偷地去找过医生，医生说他的“世界观有了问题”，建议平时加强世界观的改造，多进行体育活动，将注意力转移到运动上来。

孙庆生直到上大学的时候才查到了“同性恋”这个词：“由于男子或女子某一方的不愉快而孕育的孩子，容易出现性倾向问题。”这个让他匪夷所思的说法并没有解决他的困惑：自己是不是个妖怪，自己是不是得了一种病，这种病是不是可以改掉或者治好，自己将来怎么生活……

20 世纪 80 年代初，李蜀仁和孙庆生各自生活在成都和重庆。李在一家工厂，是顶替父亲才从下乡的知青变成工人的；孙在读大学，因为考上了大学才离开乡下。那时候他们都 27 岁了，各自在不同的城市经历着相同的煎熬。

孙在大学里恋爱了，是一个男孩，学校学生会的主席，大学里的公众人物。“我们之间好像有磁铁似的，很‘微妙’，不知怎么心就相通了。”

但是两个人同时都变了，阴影长在心里了，眼睛总是瞟来瞟去，贼溜溜地观察每一个人的表情。终于他顶不住压力，找了一个女孩“耍朋友”去了，他要证明给大家看：我很正常，我对女人感兴趣。

实际上他根本不碰女孩一下，女孩假装和他比个子，脸都快贴着脸了，他心里明镜似的，但就是不能拥抱她。

“我们剧烈地吵架，我痛苦地用头撞树，整夜地哭，想死。”

飘飘

成都人对同性恋者有一个形象有趣的称呼——“飘飘”，将同性恋者活动的地方称为“飘场”。

李蜀仁对此的解释是：同性恋者就像“浮萍”，一方面是活动场所的漂浮不定，一方面是心里的飘的感觉。

孙庆生大学毕业以后到了成都一所中学教书。

两个人接触，你喜欢别人，别人可能不喜欢你；别人喜欢你，你可能又不喜欢他。交往长的，维持几个月；短的，就一次两次。“那是一种魔鬼般的不可遏制的诱惑，知道那个不能干，但就是抑制不了自己，骂自己和畜生一样，恨自己受性的驱使。”李蜀仁说，“分手，伤害，伤口都留在心里。时间长了，觉得在这个圈子里没有真感情。”

在李蜀仁母亲的眼里，这个二儿子是个惹是生非、不安定的家伙，高兴了东游西逛整天不回家，不高兴了睡在床上几天不起来。可他也是最被看重的孩子，三个男孩里他长得最健壮，另两个男孩先后结婚生下的都是女孩，传香火的重任非这个二儿子莫属，所以父母像搞轰炸似的给他介绍对象，逼着他结婚。可他多漂亮的女娃见都不肯见，逼急了就说要自杀。

“他冲着我妈妈喊叫：‘你咋的把我生成这样子嘛。’我们一直都不明白这句话是啥意思，妈妈把他生成啥样子了，不是好好的嘛，一个人高马大的大男子汉，这句话就像是一个谜语，我们一家人猜了 20 年才搞明白。”李蜀仁的大姐说。

“我们这些人的眼神都是一样的，飘飘的，很茫然的。”李蜀仁说。

“漂泊够了，好没意思。”孙庆生说。

“有一次在浴室里，看到一个年龄大的男人靠近一个年轻的，结果被那年轻人一耳光掴在脸上，我当时心都寒了，我们这些人老了怎么办？”

你的欢乐悲伤总得有对象说，你得有人分担，你得有寄托。“在这一点上我们这样的人和男女之间绝对是一样的，而这种情感是父母兄弟之情所不能替补的。”

李蜀仁和孙庆生都在心里生出一种渴望：找一个男人，托付终身。

定情

一本书救了孙庆生。那是一本从香港影印过来的书，白色的封面，没有书名，也没有作者的名字，繁体字，用红的笔、黑的笔画满了道道圈圈，从插图和文字一下就能看出这是一本严肃的介绍同性恋的书。这本书不知通过什么渠道流传到了成都。

他第一次获得了有关同性恋的知识，他明白了自己是一种特殊性取向的人，并且这种性取向是终身的，不能通过医学的手段进行改变。他第一次知道世界其他国家也有像他这样的人。从十五六岁到 30 岁，他用了近 15 年的痛苦与折磨才确定：自己是一个同性恋者。

“一天深夜，一个陌生人咚咚地敲门，一进门他就说他是一个同性恋，说自己不想活了，但听说我这里有一本书，想死之前看一看。”圈子里的消息传得特别快，但被人找上门来，孙庆生还是吃了一惊。这本影印书在圈子里流传，每传给一个人，书上就多一些道道圈圈。

孙庆生至今还保留着这本书。看过书之后，他在圈子里求证：同性恋应该选择怎样的生活？应不应该和异性结婚？和异性结婚的同性恋者有没有改变性取向的？结婚的人是不是幸福的？

“我看到、听到了一个个悲哀伤感的故事，结婚，离婚，再结婚，再离婚，最后出家做了僧人，就是做了僧人还是改变不了。我打定主意，决不选择和异性结婚。”

就在这时，一个深爱孙庆生的女同事因为对孙的失望从学校出走，这在学校引起轩然大波。学校领导找他谈话，让他对姑娘负责，孙说，我连她的手都没拉一下，负什么责？

就在承受着内心和社会双重挤压的时候，1985 年秋天的一个下午，在成都著名的“飘场”——劳动文化宫的水池边，孙庆生看到了李蜀仁。

“我们一见钟情。”“我假装要抽烟，凑上前去说：‘借个火。’实际上我身上是有火的。他没有将燃着的烟递给我，而是很郑重地从包里掏出火重新给我点上。”

李蜀仁对孙庆生的评价是性格温顺，温文尔雅，一看就是有文化的人；孙庆生欣赏李蜀仁随和中带点儿邋遢，性格刚烈，敢作敢为，有头脑不莽撞。

“这是一种缘分，1 000 个人里都不会有一对。”激情过去之后，是两人精神的契合。“你有喜悦想第一个告诉他，他有悲伤想说给你听，那是一种甜蜜的感觉。”

更重要的是，他们在对将来的打算上一拍即合。“当时我说出了上半句，他马上说出了下半句，就是托付终身，白头偕老，一生一世在一起生活。”

这种想法在当时无异于离经叛道，在他们所知的同性恋圈子里，没有人以这样的方式生活过。

“我最佩服的是李蜀仁的勇气。他完全是靠自己的思考和对自由生活的渴望而萌生出这个想法的。他这么想，就这么做，在我们认识一个月后，他就带我住进了他的家。”

当然，孙住进李家的大杂院是以“战友”的身份。但是，这个住着 20 户人家、吃饭时都端着碗在院里、每家每户都没有隐私的大院里的人们很快就嗅到了什么。

“两个大男人住在一起，出双入对的，大家都感到奇怪，背后指指点点，当面又不好说什么，毕竟是几十年的老邻居了嘛。”李的邻居吕先生说。

“结婚”

1986 年春暖花开的时候，他们为自己的婚姻进行了一整套复杂的程序。

先是选了一个日子，一个是 3 月 6 日出生，一个是 3 月 27 日出生，“结婚”的日子就选在中间。

他们走进了照相馆，照了一张两寸的黑白半身“结婚照”，一个坐得高点儿，一个矮点儿，两个人的头紧挨在一起。当然，这样的照片以“战友”的名义进行。

他们花 70 元打了一辆出租车，70 元是孙庆生两个月的工资，到沱江边的朝阳湖，李蜀仁曾经下乡的地方，举着拳头对苍天发誓。

在他们的影集里，还珍藏着当年的照片，那是请出租车司机拍下的，照片上洋溢着 20 世纪 80 年代的时髦气息。一座塔下，两人靠得很近，李蜀仁烫着卷发，穿一件夹克衫，孙庆生穿着西装，打一条大红色的领带，喇叭口的裤子。

“有甜蜜，有喜悦，更多的是悲壮。没有人这样，也不知道有什么样的命运在等着，但我们认为这样是对的，这是我们想要的生活，起码我们没有去害那些无辜的女孩。”

李蜀仁没敢将这次行动告诉家人，孙庆生写信告诉了妹妹——6 个兄妹中和他最亲近的一个。他写道：我本来不想走这条路，但上天安排我是这样的一个人，我很孤独，也很寂寞。

妹妹回信：不管发生什么事，我都理解你，因为我们的血管里流着相同的血。我相信你说的都是真的。寄上 100 元钱，作为你们结婚的礼物。

“我捧着信大哭一场，这是我们收到的唯一礼物和唯一的祝福。”

举行过“结婚仪式”之后，李蜀仁带着孙庆生和自己母亲、大姐一家人到北京、西安做了一次旅行。表面是一家人的出行，暗中是两个新婚人的蜜月。李的大姐记得很清楚，在华山拜神之后，弟弟抽了一签，是“下下”签，上面写着“天崩地裂，天打五雷轰”，求山上的道士解签，道士看过之后变了脸色，坚辞不肯。

“我当时也有点儿害怕，但我还是相信自己是对的。下山之后我就把我和孙庆生之间的事告诉了大姐。”李蜀仁说。

李家大姐真有点儿五雷轰顶的感觉，第一反应是弟弟不要是得了什么病了。

大姐告诉母亲，母亲说，不可能，你看两个男人喉头都大大的，怎么会嘛！

李家父母是老实巴交的人，父亲信佛，长期吃斋，母亲胸前吊着一个袋子，一只手总是藏在袋子里，捻着里面的佛珠，捻一个珠子念一句佛。让他们接受这样的事，不容易。

不要再逼他结婚了，只要他们不犯法，他们想怎么过就怎么过吧。再说了弟弟连个工作都没有，人家孙庆生还是大学生、中学老师呢，过一天算一天吧。这是李家大姐劝父母的话。

虽然心不甘情不愿，父母还是为他们腾出一间平房。大姐从心疼弟弟的角度接受了这个事实，另外的姊妹兄弟因为这样那样的原因和李蜀仁疏远。不管怎样，两个男人开始了他们的“婚姻生活”。

创业

孙庆生曾表示，自己一个月有四五十元的工资，两个人生活足够了。李蜀仁断然拒绝：你等着，我会打拼出来的。

前几年，李蜀仁因为偷渡香港失败还被开除了公职，认识孙庆生的时候是个今天偷偷卖点儿水果、明天卖点儿杂货的游民，常常身无分文。

有一天李蜀仁和孙庆生商量，到成都郊区废品收购站淘些旧书来卖，然后他骑了自行车到垃圾堆里去扒。

“晚上回来的时候，一个自行车上驮着三五个大塑料编织袋，人变得小鬼一样，整个脸上都是泥土，只露着眼睛和牙齿。”李蜀仁的母亲心疼地说。

母亲说，自从和孙庆生在一起，这个“野”儿子就变了，变得连眼神都温顺了，突然之间就不那么慌慌张张的了，不再和父母大吵大闹，知道对父母好了。

李蜀仁说，不知怎么的，自从有了“家”之后，心里突然就生出了一种责任感，这种责任感让人心里踏实——就是为了对方，必须好好生活，不能为所欲为了。

两个人将收回来的旧书分了类，政治书、文学书、考试复习资料等，在成都最繁华的春熙路摆了个地摊。

“我记得第一次出门摆摊时的情景，书放在一个四轮车上，准备推到市场上去，我从蜀仁手里抢过了车子，说，这历史性的第一步我来帮你推出。”

那时候的书便宜，三五元一本，旧书以半价销售，第一天拿出去的是 20 元收来的书，一售而空。

他们太兴奋了，晚上两个人把角角分分的钱摊在床上，头对着头一张一张地数过，发现手里的钱变成了 60 元！李蜀仁半夜跑去大姐家报喜。

“弟弟一见我就大喊：姐姐、姐姐，我们赚钱了。他那高兴的样子我永远也忘不了。”今年已经 60 岁的大姐激动地回忆，“从此，他们就开始着迷一样地赚钱！”

那时，孙庆生在学校里还有工作，上课时包里装着塑料编织袋，一下课就直冲废品站。“最甜蜜的回忆是两个人在某个废品站的不期而遇，那感觉就像是一场美丽的邂逅，两个人要高兴好半天。”

他们在春熙路上摆了 6 年的地摊，为了长久地在一起，也为了摆脱学校压抑的环境，孙庆生不辞而别放弃了工作，和李分了地盘——将成都的所有废品站划分为二，一人跑一半。校长特意找到书摊，劝他回去，说“你可是我们学校唯一的大学本科学历”。

两人的行为在圈里引起了巨大的轰动，每天摆摊的时候，总有一群“飘飘”远远地蹲在对面看热闹，高一声低一声地喊：破烂有没有得卖？地摊上的两人只装听不见。

生意好得出乎意料，也许是旧书迎合了 20 世纪 80 年代对知识的渴望。6 年后，他们盘下了一间 6 平方米的小店开始做图书批发生意，经济上的成功使他们能够更多地承担家族责任。李母没想到的是，最终为她养老的是这个儿子。李蜀仁用卖废书的钱，为母亲买了一套房子，请了保姆照顾她；家里兄弟姐妹中下岗的、生病的是他出面照应；侄甥一辈上学、就业是他出面打点；他甚至照顾大杂院的邻里。

事实上，这一家人和这一个大院的邻居们接受他们大约用了 10 年时间。

出轨

激情过去之后，这对男人的“婚姻”也出现了“七年之痒”。

李有了新的性伙伴，开始不回家。孙愤而出走。

“嫉妒、被骗、被背叛的感觉，和一个被欺骗的女人的感受是一样的。”

李蜀仁发现孙出走后立即连夜地找，找到后就求他回来。他知道失去了孙庆生，他再也不会有“家”了。但他又会再次出轨。

不只是李蜀仁出轨，孙庆生承认他也有过出轨，并且不止一次。

对没有任何法律约束的同性恋人来说，忠贞意味着什么？他们的理解是：不把真爱交给别的人。“当给对方造成伤害时，立即就刹车”是两个人都在遵守的原则。

“家是纽带，也是我们守护的底线。”

谈到 20 年间感情的波折时，他们都认为同性之间维系情感更不容易。这个世界为异性婚姻提供了无数的范本，从小孩子时社会就在向他们灌输：从此王子和公主过上了幸福生活。但没有一个范本是提供给同性的。

“对异性婚姻来说，都是‘合’的力量——父母、亲人、家族的力量，法律道德的力量。还有，异性恋大多有孩子，孩子是维系两个人的坚强纽带。但对我们来说，这些都是‘分’的力量。”

同性恋圈子近年有了很多变化：社会环境更宽松了，成都有了 10 家同性恋酒吧，年轻一代可以在相对公开的场合相聚，而公园里、马路边的“飘场”变少了；年轻一代的困惑少多了，更多人不再选择和异性的婚姻，而是选择和同性的长期“准婚姻关系”。

但是同性恋者的情感困惑并没有减少。他们很难相守在一起，一周几次的约会，使大家在一起几年都不能习惯和包容对方。“恋爱结束了，一切都结束了。”李蜀仁说，“我们也会像异性婚姻一样，面临性格的不合、理念的冲突或者世俗的压力、情感的淡漠等诸多问题。有一个节点很难逾越，那就是从激情的爱转化为亲情。”

为了守护自己的婚姻，他们在 1995 年买了房子，离开了大杂院。他们特地选择了一门一户的楼房，并且选在了最高层。他们还是过着隐身的生活。新楼房的住户们不知道这两个男人的秘密；他们的商业客户们不知道他们的另一面。

在户口本上，李蜀仁是楼上那一套房子的户主，他和儿子是成员；在另一单元的母亲的户口本上，孙庆生是李蜀仁 85 岁老母的儿子，房子的产权是孙庆生的。

“我们给自己营建了一个小社会，这个小社会只有那些可以理解包容我们的人：双方的家族成员、个别老同学、大杂院里的部分邻居，还有圈子里的少数朋友。只有在这里面，我们的婚姻才是安全的。”

建这样的小社会并不是件容易的事，他们必须扮演好多种角色：遵纪守法的公民，事业成功的商人，温和有礼的邻居，孝敬父母的儿子，慷慨大度的兄弟，互敬互爱的“夫妻”。还有，好父亲。

儿子

在李蜀仁父亲的力主之下，他们收养了一个孩子。孩子到他们家的时候只有 12 岁，现在已经 27 岁了。父亲的本意是养儿防他们老，但后来孩子带给他们的是做父亲的体验。

“我们一开始并不喜欢他，他打破了我们两个人的生活。但现在看来父亲当年是对的。”李蜀仁说，“除了性取向，我们所有的情感需求都是和常人相同的，包括爱一个孩子、做父母的渴望。”

儿子在刚来的时候非常瘦小，常常有病，两个男人便带着他跑医院，为他焦虑，为他心疼。孩子喜欢性格温和的孙庆生，孙庆生也喜欢孩子。这个孩子管李叫“二爸”，他是李的侄子，有血缘关系，把孙叫作“孙叔叔”。

孙叔叔照顾他的起居生活，帮助他学习英语，而二爸则在他的学业前途等大事上做决定。“我记得孙叔叔常常带我上街买吃的，他很高，我总是紧紧扯着他的衣角。”

李蜀仁记得送儿子上高中时的情景，他担心瘦小的儿子被同学打，一路上不停地叮嘱唠叨着，等儿子进了学校的大门，他心里一下子空了。

李蜀仁说，圈里还有三对也收养了孩子，都是在孩子吃奶的时候抱来的，最大的已经长到十四五岁了。他拿出影集，有一个漂亮极了的女孩，李蜀仁说，两个爸爸把全部的希望都寄托在她身上，让她从小学习舞蹈，用心的程度和亲生父母一点儿不差。

儿子 13 岁的时候给自己重新取了名字，叫“磊”，李蜀仁说，好啊，你是上面的那一块石头，我和你叔叔是下面的那两块，你要是不听话，下面的两块就把你顶下来。

儿子上大学的时候，学校里出了一个老师和学生同性恋的事，大家都在议论，小伙子突然想到：自己家里还有一对啊！

明白了一切的儿子并不说出来，他留心观察着两个男人的生活，发现他们那么默契，那种相互的感应只有长期在一起生活的人才有。

他们的衣服、鞋子的号都是一样的，从来不分彼此；他们的性格完全不同，但是那么和谐。二爸喜欢自由自在，因此他负责在外面进货跑生意；叔叔性格细腻，负责守摊打理店里的事，几千种商品在他的手下被摆放得整整齐齐。他们从来不会为钱的事吵架，两人挣的钱都放在家里，即使在二爸炒股赔掉几十万的时候，叔叔都没有一句埋怨。

二爸给他父爱——严厉与原则，叔叔给他的是母爱——呵护与帮助。在他深刻的记忆里，他和叔叔一起摆书摊卖报纸，天快黑的时候，报纸卖不掉，叔叔就拿着报纸到人多的天桥上高声叫卖。一个 40 多岁身材发胖的男人，当街叫卖报纸，很多人会拉不下面子。“但是我二爸和叔叔从来不虚荣，默默地吃苦。他们教给我很多东西。”

从事同性恋研究的张北川教授专门问过李的儿子：在这个家庭里长大，性取向会不会受到影响？得到的回答是：我爱女孩。

（应受访者要求，文中主要人物为化名。）

“没有木卡姆就等于没有了生命”

南香红

2006 年 7 月，新疆麦盖提县央塔克乡的 6 位农民被请到了英国伦敦。

66 岁的玉山 · 亚亚一路上都有点儿迷迷糊糊。上飞机下飞机，一次又一次地倒腾，最后他们站在了陌生的伦敦大街上。

谁也听不懂他们的话，他们也听不懂别人的话。“直直地去了，直直地又回来了。”玉山甚至不太清楚他们为什么会去伦敦。

新疆麦盖提县央塔克乡和伦敦之间的距离实在是太远了，这种远不仅仅是地理上的。

2005 年 7 月 7 日，伦敦地铁遭遇了恐怖分子的袭击。英国媒体说，这是“二战”以来，英国本土遭到的最大的攻击。一年之后伦敦在“学习保持微笑，继续生活”，在一系列的纪念活动中，包括来自 11 个国家以及英国本土的穆斯林音乐艺术节，艺术节的主题是“和平”。

7 月 2 日到 7 月 7 日，大型歌剧院、广场、公园，成千上万的观众。这 6 位新疆农民被安排连续表演了刀郎木卡姆。

当这些刀郎人闭着眼睛歌唱的时候，这个纷乱的世界变得安静了。

音乐喂大的琴师

时间拨回 78 年前，阿不吉力力·肉孜出生在新疆麦盖提县央塔克乡的一个农民家里。他听到的第一个声音，是一种沉而闷、如狂沙扑打窗户的声音，那是父亲弹奏的刀郎热瓦普——粗粗的羊肠弦被拨动，扑打在生驴皮紧绷的发音器上，“嘭嘭”的响声和父亲的歌声浸入了他的生命，父亲用刀郎人最古老的方式弹着琴、唱着歌把他接到这个世界上来。

现在已经 78 岁的阿不吉力力还生活在他出生的央塔克乡，60 多年来，他一直像父亲一样用琴声和歌声迎接新生命的到来，只不过这些生命不仅仅是他的儿子、孙子，而是全乡新出生的生命。他一生在做着农民的同时，还在做着歌者。

阿不吉力力出生后不久，母亲就去世了。在他的记忆里，没有母亲的样子，有的只是父亲抱着热瓦普的形象。父亲每天晚上都会坐在他的床边，就着星光为他唱催眠曲。《巴希巴亚宛》是父亲经常为他唱的，他记得那旋律，是自由的、散漫的散板。他也记得那些词，有的是父亲即兴编的，有的是流传已久的诗。

没有母亲的孩子像鸟儿折断了翅膀，没有木卡姆的人儿像小草一样枯黄。这是父亲那一辈的刀郎人所相信的。在这个沙漠边缘的荒凉的地方，木卡姆可以驱赶孤独，木卡姆可以冲淡苦难，木卡姆可以带来快乐。刀郎人用乳汁喂养孩子的同时，还给他们音乐。阿不吉力力就这样在木卡姆的浸泡中长大。

阿不吉力力唱的木卡姆中有很多都是从父亲那里学来的。他一生没有进过学校，也很少走出沙漠。在现在这个信息连通世界的时代，深陷于塔克拉玛干沙漠的央塔克乡只能看到一个频道的电视。但是父亲给了阿不吉力力一双神奇的耳朵，不管是东方的还是西方的，只要是他听过的音乐，他都能记住并且用刀郎人的乐器弹奏出来。音乐是世界上唯一不需要翻译的语言，阿不吉力力和这个世界联系的方式就是音乐。

在阿不吉力力的简陋的小院里，我们和他有了一次神奇的交流。他不会说汉语，我们不会说维语。他只用一双眼睛盯着我们，那眼睛亮亮的。他擦了手上的油漆，调了卡龙琴的音，突然那琴奏响了《义勇军进行曲》。琴音清脆，铮铮作响。大家都会心地笑了，琴音一转，奏出的是前南斯拉夫电影《瓦尔特保卫萨拉热窝》中的《啊，朋友再见》。

一手持木质拨子弹拨，一手持铜制揉弦器揉弦，那琴发出似古筝的激越的清音，又有低回的吟唱，在沙漠干燥的空气里，在安静的小院，仿佛有两个气质、韵味不同的人在对谈低语。阿不吉力力开始唱刀郎木卡姆，他就这样牵着我们走进了刀郎木卡姆的世界。

父亲去世了，但父亲的琴和音乐留了下来，一直在阿不吉力力的泥屋里活着，每当拨响琴弦的时候，就像是父亲在歌唱，那个夹带着音乐的生命从来都没有离开，永远都不会逝去。阿不吉力力从父亲那里学会了刀郎木卡姆全部九套套曲，他从十多岁起就可以在刀郎木卡姆的乐队里弹琴唱歌了。

那是一件神圣的事情。所有演唱者都跪在地上——无论是沙地，或是农家土院，还是富贵人家的地毯上，他们都一律跪着，艺高者排列在前，他们为新出生的生命而呼喊，为这个生命长大成人而狂欢，为这个生命结婚生子而舞蹈，生命到来和逝去，生和死一次次重复，他们并不因为这种重复而懈怠和疲倦。

阿不吉力力从后排渐渐地坐到了前排，一张脸从稚嫩到饱经风霜。从父亲的木卡姆中，他学到了人生所有的东西，木卡姆是所有刀郎人的学校。

高山再雄伟，
也有小路伴随，
孤独者离开人世，
也有孤独者为他悲伤。

诗、哲言、音乐、舞蹈，人类的这些高贵的东西，对阿不吉力力来说就像空气、水、阳光和沙子，永远都在身边。

阿不吉力力在25岁的时候就成为一名刀郎木卡姆的制琴师。刀郎木卡姆的四种乐器自古都是刀郎人自己制作，其中的一件是卡龙琴。据说它是公元1259年从中亚传入新疆的，中原地区称它为七十二弦琵琶。随着岁月的流逝，卡龙琴逐渐从维吾尔音乐中退出，只保留在刀郎木卡姆里。但经过20世纪六七十年代的社会变动，卡龙琴在刀郎木卡姆里也变得几乎没有人会制作，没有人会弹奏了。阿不吉力力用父亲留下的一只断了弦的旧琴复活了这种古老的乐器。

简单的刨子、锯子，上好的桑木经过弯曲烤制，加上他对音准天生敏感的耳朵，他让断了的传统又衔接了起来。在他的手里，卡龙琴又有了新的内容，他将羊肠弦改成了扬琴弦，卡龙琴的声音更加明亮。

去年阿不吉力力去了法国演出，他制作的卡龙琴迷住了法国人，演出结束后，他用的卡龙琴以高价被留在了法国。对他来说，这样的价格简直是天价，对只有四间泥屋、16 只羊、五亩[①]耕地的他来说，他做梦都不会梦到的。

歌之王者

央塔克乡被称为刀郎木卡姆之乡，全乡能操琴能唱的艺人有 200 多人，玉山·亚亚是木卡姆的灵魂。没有人能够赶上他所爬到的音域的高度，没有人能像他一样挥洒自如地演唱，也没有人能唱出比他更多的诗词，在演唱的队伍中，他永远是坐在最中间的那一位。

在央塔克乡阿尔浪卡村，他有 54 亩土地、8 个孩子、23 个孙子、3 个重孙。他还有一个双胞胎哥哥——艾山，他有 10 个孩子和 18 个孙子。

“他嘛，5 分钟的哥哥。”当人们分不清一模一样的兄弟俩时，他就拍着哥哥的肩膀一脸委屈，意思是哥哥只比他早出生 5 分钟。央塔克乡 2.7 万人，4 700 户，23 个自然村，没有人不知道这兄弟俩，他们走到哪里都会被一堆一堆的人围着，人们都乐此不疲地猜哪一个是哥哥，哪一个是弟弟。

他们在乡间有名望并不只是他们是双胞胎的缘故，而是他们都是

---

① 1 亩约为 666.67 平方米。——编者注

刀郎木卡姆艺人，他们走到哪里，哪里就会有快乐。

他说不清楚自己怎么那么会唱歌，玉山说他的父亲是一名刀郎艾捷克琴手，一个叔叔是刀郎热瓦普琴手。在他的印象中，他家的院子常常会成为木卡姆的歌舞场，聚集很多人，挤在人缝中看热闹的他，10岁的时候就自然而然地会唱了。

刀郎人会说话就会唱歌，会走路就会跳舞，从两三岁的孩子到七老八十的老汉，举手就跳、张嘴就唱不是稀奇的事。

但是唱成玉山这样，他就必须是一个真正的歌者和诗人。

刀郎木卡姆有九套套曲，那是先人留下的，它们的音乐有固定的格式，它们的唱词要求合辙押韵。玉山很为自己能够将九套套曲都唱下来而骄傲，对很多艺人来说这是个考验。

刀郎木卡姆最迷人的地方是每套套曲的开头，那是一场“单人秀”，一个歌者以高音域的独唱领导整个木卡姆现场的人群进入歌舞状态。

长达一分钟的高音独唱让玉山的技艺显露无余：他闭上眼睛，仰头向天，将一股力量逼入胸中，让它无路可走，不得不从狭窄的喉头迸发，于是那声音就如裂云断帛一般冲向天际，所有的人都会被他的声音激得热血沸腾。此时，他是呼唤召集者，他是怂恿鼓动者，他是动员命令者，他是歌者之王。

刀郎木卡姆必须这样唱。所有的刀郎人都认为玉山能够爬到他们需要的声音高度的极限，能够唱出最狂野、最苍凉、最悠远的刀郎木卡姆。

我发疯似的焦虑不安，
我如同煮沸的水一般。
你那么无情地折磨我，
使我变成凋谢的花瓣。
我是蓝天矫健的雄鹰，
愿在你面前落魄失魂。

这时的玉山神采飞扬。达甫鼓在他的手里舞蹈一般上下蹿动，他的脸始终仰向天空，世界上仿佛只有他一个人，痴情地、疯狂地歌唱。

玉山的脸是一张典型的被沙漠太阳染过的脸，黑红透亮，布满皱纹；他的手骨节粗大而弯曲，每个指甲都因过度劳作而翻翘；他的全身满是沙土，衣服几乎看不出原来的颜色。当木卡姆激情消竭之后，他把达甫鼓往尿素口袋里一装，甩到自己的背上，歌者之王的神采瞬间退去，他又成为一个佝偻着身子的老年农民。

刀郎木卡姆对歌者之王的要求不仅仅是可以将古人的歌词传唱下来，更要能够自己按照韵律即兴填词作诗。

所有的歌唱都不会提前准备，当卡龙琴发出缠绵的揉弦声，热瓦普紧绷绷地作响，艾捷克琴的羊肠弦和马尾弓子吱吱呀呀地纠缠的时候，玉山必须“脑子里有灵光闪过”。他要根据不同的场合，唱出不同的情绪。

我思恋着圆脸的姑娘，
爱情燃烧着我的心房，

我愿化作你手中的小鸟，
含笑安息在你的胸膛。

这一篇篇被传唱的歌儿，就连木卡姆的研究专家也弄不清哪一首是哪一位艺人填词首唱的，但他们相信，像玉山兄弟俩这样唱木卡姆的，都是诗人。

“快来吧，快来吧，今天有对情人结婚了，来看他们幸福的容颜吧，来跳麦西热甫吧。”在一场婚礼木卡姆结束后玉山向记者解释他所召唤的内容。

一个歌之王者可以组织和调动整个乡间，可以感染和教化乡民。这是刀郎木卡姆的神奇之处。在这场婚礼上，玉山在乡间受到的尊重程度即可显露无遗。

庭院里铺满了地毯，男宾座席上，正中坐着的是三位留着大白胡子、戴白缠头、穿白长袍的人。这是乡里有名望的宗教人士，他们将为新娘新郎念经主婚，是婚礼上不能缺少的最受人尊敬的人物。宗教人士的右侧端坐着新郎，他被安排坐在四五床摞在一起的褥子之上，坐得最高也最受宠。接下来是玉山等十多位刀郎艺人。

一个乡的精神生活全摆在这里。

玉山的地位不仅源自他自己的才能，还因为他的家是公认的木卡姆之家。玉山的儿孙辈中有 12 个人能弹唱，一家人就可以组成一个木卡姆乐队，3 个儿子还因为唱得好而被请到自治区木卡姆艺术团教艺术家们。

艾山最得意的一件事是女儿又生了一对双胞胎外孙，两个小家伙取了两个外公的名字，大的叫艾山·吐迪，小的叫玉山·吐迪。他们现在已经能唱刀郎木卡姆九套套曲中的第一套曲了。

不久的将来，央塔克乡是否又会出现一对双胞胎木卡姆艺人？

用一生来跳舞

艾买尔·乌斯曼就是为刀郎舞而生的。在麦盖提县，艾买尔可是个大人物。在这样一个边远的地方，还有谁见过毛主席，而且被接见过三次？没有！还有谁能跳舞跳回来 8 个老婆？没有！

艾买尔是央塔克乡的农民的孩子，当年全新疆选拔代表参加全国少数民族会演，他作为维吾尔族的代表被选中。

“在人民大会堂的舞台上，我和一位维吾尔族女演员跳，她转啊转，长长的辫子甩起来，一下套住了我的脖子，台下的毛主席、贺龙都笑了。下一次在天安门城楼上，毛主席一下就认出了我，说，你是新疆的小伙子。”艾买尔说起这一段来非常骄傲。

跳舞，从小跳到老，用一辈子快乐地跳舞，艾买尔·乌斯曼只是刀郎人的一个代表而已。

艾买尔说他跳的舞是刀郎舞的真传。小学四年级的时候，他在舞蹈的人群中发现了一个大胡子高个儿的老人。“当时他 85 岁了，他一跳舞，所有的女人都盯着看，有风度得很！”

“酷！”艾买尔也会用这个词。他被老人迷住了，每当有老人的刀郎舞会时，他都会跑去看。

“我白天上学，晚上就帮大胡子老人抱鞋子（舞会上专用皮靴），想办法接近他。”

木卡姆舞会是刀郎人的一种社交方式，男人女人在舞会上对舞，眉目传情彼此有了心意，就让父母去对方家里提亲，刀郎人的婚姻很多都是这样成就的。刀郎人天生豁达、乐观，他们举止幽默，语言诙谐，很多人在一场场木卡姆中遇到了一段段风流艳史。

艾买尔和老者学习了近十年的舞蹈，于是他便成为舞者当中最吸引眼球的人物。年轻的时候，他身材高大挺拔，性格上又不肯服输，每当舞蹈进入高潮，节奏越来越快的时候，艾买尔旋转得最快，坚持的时间最长，最后舞场上的人都败下阵去，他就成了胜利的“乌斯达”（能人）。

今年已经 67 岁的他还是麦盖提县最快乐的舞蹈者，是木卡姆表演现场最吸引妇女目光的人物。当记者询问他曾经有多少艳遇的时候，他一开始还有点儿羞涩，后来爽朗地告诉记者他一生结了 8 次婚。最后这一任妻子，是在他 40 多岁时和他相遇的，比他小 20 岁，也是一名木卡姆舞蹈的好手。

木卡姆给了艾买尔最快乐的人生。所有的烦恼只要他跳起舞来都可以成为过去。

穿长袍子的男人，穿艾德莱丝绸的女人，在刀郎木卡姆的呼唤下翩翩起舞。先是男人和男人、女人和女人漫不经心地舞动，接着男女交叉对舞，当男女擦肩而过时，双肩似碰非碰，目光若即若离。然后是男女围成一个大圆圈旋转，乐声越来越紧张，圆圈越缩越小，旋转越来越快，不停有人坚持不住而退出舞蹈，坚持到最后的又往往是白胡子的老者。舞不停乐不停，乐不停舞不停。

各路专家都想破解刀郎舞所包含的远古信息，人们为什么要这样舞蹈？是宗教？是祭祀？是狩猎？没有答案。

在艾买尔看来，意义再简单不过。“男人要像狼盯住猎物一样，目光始终不离同舞的女人，心中想着美好，一定要得到她。每一个动作都要展现男人的刚健，像骏马和雄鹰一样。”

“女人要聪明而又羞涩，柔美而又机灵。”他说，这就是生命本来的样子。

艾买尔最喜欢的舞蹈动作是在舞动中将长袍子一角甩起来，似乎要扑住同舞的女人，而女人则从他的衣服下机敏地闪过，细腰如柳，长裙如风。“古老的刀郎舞是优雅的。”他说。

艾买尔现在会被邀请到麦盖提县职业中等专业学校去教那里的孩子们跳舞。麦盖提县在全县选拔了 50 名农民家的孩子，办了一个木卡姆传承班，16 岁的男孩艾尼瓦尔 · 艾山和 17 岁的女孩玛丽娅姆 · 亚森是传承班上最出色的孩子，经过一年多的学习，他们已经能唱全部九套木卡姆中的七套，刀郎舞也跳得让艾买尔非常满意。

天亮前死去

雷　磊

平静的早晨

叶士龙醒来时发现妻子正睁眼瞧着自己，他拿过床头的手机看了看，六点三十五分。

这天是 11 月 9 日，叶士龙在心里盘算着，到省城来看病已经 27 天了。躺在病床上的妻子面色苍白，神情平静，没有说话。

之前，妻子的病忽然恶化，浑身疼得不行，叶士龙拿着家里所有的钱带着她到了合肥，在武警医院进行透析治疗。透析用的是一种叫腹膜透析液的药物，每次都得先把腹中的积水通过透析管排出，然后将 2 000 毫升液体注入体内。由于病情较重，张艳每天都需要换六次透析液，取出的液体每袋足有 4 斤 2 两，每天都要从她微微水肿的身体里注入、取出 20 多斤液体。

和前几次入院治疗不同，这次张艳感受到的痛感并没有随着透析的进行而减轻，她告诉丈夫说“每天都比前一天疼得厉害”。叶士龙赶紧联系转到了安徽医科大学第一附属医院，这是安徽省内最好的医院之一。

住在医院感染科大楼的二楼最南头，病房门窗都朝向东面，阳光照进来显得很亮堂。几天前，由于腹壁皮肤感染，医生将治疗方法换成了血透，张艳大腿上的一处血管被选为血透点。但新的治疗方法一直未显现应有的效果，张艳不断向丈夫抱怨疼痛的缠绕。

今天早晨，妻子的平静让叶士龙觉得不安，但他转念想这或许是妻子病情好转的迹象，心里有些欢喜。两个人从恋爱结婚到如今都已经十四年了，几乎是无话不谈。他将两人之间的默契归结为自由恋爱，他常向村里的小伙子介绍经验，“爱人要自己谈哩”。相知多年，在一起不说话，也觉得很自然。

七点，值班护士对病人进行例行的输液，叶士龙将病床床头调高，让妻子保持仰躺的姿势。在输液的四个小时里，张艳多数时间都盯着天花板看，像是在思考什么，并不同身边的丈夫说话。偶尔，她嘴中会发出一些声音，都是些含混不清的音节。叶士龙早已经习惯妻子在生病后的自言自语，他问讲什么，张艳也不理会他。

取下输液的药瓶，叶士龙将妻子扶到窗边吃午饭。午饭是由大楼里的王师傅配送的。尿毒症患者配餐一般都是白粥加灰面馍，一顿 4 元钱。生病之后，张艳的胃似乎也变得脆弱了，每餐都吃不了几口，吃完又会都呕吐出来。一直在妻子身边照顾的叶士龙并没有其他的吃食，妻子吃剩下的就是他的。

碗里的白粥比同屋的病友多，叶士龙明白是王师傅可怜自己夫妻俩，每次都会往碗里多加一勺。

第一次也是最后一次发火

张艳吃了几口白粥，并没有如先前那样呕吐出来，妻子的表现扫去了这些天积攒在叶士龙心里的郁结。只是到事后，叶士龙才忽然觉得这其实是张艳死亡的一个准备。叶士龙将剩下的白粥和馍吃了个精光，坐在床沿上的妻子很虚弱，两腿不时会如同吹了寒风一样抖动，常年的透析使得她腿部钙流失了，常常“抽筋”。

十一点半，是张艳进行血透的时间。张艳身体虚弱，站立不稳，叶士龙将妻子扶上轮椅，说了声“走了”。他们坐电梯下到一楼，转去安医附院门诊大楼的透析中心。初冬的阳光和煦温暖，街面上小吃摊点鼓起一团团的雾气，人来人往，这是张艳生前最后一次走出感染科大楼。

医院里的病友们都称赞叶士龙对张艳的悉心照料。但叶觉得，这只是他对妻子的爱的回报。他们曾是村里水泥厂的工人。1996 年，叶士龙被大卡车从腹部碾过，断了六根肋骨，昏迷了几天。叶士龙每次看着妻子忍痛汗涔涔的样子，都会忍不住红了眼眶，曾经的经历让他对痛有刻骨铭心的体验。

“她都不嫌弃我，嫁到了我家。”叶士龙记得当时自己身体好了，走路还经常一瘸一拐，出身于乡镇干部家庭的张艳并没嫌弃他穷和瘸，还是嫁给了他。他出事后，只要张艳来看他，他就立马觉得“好过了许多”。所以，他也选择陪在张艳的身边，让她觉得好过一点儿。从 2007 年发现妻子患上尿毒症之后，他一直都在妻子的身边照料。

这天的透析长达 4 个小时，张艳很多时候都闭着眼睛，似乎在休息，而叶士龙则坐在一旁无所事事地想些事情。对于妻子的病因，他常回溯到水泥厂倒闭后两人一起的打工生涯。当时，他们都在嘉兴的一家印染厂工作，车间在高温定型机械的加温下常有 50 多摄氏度的高温，张艳几次在生产线上晕厥。但一心想把家里搞好的她休息休息又回到了车间，直到查出患了病。

透析结束时，太阳已经偏西，叶士龙将妻子推回感染科大楼的病房。毒素被析出，这是尿毒症病人最为轻松的时刻。下午的饭点到了，叶士龙准备去给妻子拿配餐，但这时张艳忽然开口说，不想喝粥了，她想吃豇豆炒肉。这让叶士龙感到诧异，在四年多的求医住院经历中，妻子从未提出这样的要求，两个人节衣缩食惯了。在打工时，两口子曾经花了一元钱买了一斤豆腐，就着吃了五顿。

妻子有了胃口，叶士龙赶紧到医院门口的小饭馆里要了一个豇豆炒肉和一碗米饭，总共 10 元钱。张艳很快将一碗饭和豇豆炒肉的大半都吃了。看着胃口大开的妻子，叶士龙由衷觉得开心，他觉得妻子的病似乎就要好了。

但事情并不如他所想的那样，张艳在吃完饭后情绪忽然变得很激动。她开始央求丈夫带自己回家看孩子，“心里想得紧”。叶士龙赶紧开导她说，安心看病，等周末放学就让孩子上合肥来。但张艳激烈的情绪难以抑制，她开始冲丈夫发火。“结婚十四年我都没见她那样过。”结婚十四年，两个人没有争过一句嘴，叶士龙安慰自己，妻子是太想孩子了。

现在回头看看，这是张艳第一次也是最后一次对丈夫发火。

“是我拖累了整个家庭”

从省城回到六安市金寨县铁冲乡铁冲村，路上至少要折腾一天。这个大别山深处的乡村紧邻河南省和湖北省，“翻个山头就到了河南嘞”。

“你去给我买个鸭腿吧，嗯，我还想吃鸡爪子。”平静下来的张艳对丈夫说道。这时已经是晚上八点了。初冬的夜里，寒气逼人，走到楼门口时，他打了个冷战，将身上青黑色的羽绒服和毛衣往下拉了拉，攒了攒脚趾。他还穿着从家里穿过来的淡黄色拖鞋，天生汗脚的他怕脚臭让妻子觉得不舒服，就一直穿着拖鞋照顾张艳。

医院门口就是夜市。一个鸭腿，六元钱；两个鸡爪，一个一元五角钱。吃完了这些卤菜，张艳将手机从充电器连接线上拔了下来，这个电话是丈夫为了方便向亲友借钱买的。她拨通了家里的电话，接电话的是公婆两人。

叶士龙的爹娘接到儿媳妇的电话时，孙子孙女都已经睡下了。体力恢复的张艳情绪再度变得激动，她在电话里一直给公婆道歉：“对不起爹娘，是我拖累了整个家庭，将两个小孩子甩给你们。”说到这里，张艳泣不成声，甚至，她还细数了家庭对她的付出。

在铁冲村的公路旁，张艳曾和丈夫一起建起了村里最早的楼房，那还是 2000 年的时候，两层三间门面的楼房。而在去年，这套房子也已经被抵押换得了 7 万元的医药费。如今，一家六口只是寄居在曾经的房子里，如果买家要收房，一家人就只能回到山崂（指很高的山顶）上坍塌的土屋中。

亲戚中能借钱的都已经借了，叶士龙粗算了一下，他和张艳双方的至亲有十多家，每家都借给自己上万元，其中邻屋居住的叔叔一家就出了五万，这几乎是这些家庭所有的积蓄。

“为治病，亲友们都是竭尽全力。”张艳和丈夫都知道这是个无底洞，但夫妻情笃，叶士龙说什么也不愿放弃。在张艳病情缓解的时候，他就去做泥水匠的小工，扛石头做帮工，每天赚 40 元钱。没有活儿时，他就上山找玉竹、蚂蚁精等药材卖，腿上常被蚂蟥吸附饮血，回到家发现时，蚂蟥都有小指头粗了。

年幼的女儿和儿子也很早懂事，11 岁的女儿放学之后就会帮张艳换药，家里偶尔做一点儿好吃的，两个小孩知道妈妈要吃，从来都不动筷子。

张艳接着给自己的娘家人打了电话，她告诉自己的父母，她这些年很知足，丈夫和公婆对自己很好，好多事情都是怪自己的命，但遇到了好人。

听着妻子讲电话，坐在床边的叶士龙早已经泪如雨下。“是我拖累你和孩子。”张艳对丈夫说道。紧接着，她又嘱咐丈夫照顾好孩子，家里的钥匙她收在什么地方。叶士龙摇着头。

张艳之前也说过数次类似的话，但都被他劝住。他告诉妻子，刚刚表弟又借给他一万元钱，让她不要担心钱的问题。事实上，叶士龙每天早上都要往医院账户里打两千五百元钱，而每天晚上去看账面时，又剩不下多少了。

“现在国家的政策也好了”

“你看现在国家的政策也好，我们参加的新农合能报销不少呢！”叶士龙拿出之前在武警医院报销的钱给妻子瞧，试图让她宽心。在武警医院的十天左右的治疗总共花了 17 000 元，最后报销到手 4 000 余元。

张艳患病的第一年是家里花钱最凶的，两口子最后合计了一下，花了近 16 万元钱。由于当时农村合作医疗刚开始，叶士龙和村里的人们都不清楚如何操作，当时看病都没有拿票据，最后几乎没有报销。到现在，乡镇卫生院的报销额度已经达到 63%，县级医院达到 52%。但类似于尿毒症这样的重病，一般都需要到县外的医院治疗，报销额度却只有 39%。

但张艳所用的药品有很大一部分是进口药，医药费中能报销的部分并不高。叶士龙打听到，一起住院的不少城里人报销的标准都接近九成。这些病人常在阳台上下棋打牌，而他却没有那份儿心情。在这里，几乎没有人注意到穿着普通的张艳和丈夫，管床的医生和护士都回忆不起张艳的样子，甚至他们到最后都没能记住或者找到叶士龙的名字。

叶家还有一位“贵人”是县里的干部，他在三年的时间里给了叶家近 5 000 元钱。这位“贵人”是县里的典型，获得过中央级媒体的报道。叶士龙安慰妻子说，会有人帮咱们的，喏，“贵人”最近升职了。

丈夫的安慰让张艳平静了下来。但叶士龙觉得自己的劝说并没有起任何作用，夫妻俩早就明白，在农村患了重病的人多数都是等死。

乡里和张艳一起去省城治病的一个中年人，为了治疗把年幼的女儿都送人了。

而且，张艳早就知晓叶士龙的大哥就是患上尿毒症死去的，患病之初她就对丈夫讲，没希望了。1995 年，哥哥叶士成因为无钱救治，在家里挨了四个月后死去，给这个家庭留下两个幼小的女儿。

在厕所发现了悬挂着的妻子

爱人的病痛让叶士龙一度低沉，念过高中并且是党员的他变得有些迷信。他请人算过命，对方说，2010 年和 2011 年对张艳的病来说是一个坎儿，“迈过去了她能活到 70 岁”。他想等妻子身体恢复一些后，把自己的肾脏捐一个出来做移植手术。“我们都是 A 型血，应该可以移植的。”他心里的这个打算没有跟妻子提过，也没有找医生求证过。

但这却是他心里唯一的希望。晚上九点，妻子躺在床上，不时翻看着手机，想起来一个亲友就发个短信去，不让他看内容，发完后就删除了。约 9 个小时后，他的希望不复存在了。

内心忐忑的叶士龙一直坐在窗前，与妻子并不言语，只见得手机屏幕的光芒在夜里照着妻子的脸，分明而又不真实。陪床的这几年，他养成了晚睡的习惯，就是张艳夜里睡不着绣十字绣，他也陪着。四年里最好的时光，则是回到家和孩子在一起，张艳的文笔很不错，可以教五年级的儿子写他头疼的作文，而自己则可以辅导六年级女儿的数学。儿女学习都很好，得来的奖状贴满了家中堂屋的一面墙壁。

凌晨四点半，这个背负沉重负担的男人终于抵不住困倦，趴在妻子的旁边沉沉睡去。张艳获得了一个避开丈夫看护的机会。

病友孟南香是最后一个看到张艳的人，凌晨五点半左右，她因身体的疼痛醒来。屋内没有任何声响，孟南香不久又再睡去。她看到张艳坐在床边，眼睛长久地盯着睡去的丈夫。

可以想见，之后她取下床头的充电器连接线，借着清晨的微光蹑手蹑脚地走进病房里的厕所。之前的进食帮助她获得了行走的力气。在这个贴着蓝色和白色瓷砖的厕所里，张艳以那条用于“找钱”的手机充电器连接线在厕所墙顶的钢质横杠上结成环形，然后没有声息地将自己缢死。她不能发出任何响声，丈夫就在几米之外的地方睡着。

11 月 10 日早晨六点三十分左右，醒来的叶士龙发现被窝里已经没有妻子的踪影。他焦急地查看了阳台和走廊，最后在厕所发现了悬挂着的尚有余温的妻子。

这天早晨，整层楼里的医生、护士和病人都听见了一个中年男人的号啕。

不存在的村庄

雷　磊

一纸户籍将云南开远的六千多人屏蔽于时代之外：他们没法儿去银行存钱，没法儿旅行，没法儿考学，没法儿打工，甚至不能合法结婚。当地政府已试图扶持这个被遗忘的人群的贫困生活，但户籍在未来仍将会把这群人锁定在山坳里。

也许，62 岁的侯志强还得再“死”一次，这样他的八儿子便能以“孤儿”的身份、花费较低成本拥有一张身份证并顺利结婚。

侯志强居住在开远市往西不到 10 公里的西山一个叫马头坡的村子里，事实上，并不存在马头坡这个村庄。即使在当地最新版本的行政地图上，它也被标记为荒芜的山坡，虽然这里住着 117 户人家，597 人。

1980 年，当侯志强和妻子带着四个孩子来到开远城外西山上的这块坡地时，这里还是飞鸟和走兽的领地，高大的树木和藤蔓植物遮天蔽日。他砍下竹木和藤条，割来田野里的茅草，搭建起勉强遮风挡雨的房屋，把家安在了这里。

之后的数十年里，坡上搬来了上百户人家，文山的、蒙自的，甚至还有贵州的人搬来。鸡犬之声相闻，村落渐渐有了规模，西山上茂密的树木消失了，成为房屋或者消失于炉灶。

“老家那边土冷，长不出庄稼，不得吃嘞。”侯志强的老家就在开远市旁边的屏边县，当时的饥饿对他来说刻骨铭心。堂屋里，儿孙们掰完玉米休息了，他会佝偻着把灰土中洒落的玉米籽一粒粒抠出来，放进口袋。他对故土并没有依恋，印象也仅停留在“山高土浅石头多”上，广种薄收。

侯志强到现在仍然在自己反复摩挲过的泥土中劳作。牛车里，新收的玉米颗粒饱满，丰腴的黄色如同马头坡的泥土一样。时间和劳作侵蚀着他的呼吸，一阵剧烈的咳嗽后，他的灰土面色如同牛车上装着玉米的旧竹筐，让人察觉到他经受一生的雨水。

侯志强和村民们到后来才知道，大家居住的马头坡归云南省开远市灵泉办事处三台铺行政村管辖。但他们并不是这里的村民，准确来说，他们不属于任何行政单位，“也不能算作人民”。

他们被称作“黑人黑户”。在开远这个人口 30 万左右的县级市，像侯志强这样的“黑人黑户”登记的就有 1 300 余户，总人数超过 6 500。他们分布在开远市 8 个山区的村庄，共 74 个居住点。马头坡在侯志强等数十户人家迁入后，算是其中比较大的一个居住点。

这些“黑人黑户”在正式的文件中被称作“自发移民”。开远市自发移民调查工作领导小组办公室副主任王金学调查后发现，这一群体在遇到调查时“戒备心强，或者干脆躲起来”，真实人数估计超过 1 万。

“我倒是没几年活头了，关键是孩子们活得没有盼头。”这些年，侯志强和村里的老人不再为找到一片可以让他们吃饱饭的土地感到骄傲，相比于坡地上刀耕火种的劳作，为儿女身份问题的心焦正使得他们迅速老去，而且他们所盼望的事情似乎毫无起色。没有户口，儿女们将无法考学、打工，也不能合法地结婚，即使男女组成家庭有了小孩，也只能是“黑二代”。

马头坡更像是一个孤岛，令侯志强的小儿子杨春华（侯志强随养父姓，儿辈按风俗认祖归宗姓杨）常常感到孤独，周围村庄的年轻人去广东打工，挣钱盖起了房子，而他却被困在这里动弹不得。

流浪“佃农”

家里耕种着近 50 亩土地，再也没有饿肚子的恐惧。这是侯志强脸上总有笑容的原因。

1959 年，侯志强的养父因生计投靠住在开远市石洞村的妹妹，当时只有 10 岁的他也跟随养父来到开远。不久后，全家就加入了石洞村的人民公社，参加公社的劳动，在食堂里吃饭。相比于之前生活过的屏边县，还是小孩子的他觉得开远好多了，“可以多吃一碗饭”。

歧视是在公社年尾分粮食的时候他意识到的。侯志强发现自己只分得了“几捧玉米籽”，而跟他年纪相仿的当地社员却可以分得一蛇皮袋。他去找大队的干部才知道，当地的青壮年男社员干一天活记“一个工”，而他由于是外来人员，只记“六分工”。

他想到在这里毕竟不会太饿，就不再计较了。大队里面有大会也会叫上他去参加，他觉得自己得到了接纳。结婚后，家里连续添了小孩，情况变得糟糕起来。1976 年，侯志强的一双儿女“抽筋”死了，因为营养不良。

“三岁的儿子和三个月大的女儿，同一天死的。”说完老人顿了一下，喉头陡然收紧，仿佛用了很大的力气。久远的悲伤被记忆捕捉，突然爬上皱纹密布的嘴角。

1977 年，开远等地开始清查人口，侯志强和不少自发移民被强令搬回屏边居住。他不想走，当时政府的工作人员就把他的茅草房扒开了。侯志强与 9 户人家结伴，背着大铁锅和碗筷回到了屏边，“那是全部的家当”。

在屏边住了三年，1980 年，实在生存不下的他又回到了开远。他说在路上吃野菜充饥，就是为了到开远。是年，他来到了马头坡，和陆续到来的人们在这山坡上生息。

当时，马头坡所在的三台铺已经实行“土地下户”了，侯志强这些新来者必须要租种当地农民的土地。“租一亩开始给户主 30 斤左右的玉米，后来就是给钱。”当时不少村民都自嘲是“交租子的佃户”，心里都忍不住地乐，他们还开垦了大片的荒山，村民常为争土地吵得不可开交。马头坡进入了一段最有生气的时间。

“时代毕竟在变啊！”这是马头坡的老人们最爱感叹的一句话。山下的城市出现了工厂，人们通过远行的人了解到“广东”是一个极为繁华、遍地金钱的地方。年轻人开始蠢蠢欲动，原有的宁静平衡逐渐瓦解了。但马头坡人很快发现，他们哪儿也去不了，他们去昆明想坐火车到外面，却因为没有身份证而作罢。

渐渐地，村民沮丧地发现他们住的村子也比邻近的地方“差远啦”，没有学校、没有公路、没有水窖、没有电、没有合作医疗，也没有种地的补贴，而周边的三台铺、德果、老邓耳、石岗等村庄都有了。

惠农政策给这些有建制的村落带来了好处，诸多扶助滋润到了每一个农民的头上。

甚至村民有了余钱也不能存到信用合作社。前几年，村里一户人家的茅草房失火，烧掉了十余年积攒的数千元钱，看着一切化为乌有，一家人只能坐在一起号啕大哭。

马头坡被遗忘了，他们没有户口，没有“组织”。

在吃饱饭后，户口却扼住了马头坡村的咽喉。侯志强和其他父母因为给子女“跑户口”，每年都要去好几趟户籍部门，但这么多年都是无功而返。他们不明白，就是往电脑里“输一段号码”的事情，为什么就这么难？跑来跑去，这些老实的农民也不知道自己是谁了，后来户籍警总是跟他们说“你们也没户口，子女办不了”。

岁数上去了，侯志强心里空落落的，越来越怀念 2001 年农业税免除之前的日子。在那之前，村里每个人都要上交 7 公斤“公粮”，每户还必须缴纳 4 元钱的“优待抚恤费”及 10 元左右的“教育附加费”。政府的工作人员会收起这些钱款，并登记每户的缴纳额度。在当时，大部分家庭的年收入都仅有数百元，缴纳这些费用并不轻松。

“当时国家是记得我们的啊。”老汉的语气中有些委屈。

没有年轮的村庄

被问到女儿的出生年月，眼前的李绍林慌了神。46 岁的他有 9 个孩子，他只记得女儿李美珍 10 岁左右。

他住在侯志强家旁边，两家因为都有 9 个儿女，被村人看成“多福”之家。但事实上，李绍林的家就只是一间低矮的石棉瓦房，墙壁是用竹子和木板编成的，目前他与妻子和 9 个 2~13 岁的孩子住在一起，“下雨就会飘到屋中”。

像李绍林这样记不住孩子出生年月的人很多，甚至很多年轻人都说不清自己是在哪一年结婚的。老人们笑着说，记得那么清楚有什么用，只要记得“和村长的二娃娃是一年的”就可以啦！

多数家庭都没有电视机，村里也没有任何会议或者政策宣讲。这个离开远城 15 分钟路程的山村，对时间已经变得不再敏感。

甚至，马头坡各户人家的墙壁也显得“干净”，没有标语，道路上也没有横幅。当然，村里有 4 户人家都还住在茅草房里，斑驳的泥土墙壁根本染不上油漆。由于村民是“黑人黑户”，无法管理，超生成为普遍现象，几乎家家孩子都有 4 个以上。今年大旱，李绍林耕种的数十亩土地仅能收获 4 吨玉米，虽不用纳税，但交完租金，粮食也剩得不多了，需要养活 9 个孩子的他不知道明年怎么过。

“村里不能这么下去了！”有着初中文化的杨有林意识到，如果没有教育，马头坡就彻底完蛋了。1991 年，全村的村民用黄泥土筑起墙壁盖了一间房子作为村里的小学，杨有林就成了村里的第一个老师。侯志强把儿子杨春明送到了学校，他后来成为马头坡的第一个中专生。

当时，马头坡村民借着帮助林业部门看护山林讲条件，由当地林业部门出钱购买学生的课本。而作为老师，杨有林的酬劳则是每户不论家里有几个孩子，每年给他 20 斤玉米和半斤煤油。第一届学生包含了村里 6~14 岁的孩子，总计 50 多人，附近村庄不少“黑户”也把孩子送到了这里。

另一方面，村里关于土地的纠纷越来越多，村民想要选出一个“村长”方便调解矛盾，另外帮助村民争取“政策”。现任“村长”刘忠祥是2007年7月31日通过村里百余户家庭的户主用玉米籽“投票”产生的。当时他获得的玉米籽最多，就成了新一任“村长”。

刘忠祥说马头坡的“村长”都是“只管事，不收钱”的，他不接收上级村委会的薪水，也从不向村民收取辛苦费。在前任“村长”的争取下，2004年村里通了电，但用电价是每度0.55元，而一般农村用电每度仅0.402元，另外每户还得给村里电工每月1元的补贴。村民还自己动手修起了水塘。

但这种改变还是非常缓慢，村民们靠微薄的力量根本无法跟上其他附近村庄的步伐。由于户口问题，杨有林发现绝大部分学生在读完村小之后就辍学回家了，上到初中的几乎没有，在任教8年后，村小解散了。由于没有自来水系统，村民目前的生活用水都必须从城里购买拉回坡上，一桶1.5元。

“村里要推广经济作物，也会发种子给马头坡的住户，但效果不大。”三台铺村委会主任熊正义介绍说，村里也会尽量帮助这些“黑户”解决子女上学的问题，但在力量上仍然捉襟见肘。

2010年，马头坡所在的三台铺村农民人均纯收入达4 400元左右，而马头坡村民中不少家庭的年总收入还不足千元。

牛粪和草上面放着课本

现在的马头坡上，最漂亮的房子就属澳门慈善人士在2008年建立的道明小学了。这个小学只有一、三、四这三个年级，总计 78 名学生，没有户口的孩子超过三分之二。因为人数不足停招，二年级就缺失了。

在这所学校读书，家长不用缴纳任何学杂费，现在村里面的孩子都会在这里完成启蒙。学校两层小楼粉红色的墙体看起来温馨异常，而在楼下玩耍的孩子们多数却衣衫褴褛。李美珍 13 岁的哥哥李光亮已经从学校辍学回家放牛，她和两个弟弟目前仍然在学校里读书。

从建校开始就在村里任教的王海芬特别心疼李美珍，这个小女孩学习成绩不错，懂事勤劳。她每天下午回到家还需要给四个弟弟烧火做饭，而且需要给村里的一个留守老人做饭，获得很少的酬劳贴补家用。小美珍才 9 岁。

小美珍之前曾退学，王海芬到家里做了家访，她才又回到学校，虽然成绩很好，但在四年级辍学已成必然。她的两个姐姐已经在很小的年龄嫁人了，目前家里需要她照顾弟弟。王老师说，村里女孩子十一二岁嫁人很平常，她教过一个叫刘芳梅的女孩子，四年级辍学回家，不到半学期，就嫁到了外面的村庄。

“他们的父母没有认识到教育的重要性，也没有那个能力。”王海芬痛心地说。就是家长有意愿，学生们也最多读到初中。没有户口的孩子无法参加中高考，也不能享受义务教育阶段的费用减免。这些年她在村里走访发现，马头坡村只有一个人读到了高中以上。

曾经是民办学校老师的杨有林，一直希望能把孩子送入大学，三个正在读书的孩子学习成绩都很优异，孩子们的奖状都被他用塑料袋保存了起来，一层又一层。家里条件有限，五个孩子只能和牛住在一间屋子里。午后的光线穿过房顶的缝隙，照射出屋内悬浮的灰尘颗粒，扑鼻的气味让人不能呼吸，孩子们的床就和牛的草窝在一起，床沿前都是牛粪和草，上面整齐地放着一小叠课本。

上初中的大儿子会经常意识到自己是没有户口的孩子，感到不自在。有时候，谈到能不能继续上学的问题，父子只能围坐着默默地淌泪。对于未来，杨有林不敢想象，“就怕孩子们恨我”。

缺乏教育的危险已经近在眼前，刘忠祥说，2010 年村里就有三个小青年在开远城里“抢钱”，被公安机关拘捕了。这些孩子几乎没有任何身份登记。

李绍林的儿子在去开远城之后消失了，由于没有户口也没法儿报案，他只是听人说孩子被拐进了传销组织。遇到村里人打听他儿子的下落，他都会忽然噙着泪说“在桂林”。

“父母双亡”求户籍

在侯志强的大家庭里，第七个儿子杨春明一直是家里的骄傲，他是马头坡第一个中专生。如今他在开远的一家企业工作，穿着洁白的运动衫和球鞋，干净清爽。27 岁的他说自己奋斗了这么多年，就是想住在城里。

本来没有户口本，他不能参加中考，求学心急的他和父亲就只能去求户籍部门，开远警方给发放了一个暂住证。凭着这个证件号，他参加了 2001 年的中考，并以 524 分的成绩考取了云南广播电视大学小学师资班（大专），他觉得自己的教师梦近在咫尺。

可是没有户口及身份证，学校根本不接纳他，侯志强带着他四处求告，没有效果。后来经别人介绍，他去昆明推拿职业学校读了中专，这里没有查他的身份证。毕业后，拿着中专学历证书的他胆气大了，直接去了公安局申诉户口问题，当时公安机关给他特批了一张身份证。

而他的哥哥们却没有这样的好运了，每到结婚的年纪，“家里都需要卖了牛和拖拉机”，才能缴清帮他们办理户口的“社会抚养费”。由于开远市不接纳，他们只能回屏边县去办理身份证，而回到开远，他们仍然是在异地居住的“黑人黑户”。

后来，户籍管理进一步严格，必须出示父母的身份证明，才能办理子女的户口。2007 年，杨春明的哥哥杨春云要结婚，拿着 3 000 元回去屏边办户口。户籍机关坚持要杨春云拿着父亲侯志强和母亲的身份证去办，这意味着办一个户口的成本将高达万元，就是搭上家庭全部积蓄也不够。在之前几个儿子结婚时，侯志强的家庭已经数次倾尽所有了。

杨春明灵机一动说，杨春云可以谎称“父母双亡”以规避高额的“社会抚养费”。他让哥哥以他的名字办理身份证，这样杨春云“结完婚不用身份证了”，他也可以拿着用了，因为他之前获得的身份证遗失了。

户口办了下来，全家欢庆，侯志强和老伴儿也很开心，家里省了好几千元钱。杨春明觉得心里堵得慌，父母生下了自己，而现在他为了“证明”自己的身份，却要说父母都死去了。

现在最让侯志强操心的就是老八杨春华了。这个 22 岁的小伙子，“上学没认识一个字”就回到了家里帮做农活，劳作的双手布满了皲裂的黑色细纹，沉默寡言的他几乎从不表达自己。

每天做完农活，他都会用洗衣粉将头发洗一次，梳理成中分的样子。然后，悄无声息地换上从城里买来的潮流服装，在衣柜上镶着的镜子前照了又照，衣柜已经被熏得漆黑了。这是他一天中最为休闲的时刻，坐在门前的土堆上，看着山下城中的路灯亮成一排排，霓虹闪烁。

他说自己去过城里的网吧四次，因为没有身份证，他没能上机去玩这里的年轻人最爱的“劲舞”游戏。“朋友玩，我就站在边上看。”他语气中恍若有些失落。

在今年传统的花山节上，杨春华认识了一个 18 岁的开远姑娘，他害羞地说已经在谈婚论嫁了。这让年迈的侯志强觉得又喜又惧，能亲眼看到儿子们成家是他的福气，他并不忌讳“再死一次”。只是“上户口”需要的数千元费用，会让这个家再度回到贫困。

三台铺村委会主任熊正义也对辖区内的这个马头坡感到头疼，虽然村委会无权管辖马头坡的住户，“但事情来了也分不清楚”。

2011 年 8 月 16 日，开远市出台了一个自发移民管理实施方案，对他们实行一些扶持政策。“住户都来自周边各个县市，户口的问题在开远是解决不了的，需要省里或者红河州做出安排。”常年帮村民跑户口问题的熊正义觉得“落户”太棘手了。

马云的湖畔花园 16 幢 1 单元 202 室

迟宇宙

1999 年夏，朱鸿与陈航差一点儿相遇。最终的选择使他们擦肩而过，也使他们错失了成为阿里巴巴创始人的机会。

他们最终相逢，要等到 14 年后，那时候他不再被称为朱鸿，而是被叫作“一粟”；他也不再被喊作陈航，而是被叫成“无招”，或者“招桑”。

他们握握手，往事、现实和未来就会一股脑地出现在面前。他们曾经经历的、错失的故事，如今正在重演。

这一次，他们决定紧紧抓住，像抓住一根救命稻草一样抓住未来。

壹

1999 年夏，浙江大学的朱鸿本科还没毕业，就保送读了研究生，因此他整个夏天都无事可干。偶然的一个机会，他认识了一位叫戴珊的姑娘。戴珊在一家小互联网公司工作。朱鸿对互联网很有兴趣。

戴珊问朱鸿会不会编程，朱鸿说：“肯定会啊。”认识了一周后，戴珊便约他到公司看看，面试一下，兼个职，顺便打发一下这个无聊的夏天。

朱鸿来到湖畔花园。那是杭州最早的商品房小区，周边尚未开发，不是平房就是荒地。他找到风荷园 16 幢 1 单元 202 室，敲敲门。门开了，他被迎了进去。

一个叫吴泳铭的人跟他聊了一会儿，谈了些编程的事。过了片刻，有个长得怪怪的人过来。他上来就问朱鸿都做过些什么，朱鸿说他给学生联合会做了网站，还做了一个可以给老师、学生发信息找家教活儿的网站。

那个人一听到“学生联合会”，兴趣就来了。他让朱鸿给他稍微详细地讲了下那个网站，也给朱鸿讲了他们正在做的事。末了，那个人说：“你第二天可以来上班了。”

那个怪怪的人叫马云，以前在大学做过学生联合会主席，如今正在进行自己的第四次创业。前三次创业，第一次是做海博翻译社，第二次做的是“中国黄页”，第三次是国富通。这三次创业都被他定义为“失败”，尽管海博翻译社和国富通如今依旧存在。

这一次创业，马云创办的公司叫阿里巴巴。

贰

马云长相有点儿怪异，像个“外星人”。他 1964 年出生在杭州一个中等家庭，成年后连续三次高考，并没有考上梦寐以求的北京大学，最终因为英语成绩好及命运的青睐，去了杭州师范学院英语系读书。

1988 年，马云大学毕业，被分配到杭州电子工业学院做英语及国际贸易讲师。他很快成为杭州优秀青年教师，还发起了西湖边上第一个英语角，在杭州翻译界赢得了不小的名气。

马云在 1992 年成立了海博翻译社。

1995 年，“可能是杭州英语最棒的”马云受浙江省交通厅委托到美国催讨一笔债务。钱没要回来，人也差点儿撂在那儿。不过他却有了其他收获——在西雅图，马云第一次接触了互联网。

回国之后，马云决定辞职干 Internet（互联网）。他找了 24 个朋友聊互联网，谈创业，23 人反对，只有一个人鼓励他“试试看”。

马云凑了两万元钱，创办了海博网络公司，产品叫“中国黄页”，为中国企业制作互联网主页。

1996 年，李琪加盟海博网络，成为事实上的 CTO。马云意气风发，准备大干一场。他们有了自己的网站和服务器，开始成为行业翘楚。然后……

“中国黄页”的故事，充斥着被羞辱的失败，如今人们已经耳熟能详。马云推销“中国黄页”被当作“骗子”的故事、被羞辱的视频，业已占据了互联网的各处。

当阿里巴巴进入全球最大的互联网公司之列后，它们是可供咀嚼的谈资，然而在 1995 年和 1996 年，对一位执意提前进入未来的年轻人来说，这却是一种巨大的折磨。

“中国黄页”失败之后，马云没蛰伏多久，便获得了一个空前的机会。他在 1997 年冬天受邀北上，组建了外经贸部（对外贸易经济合作部）下属的国富通信息技术发展有限公司。张瑛、孙彤宇、吴泳铭、盛一飞、麻长炜、楼文胜、谢世煌、彭蕾、韩敏、蒋芳、戴珊和周悦虹随他“北伐”。李琪选择留在杭州。

国富通最终也成为一个并不美好的故事，又一次因为理念分歧，终至分道扬镳。它构成了马云的第二次互联网创业的失败之书。

最大的分歧在于，外经贸部希望国富通能够为大型国有企业服务，而马云希望能够通过电子商务支持中小企业发展。他希望国富通是开放的。

1998 年年底，分歧无法调和。马云要回杭州，他跟团队摊牌。

“你们要是跟我回家二次创业，工资只有 500 元，不许打的，办公就在我家那 150 平方米里，做什么还不清楚，我只知道我要做一个全世界最大的商人网站。如何抉择，我给你们三天时间考虑。”

大家根本没想三天，一致决定跟马云一起回杭州创业。他们相信马云的话，也意识到做电子商务是未来。

离开北京之前，他们一起去爬了长城，还一起在一个小酒馆里喝了二锅头，唱了《真心英雄》。他们知道，此番回去，他们要彻底与往事干杯，与未来赌一把了。

叁

张瑛和蒋芳她们先回杭州。1998 年 12 月 24 日，平安夜那天早上她们抵达了杭州。

他们怕把国富通“搞瘫”了，就分批回杭州。接下来是马云他们。吴泳铭几个是除夕前才回的。正值春运，票不好买。

他们坐了 16 个钟头的火车，天亮到了杭州。他们到湖畔花园风荷园 16 幢 1 单元 202 室时，已经有五六个人在那儿办公了。

湖畔花园风荷园 16 幢 1 单元 202 室是马云稍早前买的房子。当时他炒股赚了点儿钱，就买下了它。房子四室两厅，150 平方米。湖畔花园的项目经理叫宋卫平，他后来创立了绿城集团，也是杭州城里的传奇人物。

此时马云麾下已经有了 15 个人，加上其后没多久加盟的饶彤彤、金媛影、蔡崇信，一共 18 个人，他们后来被定义为阿里巴巴的"十八罗汉"（按照工号排序）：马云、张瑛、孙彤宇、吴泳铭、盛一飞、楼文胜、彭蕾、麻长炜、韩敏、谢世煌、戴珊、金建杭、蒋芳、周悦虹、师昱峰、饶彤彤、金媛影、蔡崇信。

吴泳铭被称为"吴妈"。他们在北京做国富通的时候，分成几个宿舍，每个宿舍有个"妈"。盛一飞的那个宿舍，叫盛一飞"盛妈"。

吴妈说，他们在湖畔花园小聚之后，就各自回家过年了。过完年后，他们开了一次会，如今网上到处都是那次会议的视频。马云在会上跟大家讲，他们后面要做什么，要做成什么样的公司。

那是 1999 年 2 月 20 日，大年初五。大部分人席地而坐，马云站在中间讲了整整两个小时。彭蕾后来回忆说："几乎都是他在讲，说我们要做一个中国人创办的世界上最伟大的互联网公司，张牙舞爪的，我们就坐在一边，偷偷翻白眼。"她对马云的大话"既茫然，也没太大兴趣"。

彭蕾现在主掌蚂蚁金服，蚂蚁金服是目前全球最大的未上市公司之一，估值超过 750 亿美元。

朱鸿在那个夏天走进湖畔花园时，公司里有一个浙工大的研究生。他已经工作了一个礼拜。又过了一个礼拜，他走了。他走的时候，谢世煌跟他说："你错过了一个很好的机会。你本来可以成为中国的比尔·盖茨，结果你错过了一个很好的机会。"

那时候，阿里巴巴的技术团队中都是本科生，浙工大的硕士，技术水平超过大家一大截。如果一切顺利，他很有可能成为阿里巴巴的 CTO，依照阿里巴巴今天的市值，他虽然无法成为比尔·盖茨，却也可能成就拥有百亿美元财富的技术神话。"在那个阶段，他的能力会更强一点儿，他可能没有想到这个公司未来会变得这么大。"朱鸿说。

饶彤彤坚持了下来，他是个香港小伙子，英文名 Tony（托尼），当时只有 20 岁，却已经是香港的 IT 高手。Tony 的父亲跟马云是朋友，介绍他到阿里巴巴应聘。

有一本书曾经写道，马云一见 Tony 就开口说："每月工资 500 元。"Tony 一惊："这钱还不够我给加拿大女朋友打电话的。"马云掉头就走。待 Tony 与阿里巴巴的几个同行谈过之后，他又找到马云："我还是在这儿干吧。"

Tony 如今拥有阿里巴巴第 17 号工号。

蔡崇信在阿里的工号是 19 号。

朱鸿记得他到湖畔花园没多久，公司成员就一起聚会，迎接一位新人加盟。这位新人就是蔡崇信。

关于蔡崇信的加盟，坊间有很多传说。无论外界是否对其进行了渲染，但就蔡崇信在 1999 年的选择，就足以构成一个传奇了。

肆

1999 年夏，湖畔花园风荷园 16 幢 1 单元 202 室来了一个投资人。蒋芳也没觉得那个人有什么特别之处，他跟其他人一样，穿衬衫，“不像我们穿 T 恤、拖鞋”。

那一天是周四，小区停电了，大家没法儿用电脑。那个人说，我给你们讲讲股权设计吧。他在小黑板上给他们讲股权设计、股权稀释，他们也听不懂。

蒋芳只看到那个人衬衫背后湿了一大片。“那时候我有一种感受特别深，我觉得他好可怜啊，我们其实是最可怜的，都没觉得自己可怜，还可怜人家有钱的。”

这个人叫蔡崇信。

1999 年年初，阿里巴巴创办，向很多投资者举起了“非诚勿扰”的牌子。传说马云拒绝了 38 个投资人，事实是他被拒绝了 38 次。

瑞典的 Investor AB（银瑞达）集团对阿里巴巴产生了兴趣，他们派蔡崇信出马。蔡时任 Investor AB 集团亚洲区总裁。他经人介绍与马云见了面。他后来回忆说：

> 我跟马云一交流，就觉得特别投缘，对阿里巴巴的欣赏完全超出了一个投资者的身份。于是就向马云毛遂自荐：“那边我不干了，我一定要到阿里巴巴来。”
>
> 尽管阿里巴巴正悄悄地把筹建公司摆上议事日程，急需懂法务又懂财务的专业人士，但马云听完还是吓了一大跳：“我这里每

月可就 500 元工资，还是人民币，你再考虑考虑吧。”可不到一个月，我还是到阿里巴巴来上班了。

当时的阿里巴巴特别吸引我的，第一是马云的个人魅力，第二是阿里巴巴有一个很强的团队。第一次在湖畔花园见面的时候，当时阿里巴巴只有十六个人。第一感觉是马云领导能力很强，团队相当有凝聚力，这是一种独特的气场。

1999 年 7 月，我正式成为阿里巴巴 CFO（首席财务官）。

创业初期的粗放式管理，已经不适合步入正轨阶段的阿里巴巴。我开始着手准备公司注册审批工作，并为十八个创始人各自编制了一份英文合同，详细明确了股权和义务。大家拿着合同都傻眼了，即使能看懂合同里的英文，也看不懂合同里的法律和财务方面的专业术语。但看到马云二话没说，提笔就签了，大家也毫不犹豫都签了。

从公司成立的那一天起，我的想法就是阿里巴巴一定要成为在财务方面透明，可以放到阳光下的公司。所以尽管公司还在创业初期，我们每年都会请 PWC（普华永道）来给我们做审计。[①]

蒋芳他们当时都觉得蔡崇信太冲动了，大家都劝他走，怕害了他。他死活不走。“他就觉得他很看好。”他们后来以为蔡崇信会自己离开。“他原来的公司多牛啊，”蒋芳说，“怎么可能跟我们混在一起？”

“你说弄来一个外国人，到最后把时间、钱、精力都搭进来，别到

---

① 出自《阿里味儿·故事》，第 23 页。出品：阿里巴巴集团；主编：曾飞。

时候让他觉得吃亏啊。因为我们不计较，我们又不认识他，和他不熟，所以那时候我们就劝他，别冲动。但是他最后自己坚持了。我们那时候的想法就是：这么坚持，要不让他试试，他自己会放弃的。所以我也蛮佩服蔡崇信的，我也搞不懂，他看上我们啥了。”

蔡崇信一试就是 18 年。他后来被称为“马云背后的男人”。他的加盟，使阿里巴巴从一开始就拥有了全球顶级互联网公司的基因。

伍

马云带着一队人马在北京做国富通的时候，李琪在杭州也没闲着。他创办了伟业（杭州）网络信息技术有限公司。

“重读”在一篇文章中说：“伟业的主要业务是网络传真。其时向海外发传真得花大约 27 元，如果通过伟业的服务器发送‘互联网传真’，则只需 7 元。”

李毕业于中山大学计算机系，以技术见长。李琪的团队中包括俞朝翎、雷雁群、方永新和陆兆禧。他们的名字后来都在阿里巴巴历史上留下了很深的刻痕，陆曾出任马云之后阿里巴巴集团的第二任 CEO，方永新则是目前阿里巴巴“级别最低的合伙人”。

马云与李琪合作过，知道李琪的技术实力。他和孙彤宇不停地拜访李琪，试图说服李琪加盟。李琪不松口。马云就想到收购。这是阿里巴巴历史上的第一桩并购，马云得到了李琪，还得到了一支叫“中供”的队伍。2014 年，蔡崇信告诉媒体：“那是阿里巴巴开展的首次收购，或许也是我们最成功的一次收购。”

陈航在阿里巴巴收购伟业之前离开。

他选择了去日本。

等他再次靠近阿里巴巴，已是十年之后。

陆

湖畔花园的岁月对吴妈来说，刻骨铭心。那里是他年轻的记忆，某种见证，一条生命的线索。

有整整半年的时间，他们都懵懵懂懂的。大家感受不到 eBay（亿贝）的竞争，也感受不到方向。他们只是早上来到公司，晚上很晚回到出租屋，每天在那儿瞎忙活。当时他与狮子（师昱峰）、宝宝（周悦虹）负责技术，几个女生负责网站编辑。

整个 202 室就像一个网吧，硕大的电脑排成一排，大家坐在那儿。电脑桌是张瑛跟蒋芳去二手货市场买的，电脑是周悦虹去电脑市场攒的机器。懂行的人攒出的机器，配置好，还便宜。

蒋芳说："就这样，一点点地，电脑也放到桌子上，也在电信申请了拨号上网，然后我们就开始工作了。"

房间里烟雾缭绕，还弥漫着汗臭和脚臭。

阿里味儿。

韩敏曾经回忆说："每天早上打开门，就见地上横七竖八的都是人，要小心绕过去才行。"

谢世煌说："湖畔花园里有一个小会议室，可以打地铺，那时睡办公室的时间不比睡出租房少。"

师昱峰也说过："那时工作的确很辛苦。这帮女孩很吵，为了避免和女孩发生冲突，我们几个工程师关在一间小屋里，把工作时间调到晚上 10 点到凌晨 4 点，这时办公室里很安静。时常工作得太晚了，倒地就睡，就不回家了。"

有一天早上，吴妈、狮子和宝宝加班赶一个项目，凌晨三四点上线发布了。吴妈说，这时候大家反正蛮清醒的，过了睡觉的时候，不如去西湖边吃个早餐吧？他们三个就跑了出去，等到天亮吃了个早餐。那时候正好流行背背佳的广告，广告称其能矫正坐姿。他们想，我们平时坐的时间比较长，要不买件背背佳回去？于是他们在新华书店门口等到开门，一人抱了一件背背佳往回走。

回去的时候，马云他们都在那儿。上线的项目出了故障，三个工程师全"失踪"了，那时候他们又没手机，联系不上，心里就发慌。吴妈不知道马云心急火燎，他们也不知道，已经有人提议要报警了。

马云他们与未来的赌博收到了成效。1999 年 3 月 10 日，公司尚未注册，阿里巴巴网站便正式推出上线了。从零信息、零会员起步，到 1999 年 5 月 1 日，阿里巴巴中英文网站注册会员分别突破 1 万名，会员总数超过 2 万人。

1999 年 7 月 9 日，阿里巴巴中国控股有限公司在香港注册成立时，会员已经达到 3.8 万名，页面浏览量每天 12.5 万次；9 月 9 日，阿里巴巴（杭州）研究发展中心正式注册成立，阿里巴巴会员突破 8 万名，库存买卖信息达 20 万条，每天新增信息 800 条。

2000 年 2 月 20 日的员工大会上，马云为阿里巴巴设计的 B2B[①] 模式正在呈现其旺盛的生命力。江浙中小企业内生的旺盛需求开始迸发，慢慢辐射到整个中国，然后开始延伸至世界的各个角落。

《亚洲华尔街日报》开始关注阿里巴巴："没日没夜地工作，屋子的地上有一个睡袋，谁累了就钻进去睡一会儿。"《福布斯》也写道："20 个客户服务人员挤在客厅里办公，马云和财务及市场人员在其中一间卧室，25 个网站维护人员及其他人员在另一间卧室。……像所有好的创业家一样，马云知道怎样用有限的种子资金坚持更长的时间。"

更关注阿里巴巴的，还有大钱。1999 年 10 月，阿里巴巴获得了高盛的 500 万美元投资。2000 年 1 月，软银的孙正义用 2 000 万美元换得了阿里巴巴 36.7% 的股权。

阿里巴巴有钱了。

"有了钱之后，我们就陆陆续续开始招聘一些人。"吴妈说。他们先是在湖畔花园租房子，后来在湖畔花园租的房子实在承受不了那么多人了，他们就搬到了文三路 477 号华星科技大厦九楼。

阿里巴巴那时候还获得了另外的关注。2001 年 1 月 29 日，时任浙江省委书记张德江与时任杭州市委书记王国平来到湖畔花园的这套小房子。

张德江在参观完后问马云："你希望这个公司将来做到多大？"

马云说："我希望它会是一家市值 5 亿到 50 亿美元的公司。"

王国平赶紧出来打圆场："张书记，小马可能说的是他要把公司做

---

① B2B 也写作 BTB，是 Business-to-Business 的缩写，它是指企业与企业之间通过专用网络或因特网进行数据信息的交换、传递，开展交易活动。——编者注

成 5 亿到 50 亿人民币的公司。”

马云停了一下，还是坚定地说：“不，我说的是 5 亿到 50 亿美元的公司。”

马云后来回忆说，他看到王国平点了下头。两位书记的随员当中，很多人的脸上都呈现了想笑又忍住的神色。

2009 年 9 月，阿里巴巴已经成为一家大公司了。王国平参加第六届网商大会，他在演讲中说：“当时马云有一个梦想，就是要让阿里巴巴在 10 年内成为市值 50 亿美元的大企业。那时极少有人相信他，但浙江和杭州相信了他。10 年后，阿里巴巴一跃成为市值几百亿美元的世界级大企业，马云的梦想也成为现实。”

朱鸿跟着吴妈他们到了华星科技大厦。他一边读研究生，一边为阿里巴巴写代码。他做了个“以商会友”栏目，从设计、改版，到改造整个架构，花了一个多月，然后重新做出来上线。直到 2002 年离开阿里巴巴到美国去留学，朱鸿一直负责这个项目的维护。

朱鸿导师的公司在华星三楼，叫浙大中控。“我白天在三楼，晚上在九楼，因为阿里巴巴在九楼。白天在导师公司吃饭，晚上在阿里巴巴吃饭。”朱鸿说。他的这种状态持续了两年多，直到今天，他的导师都不知道那段时间，朱鸿每天都在华星的电梯里上上下下。

朱鸿到了美国后，还在给阿里巴巴做一些项目，其中有一个是税务局的项目。项目完成后，他还维护了一段时间的一些功能开发。然后，他们之间的联络慢慢淡了下来。

此时的阿里巴巴，马云正在筹划着搞个大动作。

柒

2003 年 4 月 9 日，马云把蔡景现叫到办公室。他问蔡：“有个秘密的项目你要不要去参加？”

蔡说：“是不是还是写代码呢？”

马云说：“是写代码。”

蔡说：“没问题。”

第二天，蔡景现就去湖畔花园报到了。

他们是一个小团体，有马云、马云的秘书、孙彤宇、师昱峰、麻长炜、叶枫等人。

这个项目叫“淘宝”，是叶枫起的名字。有了淘宝，阿里巴巴人就有了花名，马云是风清扬，孙彤宇是财神，师昱峰是虚竹，麻长炜是二当家，叶枫是阿珂。

蔡景现的淘宝工号是 10 号。他也有了自己的花名，叫“多隆”。在阿里巴巴，多隆是神一样的存在，被形容为阿里的“扫地僧”。互联网论坛上到处都有他的故事，阿里内网中他的标签充溢着“神”“大神”“扫地僧”这样的评价。“我就是一个写代码的，很普通。”多隆说。

在多隆加入这个秘密团体之前，这个团体已经进行过多次讨论。因为他们的项目会跟 eBay 有贴身战，所以他们实施了最高级别的保密措施，整个团队都处于一种完全封闭状态。

“跟谁也不能说，跟老婆孩子都不能说。”多隆说，“我们在湖畔花园租了个房子，白天在 202 封闭工作，晚上到另外一间房子里睡觉。”

这种日子，多隆过了三个月：早上九十点去 16 幢 1 单元 202 室，晚上十一点回去，十二点洗洗睡。

2003 年 5 月 10 日，淘宝网上线。杭州出现了非典。一位阿里巴巴员工从广州回杭州，发烧，成为“疑似病例”。那时候整个杭州谈阿里巴巴色变，“防火防盗防阿里”。几个月后加盟阿里巴巴的倪行军说，当时阿里巴巴在城西，他平时都不敢去城西。好消息是，整个杭州都知道了阿里巴巴。

上线之后，淘宝团队的主要工作就是寻找用户。“有用户，我们的市场才会起来。”

一开始他们从易趣上找卖家到淘宝上开店。他们尝试去几大门户网站打广告，发现“此路不通”——易趣财大气粗，通过排他协议，让淘宝无法出现在新浪、搜狐上。多隆他们就去一些小网站做广告，还到处发垃圾邮件。那时候很多垃圾邮件、弹出广告的代码，都是他写的。“那段时间经常被人骂。”

多隆是个代码痴汉，除了写代码没什么爱好。他白天在公司写代码，晚上在家里写代码。几天前他母亲说：“这个电视太麻烦了，有没有办法打开电视机就能直接看片子，不用选来选去的？”他就给家里的天猫魔盒重新写了个代码。

他也不怎么喜欢带团队、做管理。他告诉我，这么多年来，他唯一喜欢的是跟电脑打交道。“跟电脑打交道比跟人打交道容易，你怎么折腾它，它都不会发火，没脾气的嘛。”

多隆如今是阿里巴巴合伙人。与他一起成为合伙人的还有大炮（方永新）、苗人凤（倪行军）。

捌

多隆离开湖畔花园风荷园 16 幢 1 单元 202 室，搬到了一栋别墅里。这次搬迁，算是一次“解密”，他们可以自由活动了。那栋别墅里驻扎着淘宝的技术部，多隆将在那儿与苗人凤会和。

多隆写过的被骂的那些代码，苗人凤后来也写过一些。苗人凤用那些代码进行了网页劫持，只要你点一下，就会蹦出十多个淘宝网的广告。有一天苗人凤的一个朋友说：“我知道你们淘宝网了。”苗人凤正高兴呢，对方又说：“刚评的，十大流氓软件之首。”

当时的流氓插件都是这么干的，百度、3721、雅虎……说得上名字来的，一个都跑不掉。

倪行军在还不叫苗人凤的时候，2003 年 8 月去淘宝面试，9 月拿到 offer（录用通知书），一直拖到 11 月才办理入职。他没有进入湖畔花园的那间 202 室，而是去了另外一栋小别墅里。他在大学学的是会计学，毕业后不想离开杭州，给阿里巴巴投过一次简历，最后因为跟同事一起去创业而放弃了。

倪行军投简历投的是阿里巴巴，结果阿里巴巴的 HR（人力资源）第二天打电话强烈推荐他去淘宝。他问：“淘宝是什么？”对方回答说是阿里巴巴的一个部门。他说那可以啊，那我就去呗。

8 月中旬的一天，天很热，倪行军去湖畔花园面试。他在湖畔花园门口傻掉了：“阿里巴巴怎么在一个小区里面？保安还不让我进去。”他只好跑回华星科技大厦拿了一个电话，然后再跑到湖畔花园，给里边打了一个电话，让他们出来接。

电话通了，是破天。破天喊："喂，你谁？"倪行军说："我来面试的。"破天说："你等着啊。"然后他就听到破天用很大的嗓门喊："奶——奶——有人来面试……"听着破天拖着长音，倪行军总觉得哪里有点儿不对劲。

没过一会儿，"奶奶"出来了。一个男人。倪行军觉得自己可能被骗了。

"奶奶"把他领进了门，领到阳台。阳台有一张纸、一支笔，要进行笔试。倪行军十几分钟就做完了。没人来理他，他就在阳台上抽了一根烟。

抽烟的时候，他觉得大家好像都在看他。后来他弄明白了，大家觉得他很奇怪，大热天儿的，拎了个包，还穿了身西装，一副卖保险的派头。等到他11月再次来到湖畔花园的时候，西装就不需要了。一眨眼的工夫，他就成功地将自己"淘宝化"了。

他也有了苗人凤这个花名。他不熟悉武侠小说，因为看过电视剧《射雕英雄传》，就想叫自己"宋兵甲"或"宋兵乙"，老板不同意。同事给他拿来一张A4纸，上面画了金庸小说的关系图谱，建议他找那些头部的名字，或者谱系独立的，千万不要挑谱系靠后的，要不然以后还得管人叫爹妈的。

倪行军找了半天，看到了苗人凤，还是"打遍天下无敌手"的大侠，就喜欢上了。当时大家起花名流行两个字，苗人凤这三个字，无论挑哪两个叫起来都不大好听，最后老板说："算了，你就叫苗人凤吧。"

苗人凤给淘宝写了些网页劫持代码，但他主要的身份是"支付宝创始人之一”。当时支付宝是淘宝的一个项目，叫“担保交易”，后来阿珂给它取了“支付宝”这个名字。2003 年 10 月，湖畔花园的那些人就已经搞了一个版本出来，苗人凤就是在那个版本上打磨升级。

苗人凤到湖畔花园的时候，整个淘宝的技术部门总共没超过 9 个人，开发工程师只有 4 个，组成一个开发组，主管叫姜鹏，花名三丰。三丰上面，技术大领导，是虚竹（师昱峰）。

大家都是搞技术的，烟抽得凶，七公、阿骨打和苗人凤都抽烟。三丰也抽，但当时正准备要孩子，每次都只把烟拿出来在鼻子上闻闻。

“阳台旁边是多隆的位置，我每次去阳台抽烟要路过他那里，印象很深刻，每次都要经过。”苗人凤说。也正是在这个阳台上，苗人凤过了面试的三关，头一关是三丰，第二关是虚竹，最后一关是“财叔”——财神孙彤宇。

苗人凤跟丁典和宝宝一起入职，大家就在湖畔人家吃饭，给他们来了个迎新仪式。新人要表演节目，宝宝朗诵了一首诗，丁典扮了个狗熊，七公给他们表演倒立，重重地摔了一跤。“倒立”是淘宝的传统，说是一来锻炼身体，二来倒立看时间，每个人都要学会。

马云那时候老跑来看他们，聊完了对 C2C① 和淘宝的看法之后就吓唬他们：“第一个是阿里巴巴做事情只做第一，不做第二，如果要做第二，那我们就把这个关了。第二个就是在座的各位，原阿里巴巴没有你们的位置。”

苗人凤是新人，还没转正，马云不停地说，给了他极大的压

---

① C2C 是 Customer-to-Customer 的缩写，Customer 意为消费者。C2C 就是个人与个人之间的电子商务。——编者注

力。苗人凤当时对电商没感觉，马云天天去给他们讲，他也不大相信，回头去查一下易趣的市场份额——百分之九十多，他心里快崩溃了——“蚂蚁跟大象博弈”。他心说：“马老师口开得有点儿大了吧，怎么可能做第一呢？”“我刚刚好不容易进来的，又要去找工作了，又要失业了……”

淘宝崛起的速度很快，后来将易趣彻底击溃。一个重要的原因，毫无疑问是支付宝的成功。支付宝解决了中国市场交易中的“诚信”问题，阿里巴巴进行中间担保，对买卖双方都是一种保护。

2004 年年初，支付宝成立了独立公司。苗人凤搬出了湖畔花园。他和他的产品，如今成为一个传奇故事，被无数人津津乐道。

淘宝和支付宝的成功，使湖畔花园告别了象征意义，而拥有了一种特殊的魔力。阿里巴巴内部开始相信，湖畔花园是“风水宝地”，能够去湖畔花园关一下马云的“小黑屋”，既是一种荣誉，也是一种好运。

这间马云的“小黑屋”，自此之后，注定闲不下来了。

玖

2005 年，阿里巴巴收购了雅虎中国，而雅虎获得了阿里巴巴 40% 的股权。无论从短期还是长期来看，这都是一桩多赢的交易。阿里巴巴获得了 10 亿美元和一批优秀的工程师，以及来自雅虎的技术支持。《华尔街日报》认为，这是中国互联网公司第一次向全世界展示力量，是一个象征事件。

朱鸿已经在雅虎工作了。马云去美国的时候，跟朱鸿见了面。他们在加州的五月花餐厅吃了个饭。马云希望能把雅虎的人才吸引到中国去。

“这个技术的迁移，是别人给你的技术还是你自己去研发，还是不一样的。一个是快，但是你没有核心人员，一个是能培养自己的核心人员，所以两条路同时在走。”朱鸿后来说。

外界一直认为百度是技术公司，腾讯是产品公司，阿里是运营公司。马云希望阿里巴巴变成技术驱动型公司。他好几次语重心长地对朱鸿说：“我们要有顶尖的技术。”

朱鸿在雅虎对阿里巴巴提供了一些帮助，2009 年，他回到了中国，加入了阿里巴巴。等待他的是老相识——吴妈。

2006 年夏，吴妈萌生了一个想法。既然阿里巴巴的口号是“让天下没有难做的生意”，那么就应该有一个广告平台，“让天下没有难做的广告”。当时他在北京整合雅虎中国的 P2P（点对点）广告系统，萌生这个想法水到渠成。

吴妈已经见证过了“小黑屋”的能量。他知道要想成功，就得先从一家创业公司、一个新项目出发。“于是我们就从雅虎中国和杭州其他公司抽调了一些人组建了一个团队，”他说，“我们也是在湖畔花园开始做这件事情的。”

此时的吴妈，感觉已经跟 1999 年大不相同，然而还是在这套房子里，还是在这间“小黑屋”中，类似的过程，让他依旧感到亲切。创业，加班，在墙上写字，黑网吧的感觉……人慢慢多了起来，在湖畔花园内部找房子，像极了他们在 1999 年的那些日子。

“人已经不一样了，参与的人不一样，但是我感觉工作的模式和那个时候差不多，就是大家早上来，晚上很晚走，基本上工作和生活都是在一起的。”他说，“在湖畔花园里创业，我觉得有一种感觉是你在其他地方不太会有的，就是你会恍惚间觉得这个团队在做的事情是很唯一的事情。”

吴妈说的“很唯一”，其实就是“关小黑屋”的感觉。离开了阿里巴巴的母体，将自己封闭在湖畔花园，他们的思路就不会有阿里巴巴的边界，不会受到外界的影响。没有人会跟你讲条款，也没有人来找你协作，你是独立的：环境独立，思考也独立。

“你天然地会想这个东西是未来的一项独立业务，这项独立业务要有怎样的生存空间或者怎样的核心竞争力。这些东西就是潜移默化的，不是有一个很明确的逻辑。我觉得这方面（‘关小黑屋’，封闭的、独立的环境）有一定的帮助。”

吴妈的阿里妈妈做得不错，是一个成功的创业项目，它加固了“湖畔花园风荷园 16 幢 1 单元 202 室”的神话。

2007 年，盛大 CFO 张勇加盟了淘宝，花名逍遥子，很快他便参与了一件大事——“将阿里妈妈装回淘宝的子宫”。在湖畔大学讲课的时候，张勇说起了阿里妈妈与淘宝“合”的案例。他说：

> 那个时候，淘宝在快速发展。突然有一天，在杭州西湖国际大厦——我们原来的办公室，我当时是淘宝的 CFO，马云把我们几个叫到他的办公室，他拿了一把长剑，就是你们看见的最早期的一张照片，他拿着一把宝剑，先找我们几个——他要找帮手，

共同“搞定”一个人，就是吴妈——阿里妈妈的创始人。

要搞定什么事情呢？用他的原话说就是，要把阿里妈妈塞回淘宝的子宫。因为他注意到一个问题了，两头在外，这买卖没法儿干，但是淘宝碰到什么情况？淘宝在发展，淘宝在发展到2007年、2008年的时候，我去了以后，我们开始大力发展P4P① 业务。

……

最终我们把这件事情办了，阿里妈妈回到了淘宝，吴妈仍然管阿里妈妈的商业体系。……这是我们在整个发展过程当中，我刚刚进阿里巴巴没多久，就经历的一件大事。

“合”的时候，吴妈不是没纠结过，他一直想将阿里妈妈做成一项独立的业务，但是经过讨论，他相信将阿里妈妈与淘宝合起来，才符合阿里巴巴的战略利益，对淘宝和阿里妈妈都好。他对“合”投了赞成票。

朱鸿再次回到阿里巴巴的时候，阿里妈妈已经与淘宝合到了一起。他成为淘宝的一员，在阿里的工号是24083。

他记得还在华星的时候，有一次他问：“我怎么没工号？”人力那边说：“给你个100号，要不要？”他当时还在读书，就没有要阿里的工号。他去查过100号，好像没有人在使用。

从他回到阿里的那天起，他开始被叫作“一粟”，沧海一粟的“一粟”。从终点又回到了起点，他开始走进另外一片陌生。

---

① P4P是阿里巴巴会员企业通过自助设置多维关键词，免费展示产品信息，通过大量曝光产品来吸引潜在买家，并按照点击量付费的网络推广方式。——编者注

拾

吴泽明花名范禹，工号 2162。他在 2004 年 4 月 16 日加入淘宝，现任天猫产品技术部高级研究员。2017 年年底，范禹与胡喜（阿玺）一起成为阿里巴巴合伙人，是阿里巴巴合伙人中仅有的两位 80 后。

阿里巴巴官方对他的评价是，范禹是阿里巴巴 80 后技术领头人，2016 年“双 11”的总技术负责人，目前负责天猫事业部的产品技术工作。他在 2004 年 4 月加入淘宝，十多年来，通过对供应链平台、导购营销平台以及商家 & 运营平台的升级，让天猫成为商家商业互联网化的主阵地。“简单、正直、虚心、低调”的吴泽明一切以客户和公司的利益为先，深深影响了阿里做技术的同事。

2007 年 11 月，范禹走进了湖畔花园。三丰和行癫（张建锋）带着他们十几个工程师去开发一个叫“淘宝商城”的项目。三丰是研发的总负责人，行癫负责整个架构。他们两个是湖畔花园的“驻场老大”。

范禹他们入场的时候，吴妈刚带着阿里妈妈离开湖畔花园。现在轮到“淘宝商城”了。对范禹他们来说，能够来到创业圣地是令人兴奋的事。“当时可能公司有个传统，就是开展一些比较重要的项目都要去那边。”

在湖畔花园的日子，他们实行的是“996”工作制，即早九点到晚九点，一周六天。他们老在那儿加班，三丰怕他们休息不好，老是赶他们回去。范禹说，程序写到一半就回家，这种感觉不大好。三丰不管这么多：“你们赶紧回去回去！”

他们在湖畔花园待了三个多月，2008 年二三月份又搬回西湖国际。

当时淘宝商城的负责人是“药师”黄若，他是淘宝商城的COO（首席运营官），与张勇差不多在同一时间加盟了阿里巴巴。

2008年4月10日，淘宝商城正式宣布上线。事实上，此前一个多月，“整个系统就比较ready（准备就绪）了”，他们又花了一个多月进行优化。4月10日上线的时候，阿里巴巴在西湖国际举行了一个上线仪式，马云说，淘宝商城的交易额会超过淘宝的。他还说他在西溪湿地看到一块很好的地，他说看到好多鱼在上面跳。

马云看到的那块地，就是今天的阿里巴巴西溪园区，但是在2008年4月10日，很多人心里“哇凉哇凉”的。他们以为自己会搬到阿里巴巴滨江园区，所以提前在那附近买了房子。多年之后他们会发现，他们的房子买对了。

范禹他们在做开发的时候，对淘宝商城并没有太大的预期，他只是一个基层开发人员，只是到湖畔花园去完成一个项目。他只记得当时他们喊出的一个口号——“主流人群的主流消费”，他对这句话印象深刻。他相信未来主流人群的主流消费应该在一个类似于商城的地方，它的品质和服务能够得到比较好的保证。

对范禹来说，在湖畔花园“关小黑屋”，更多只是讲求一种仪式感。除此之外，“一群人集中在一个地方整天一起进行很密集的讨论，而且是很多功能性的、策略性的讨论，很快要去实现它们，还是要有一种很紧凑的形态”。

“虽然我们在那时候都不大明白到底意味着什么，但是我们就要做一个跟原先不大一样的东西出来。我们一群人做这样的一个东西出来，这种感觉跟我们做普通的项目还是不一样的。”

范禹是“风清扬班”二期和“逍遥子班”一期的学员。“风清扬班”侧重战略和领导力，“逍遥子班”侧重实务和管理。读过两个班的人，在阿里巴巴并不多见。

淘宝商城，就是如今的天猫。

淘宝商城的开发主力——哲别、阿斐，已然成为阿里巴巴的业务骨干。他们中也有人离开阿里巴巴创业去了，其中有一位花名承志的设计师创立了“蘑菇街”，他的真名叫陈琪。

陈琪的故事是另一个故事的翻版。

“大炮”方永新告诉我，在做 B2B 业务的时候，他手下的一个主管后来也去创业了。“他做了一个叫滴滴的项目，做得还不错。”

“他叫程维吗？”我问。

“是的。”

拾壹

在“淘宝商城”之后，湖畔花园风荷园 16 幢 1 单元 202 室好几年都没孵化出什么成功的大项目。它就跟阿里巴巴一样，陷入了稳定和平静当中。

人们把目光都放到了天猫和支付宝上，放到了每年的“双 11”狂欢上。那种巨大的数字变化使人们兴奋，多巴胺瞬间抵达峰值。

有个阿里软件的项目曾经在马云的“小黑屋”里被关过，但它并没有获得想象中的成功。

即将前来“关小黑屋”的，是菜鸟网络。它的出现，是因为物流已经成为阿里巴巴电商业务的桎梏，当“双 11”开始出现爆仓的时候，菜鸟的诞生就迫在眉睫了。

马云、张勇和童文红进行顶部设计。段浩（师恩）带着一个小组去执行封闭。2013 年 4 月 1 日，段浩和熊健搬进了湖畔花园风荷园 16 幢 1 单元 202 室。

2012 年“双 11”出现的爆仓问题毫无疑问刺痛了马云。当年 11 月 12 日，他便在阿里内部启动了一个“中国智能物流骨干网”项目（CSN），由童文红带领一个团队主导。

那一天他和张勇、童文红带着集团置业部的几个人，以及后来菜鸟的几个大股东，在上海外滩的兰心会所进行了一场“头脑风暴”。他们试图探讨出解决中国物流问题的一条路径。

2013 年 3 月，有个省的主要领导到阿里巴巴考察，希望阿里巴巴过去投资。马云接待了他们。

段浩借这个机会跟马云说：“马总，我们阿里好像有个传统是要进湖畔花园的，很重要的项目还是要去湖畔花园孵化一下。我们这个 CSN 项目——智能物流骨干网项目好像也很重要，我们是不是也去沾沾仙气孵化一下？”

马云说：“好啊，你明天跟我的秘书联系，没问题，马上给你安排。”

第二天，段浩跟马云的秘书联系了，4 月 1 日就搬进了湖畔花园。搬的那天，熊健跟段浩说：“4 月 1 日，愚人节啊，我们愚人节进去是不是不太好？”段浩说：“没什么不好嘛，择日不如撞日。”

段浩他们在湖畔花园关了两个多月“小黑屋”。他们“关小黑屋”

的时候，菜鸟网络宣告成立。没有人知道菜鸟网络会成为一家什么样的公司，就连马云、张勇、童文红这些菜鸟的主导者也不知道。

菜鸟的名字是马云起的。有一次他们一起讨论新公司的名字，有人提议用“闪豹”，因为豹子很快。马云觉得这个名字像个镖局。后来又有人说，既然有天猫了，我们干脆叫“地鼠”吧。可是这名字也太难听了，谁愿意未来被称为地鼠公司 CEO 啊？

马云说：“我想到了一个名字，菜鸟。”

大家一听直摇头。

马云说：“我们谦虚一点儿、低调一点儿没什么不好，我们确实在物流行业是新兵，叫菜鸟我觉得也名副其实，大家的期望也不要太高，实事求是，我们姿态低一点儿，我们谦虚一点儿，叫自己菜鸟。另外，公司名字跟小孩名字一样，你叫着叫着就习惯了，今天觉得菜鸟很怪，叫个两年就会觉得很好了。”

菜鸟就这么诞生了。

菜鸟在湖畔花园“关小黑屋”的，有六七个人。他们在湖畔花园主要做的事是开会，不断务虚，不停地给菜鸟设计蓝图。墙上挂着阿里巴巴创业的各种照片。马云在进门的墙上写着：“发展就是硬道理！”历史冷冷地摆在那里，前面是淘宝、支付宝、阿里妈妈和天猫商城的故事，一个个成功的故事。他们感受到了压力。

与其他项目不同，他们不是技术人员，也没有产品，甚至没有完整的思路。他们只是一个执行小组，别人执行的是项目开发，他们执行的是思考。他们只能不停地冥思苦想，讨论和争论，不断地否定自己、否定他人，努力找到一条合适的路径。

所有的路径都错综复杂，他们也不知道究竟该先往哪一条路走。中间马云和童文红给他们开了一次会，给他们讲菜鸟的愿景，讲对他们的期望。

段浩他们很快就搬出了湖畔花园。

今天的菜鸟网络，已经在童文红的带领下，成为阿里巴巴电商业务决胜的关键力量。

童文红工号116。2000年4月26日，阿里巴巴从湖畔花园搬到华星科技大厦。那一天，是童文红去阿里巴巴面试的日子。

拾贰

2014年5月26日，“疯子”无招带着六个人来到了湖畔花园。他的到来颇有些灰溜溜的味道。

无招是花名，他的真名叫陈航，正是1999年离开伟业去日本寻找未来的那个陈航，那个与朱鸿擦肩而过的陈航。

2010年，陈航回国，加入阿里巴巴，成为淘宝的一员。他在阿里巴巴负责过几个项目，都不成功。

有报道称，在阿里巴巴内部，陈航被视作loser——失败者。“至少当时在阿里巴巴内部，他已经快成为‘臭名昭著’的人：一个从日本回来的职业经理人，做一淘没什么起色，做来往看起来也快要完蛋。阿里似乎给了他不少机会，遗憾的是，他没有抓住其中任何一个。”

没有人知道无招是否能够从“招丧”变回“招桑”，重新赢得他在1999年唾手可得的未来。

无招重返阿里巴巴，起初是在淘宝负责一淘项目。一淘耗费了无招好多心力，却最终成为别人眼中的“失败项目”。无招对我说：“我在阿里一路以来，没有什么太过成功的产品，就是一路撞坑，有一些小产品成功了，但小产品算不上什么。当大势不成的时候，你的小势没什么意义。”

2013 年，基于战略对抗微信而诞生的“来往”，从一开始就是“衔着银勺子”诞生的。它是阿里巴巴时任 CEO 陆兆禧的“CEO 项目”，整个阿里巴巴集团都在为它摇旗呐喊，鼓掌助威。每一个阿里人基于相同的信念，基于对未来的渴望，都愿意为“来往”浇水施肥，帮助它尽快长成一棵大树。

经过了一年的浇水施肥，“来往”渐渐地被形容为一个笑柄，先是被对手这样形容，接着是媒体，然后是集团内部。来往的人到食堂吃饭，见到熟人，就会被问：“你们来往还在做啊？”被问的人无地自容，觉得自己辜负了整个集团的期望。

陈航与朱鸿都是来往的人，时隔 14 年，这两位最有希望成为阿里巴巴创业元老的年轻人，在经过了无数个来来往往后，终于在来往相逢了。

相逢的注定会相逢，就像是命运的安排。他们花了 14 年，各自对命运画出了轨迹，先是南辕北辙、各奔东西，然后因为阿里巴巴，因为来往，汇聚到了一起。

那时候一粟是来往的架构师，无招负责来往的产品设计。他们花了一年时间来证明自己是如何被“打残”的。一些人决定继续打下去，即使同归于尽。无招决定找一条出路，从另一条路径发起攻击。他铆足了劲儿要做个东西证明自己。

来往后来一分为三：一个来往，一个悟空，一个工作圈。“工作圈”是无招的。2014 年 5 月 26 日，他带着“工作圈”搬到了湖畔花园。没几个人愿意跟他去，大家都希望在个人社交领域大展宏图，“工作圈”只有无招这样的 loser 才会去干。

阿里巴巴和马云并没有像往常那样把“工作圈”当作核心项目孵化，尽管马云很喜欢这个产品。无招找到马云说：“马老师，既然我们独立出来做了，能不能把湖畔花园借给我们，换换风水？”

马云同意了。无招身上有很多东西，像 1999 年的马云。他偏执，喜欢拼命往前冲。他也不是瞎冲，他会不停地调整冲击的方向。往个人社交冲不动的时候，他就果断地转向企业社交。

一粟依旧负责整个来往的架构设计，他要在来往、悟空和工作圈三处打转。有一天无招找他细谈，说起了来往的现状，说起了潮流，说起了往事。他把一粟说动了。一粟加入了工作圈团队，成为工作圈的 CTO。

工作圈如今更名为“钉钉”，被认为是湖畔花园孵化出的又一个成功项目。几天前，阿里巴巴集团 CEO 张勇来到钉钉，给无招他们打气。他跟无招说，钉钉的成功，只因为集团贯彻了一个基本原则——“不打扰”。

在湖畔花园，无招他们处于不被打扰的状态。他们不受外界干扰，不受集团各个部门影响，依照自己的初心，依照对未来的判断，写出自己的代码。

一年后，当无招搬出湖畔花园的时候，“工作圈”这个最后的机会，已经让他焕发了生机。

在经历了长达十四年的平行轨迹之后，无招和一粟相遇了。这一次，他们相信自己会走得很远。

拾叁

钉钉还有一个二三十人的团队盘踞在湖畔花园风荷园 16 幢 1 单元 202 室。只要阿里巴巴集团和马云不赶他们出去，他们就会牢牢盘踞在那里。

他们正在那儿开发一个新项目，据说关乎钉钉的未来。我前去探访的时候，带领我的钉钉同人被推出门去："不要进来！"如果要进去，则需要签署保密协议，即使他是钉钉的同事。

从 2015 年 5 月至今，钉钉是阿里巴巴盘踞于湖畔花园最久的创业项目。他们努力把自己关进马云的"小黑屋"中。他们似乎从"关小黑屋"中尝到了甜头。

曾鸣，被喊作"教授"的阿里巴巴集团参谋长告诉我，湖畔花园不只是个象征。项目进驻湖畔花园后，一方面，阿里巴巴集团会对其进行资源倾斜，全力扶持；另一方面，这是在告诉全集团，它是代表集团未来的项目。

并不是所有在湖畔花园镀过金的项目都会成功，只有那些能够在马云的"小黑屋"中保持初心、找到光亮的人，才会找到未来。

马云的"小黑屋"本身并不具备魔力，是那些被创业精神激励的阿里人，相信自己可以走在时间的前头，相信那个人 18 年前为阿里巴巴许下的伟大承诺，相信中国可以变得更好，才使湖畔花园风荷园 16 幢 1 单元 202 室变成了一个象征。

它不需要将自己形容为乔布斯的车库，或者全球最牛的孵化器。它只需要说出“湖畔花园”即可。

因为象征的力量，他们愿意将自己封闭、沉静、沉淀，他们愿意寻找未来。湖畔花园的那些邻居，包容他们的放纵与狂傲。

邻居们喜欢看到他们迅速地搬离，就像阿里巴巴西溪园区“思过崖”的那些人所希望的那样。

逝者与未亡人

迟宇宙

这是写于一年前[①]的稿子。在成稿后，基于各种考虑，我们约定一年后刊发。我们恪守了承诺。今天，是张锐去世一周年的日子。我们希望，有些人还没被忘记。我们祝愿，所有创业者都能越过山丘。

“当大门在身后砰然关上时”

她在首都国际机场与丈夫分别。那天是 10 月 3 日，她要飞往伦敦。她在伦敦的苏富比艺术学院有一门硕士课程，10 月 5 日正式开课。

他们通常会在假期一起外出旅行，但这个假期，丈夫说想在家里待着。他们就在家里待着，24 个小时待在一起，像一对平常的夫妻那样，打发着恬淡庸常的时间。

10 月 3 日那天，他把她送到了首都国际机场。以前她外出的时候，他从不送她。这一次他完成了一次完整的送别。

① 此处的一年前指 2016 年。——编者注

到了伦敦后，她就赶去了学校。在伦敦闲逛了一天，她便开始了自己的课程。还在北京的时候，飞机起飞前一刻，她决定开通国际漫游。她是犹豫的。现在微信这么发达，有事用微信就可以了。但她还是决定开通国际漫游。

在伦敦闲逛的那天，她在大英博物馆附近转悠，因为她住在那附近，边上有很多古董店和设计师店。她给他发了微信，说自己想买一只白色的毛绒小狗。她拍了张照片给他。

“你看，是不是很像小皮？”

“好像啊。”

“那我买啦？”

“买。”

第二天下午，她开始上课。英国时间下午两点的时候，她的手机响了。是北京的小区物业打来的。她没有接。她正在上课呢。电话挂断之后，又不停地拨打过来。她隐隐有些不安，“觉得这个事情不太对了”。她走出教室，回拨过去。

“你是不是 202 的住户？”

“是。”

“有一位你们家的男同志倒在小区了，我们已经打 999 送医院了。”

“他怎么了？”

“已经送医院了，你再联系医生吧，我们有同事陪着去的。”

她算了下时间，此时应该是北京时间 10 月 5 日晚 9 点左右。这是他们通常的遛狗时间，他一定是下楼遛狗去了。

“有没有一只小狗啊？狗在哪里？”她焦急地问。她觉得他没什么大事，生怕小皮走丢了。

“有一只小白狗一直在他身边，我们带回办公室了。”

小皮没事。她安心了。她准备给医院打电话，打听他的情况。

她的电话还没拨过去，丈夫的电话拨了过来。

“老公？”

讲话的不是他。

“我是306医院急诊室主任，你是机主的什么人？”

“我是他老婆。”

“那你赶快过来吧，人已经不行了，你赶快过来处理后事！”

她怔在那里。骗子太坏了，这么拙劣的招数都用上了。

几个同学从教室里走出来，提醒她通话的声音太大，影响了他们听课。她呆呆地对他们说：“这个电话说我老公出事了……”

“肯定是诈骗电话。”

“可是号码是我老公的……”

她有些蒙。她拨打了物业提供的306医院急诊室的电话。接电话的依旧是刚才那位，依旧是那个冰凉冷酷的声音。

“你们得抢救啊，尽最大努力抢救！”

“我们是医生，肯定会尽我们最大努力抢救，”那个声音说，“但是人送来的时候尸斑都出来了，你让我怎么抢救？人已经故去了。”

“什么原因？”她努力保持平静。

“心肌梗死，非常快，两三分钟就过去了，根本来不及抢救。我们抢救那么多心梗，还没多少成功的。”

她呆在那儿。她无法相信。

这一定是个巨大的玩笑，国际玩笑！

“整个爱尔兰都在下雪”

我们约在北京华贸中心新光天地一楼的 Corso Como Café 见面。

我们坐在了咖啡馆的室外，边上是 Costa（咖世家），对面是华贸中心写字楼 1 座，夹在中间的是华贸广场。人们从边上走过，或者从小广场的底部穿行。他们行色匆匆，留下或带走一些东西，或者根本就没留下或带走什么。

这是她与丈夫以前经常来的地方。她记不住。到了之后她才记起那些往事。

她穿着一身黑色的衣服，背一个白色的背包。这是她从伦敦赶回来时的穿着。

那一连串的电话后，她努力保持平静。她订了机票，往北京赶。一位贴心的同学陪她一起飞了 10 个小时。她在飞机上忍受着巨大的煎熬。她希望一切都是假的，是一个巨大的国际玩笑。但她很快意识到，她成了一个寡妇。

在登机前，她给丈夫的同事打电话，让他们赶快去医院。她不相信。她还在伦敦机场候机的时候，丈夫的一位合伙人，一位他们夫妻俩都很信赖的朋友打来电话。

“他怎么样了？你告诉我。”

“他死了。”

她的心像被撞了一下。这是她这辈子听到的最残忍的一句话。

10 个小时的煎熬之后，飞机降落在首都国际机场。她直奔 306 医院。她离开北京的时候，他带着怜爱和不舍为她送行，他们在安检口拥抱和亲吻，他说“注意安全，早去早回，回来我去接你”。

此刻，他正躺在太平间的铁柜里，躺在尸袋里，等着她。他变成了一具冰冷的尸体，一只眼睛闭着，另一只眼睛，医生花了好长时间，也没能让它完全闭拢。

“一切都像假的一样。”她说，“那两天北京也一直在下雨，从 5 号下到 7 号，特别冷，尤其是第一天晚上回来，已经 6 号了，306 医院外面下了一整夜的雨。”

她回到了家。她无法入睡。窗外面都是雨的声音，雨一直下。“突然发现一场秋雨人生都冷了，就是这种感觉。”她说。

我们谈起她丈夫的时候，我突然想起了乔伊斯的《逝者》。在《逝者》的结尾中，“天气预报说，整个爱尔兰都在下雪”。

她的丈夫，春雨医生创始人、CEO 张锐去世的消息，此时已经传遍了中国，传统媒体、新媒体和自媒体都在以各种方式告诉人们，一位创业者、一位独角兽公司的 CEO 死了，死于心肌梗死。

让她感到吊诡的是网易新闻客户端发布的《春雨医生创始人张锐今日凌晨心梗离世》。张锐在创业之前担任过网易的副总编辑，是网易新闻客户端的缔造者，如今却以“逝者”的身份，出现在了自己缔造的客户端中。

她坐在 Corso Como Café 门外。她说，这个地方她来过很多次，都是陪张锐来的。张锐去谈事，她在这儿喝咖啡、等他。他完事后，他们一起回家，或者一起吃个饭再回家。她早些时候在华贸中心写字楼里见一个投资人时，突然意识到，每次张锐都是来见投资人，在那儿谈春雨医生的融资。

“这个地方对张锐很特别。”她说。张锐在这儿见到了自己的前世。半支烟的工夫，恍惚之中相见，倏忽之间离去。他还看到了她，她穿着一件红袄。

那一次张锐独自来到华贸中心。“他当时站在这个花坛边，就是这个位置。”她指着 Corso Como Café 外面的围栏，上面挂着花卉和吊兰。

回到家的时候，张锐告诉她：“你知道吗？今天发生了一件特别神奇的事情。”

“什么事情啊？”

“我今天早上特别早，大概约的 8 点。我到这儿先吃了点儿东西。我吃完了之后就出来抽根烟。我突然看到了自己的前生，在一瞬间看到了我自己的前生，就是点烟，一恍惚的瞬间，有很多画面流过。我没有办法用话语来描述，我到现在记住的片段也特别少了，但是我看到了很多。我看到了巨大的东西，但其实当我醒过来的时候烟才烧了那么一点点，其实就是瞬间的工夫。”

她问他：“你看到了什么？”

“我看到了我曾经有点儿像军阀下面的一个小头目。我杀过很多人。我好像也做过特别大的好事，因为我看到有铁路，很多人向我笑，好像是很感激我的表情，好像我做了非常大的好事，他们在感激我。我还曾经是个僧人，我出家的师父和寺庙在甘孜，我是在渡黄河的时候淹死的。”

她讲起这段故事的时候，我突然想起了《新少林寺》，刘德华饰演的一个军阀，从杀生者变成了拯救者。

她问他："你有看到我吗？"

"我有看到你，你穿了一件红色的衣服。"

"是红裙子吗？"

"反正是红色的，穿一件红色的衣服在我前面跑，然后一拐弯不见了。"

"还有呢？"

"信息量特别大，我记不住了。"

"你能不能带我去看一下发生这个奇遇的地点？"

那是她第一次来到 Corso Como Café。他给她指了路灯下面、花坛外面的一处，前面是一个"圆形的结构"（华贸广场）。

"就在这个位置。"他跟她说。

"就在这个位置。"她告诉我。

后来张锐就经常带她来这儿。他去办事，她在这儿等他，想着他的前世，以及自己的那件红袄。

"然后一拐弯不见了。"

现在，她的身份是"张锐的未亡人"。

张锐一生中的最后两小时

2016 年 10 月 5 日晚上 7 点多，春雨医生 CEO 张锐在春雨医生客户端上问："医生，我最近有牙痛伴有胸口痛的症状，我怎么了？"

一位医生回复了他。他们进行了反复交流后，医生让他拍一下疼痛部位照片给他，还问他是刺痛还是闷痛。

“冠心病的可能性比较大，你要去医院做心电图来确诊。”医生说。

“好的。”张锐回复说。他关闭了问答，给医生发了 12 块钱，表示感谢。他肯定没有十分在意。他左侧牙痛，胸口闷，可能是冠心病。他觉得自己有足够时间，明天，或者后天去附近的 306 医院做个心电图。

他打开电脑，用微信网页版回复了几条微信，又打开了公司邮箱，回复了几封邮件。

早些时候，他告诉春雨医生所有的主管，10 月 8 号他们要开会，他会宣布一个重要的决定。同事问他是什么重要决定，他说 8 号开会再说。

没有人知道张锐的这个重要决定是什么。在守灵的时候，他的一个合伙人告诉她，张锐在这个世界上曾经有一个“重要决定”，如今它伴随着张锐一起走了。

回复了邮件后，张锐带了小皮下楼。

小皮是一条白色比熊犬。

那是他们的“儿子”，现在到了“小皮时间”。他们一家三口，张大宝、王小宝和张小皮。之前没多久，他们曾商量着要把一家三口扩充成一家四口、五口。张锐和她计划在 10 月去台湾，做人工授精。

他们的确该要自己的孩子了。

张锐是她人大新闻系的师兄，导师都是倪宁。2005 年，她与张锐相识于一场师门聚会，那时候张锐还在《京华时报》工作。他们第二年开始恋爱，持续了 5 年，跨越了张锐职业生涯中的《京华时报》和网易岁月。

2010 年他们结婚的时候，他们本来打算在张锐生日（9 月 18 日）那天结婚，结果那天的酒宴全被订满了。于是他们选择了 9 月 17 日，但纪念日还是确定为 9 月 18 日，连带着张锐的生日一起过了。

他们在山东举办了婚礼。在“八项规定”还未出台的时候，父亲给她办了一场盛大的婚礼，送她风风光光地出嫁。“他是一个帅帅的新郎官，我也比较年轻，还好，蛮开心的。”

他们的婚姻维持了 6 年，戛然而止。“时间虽然很短，但感情好到我现在回忆起来，我们两个的日子有点儿赶着过的感觉。”她说。

今年的中秋节，张锐出事前三个星期，她陪张锐回安徽看望父母。回去的路上，张锐对她说：“我想吃臭干。我就是想吃炒臭干。”

回到合肥父母家中，头两天张锐没吃上臭干，家里没有。第三天，张锐的大学同学请他们在一个私家菜馆吃饭。她跑去问厨师：“你们今天的菜单里有没有臭干？”厨师说：“没有。”

“我去买回来，你们能给炒吗？”

“你能买到吗？那东西不好买。”厨师说。

“我要是买到了，你们能给做吗？”

厨师犹豫了一下，说：“能。”

她让小姑子（张锐的妹妹）开车，带她来到附近的菜市场。她们买了五元钱的臭干。“那是他最后一次想吃什么，然后得到了满足。”她说。

在张锐过世之后，她没有表现得崩溃，而是极度冷静、克制。

“我回想了我们的婚姻和我们的爱情，在这些年我对他百分之百地付出，完完全全地交付了我的生命。我把只要能跟他在一起的时间都完完全全地给了他，只要是他想去的地方我都完完全全地陪他去过。他每一个跟我有关的心愿，我全部都完成了，所以我了无遗憾。我对他没有愧疚。这也是我在他去世之后没有那么悲痛、没有那么绝望的一个重要原因，就是我已付出完完整整的生命给他。”

张锐没有给她留下太多东西，除了回忆。他过世之后，有人问她，张锐有没有什么保险啊？她说，没有。

那个突然从这个世界上消失的男人，从事互联网医疗事业的男人，甚至没有留下冷冻精子。

“你经历过这些事情，这个一成不变的人生曾让你觉得漫长而乏味，但是当一夜之间一切不一样的时候，你才会发现所有的变化都那么突然。”

2016 年 10 月 5 日晚上 7 点多的张锐，从春雨医生上得到了“冠心病”的答案。他一定觉得自己还有足够的时间去看医生，去回邮件，去机场接老婆，去台湾要孩子。

可是，他没时间了。

事实上，当他开始创业之后，他就已经没时间了。她看着压力、越来越大的压力正在摧垮张锐的身体。

进行 A 轮融资的时候，张锐意气风发，他看到的只是未来。B 轮融资的时候，张锐鬓角的头发莫名其妙地没了。斑秃，她用春雨医生查了一下，诱因就是神经紧张。C 轮融资给张锐带来的是自主神经功能紊乱，他会莫名其妙地过敏，身上老是起一些红色疹子，不少部位还有一些奇怪的疼痛。

张锐身体很好，经常踢球，所以她对他的身体反应很担心，一有问题就打电话给张锐的父亲。张锐的父亲是位医生。

“我会问他，爸爸，咱们家有没有这些家族遗传史？斑秃在他们家族从来没有发生过，就是压力造成的。他走之前这段时间，我觉得这种压力是非常非常大的。”

从合肥回到北京后，正是张锐的生日，9 月 18 日。张锐跟她说，今年生日，我们举办个 party（派对）吧，晚上我们把北京最要好的那些朋友喊来一起聚聚。她说，好啊。这天也是他们的结婚纪念日。

那天的生日宴，张锐很开心。“我在北京最亲密的战友，最好的朋友和我一生的挚爱都在了。”他说。

回家的路上，张锐很认真地对她说，我想好了，我们得要孩子了。以前她想要小孩儿的时候，张锐一直都说忙。“确实压力也很大，晚上十一二点回来还要看邮件，看完邮件两点了，就睡了。每天都这样，哪儿有工夫要小孩？”

9 月 18 日，张锐终于跟她说他们还是得要小孩了。她说，我都 34 岁了，明年就是 35 岁了，高龄产妇了，你终于想通了。张锐说，我想通了，这次不用你操心了。

张锐计划好了，10 月去台湾做人工授精，要个孩子。她在去伦敦之前特意办了台湾通行证。签发证件的人跟她说，你应该 10 月 8、9 日就能收到了。

“他自己一定没有想到自己会走得这么突然，所以他没有留下任何的安排。”

10 月 5 日晚上，张锐坐在书房里。电脑上是网页版微信、公司邮箱、网易云音乐，以及一个新闻网站。他统共就抽了两支烟。六点多的时候，父亲给他打了个电话。

父亲问他："你身体怎么样？"

他说："很好，没问题。你放心吧。"

听到儿子声音洪亮、中气很足，父亲就放心了。他不会想到，这是他最后一次与儿子通话。

2016 年 10 月 5 日晚上 9 点多，春雨医生 CEO 张锐倒在小区的林荫道上。心肌梗死。他未来得及掏出手机。他去世后，她输入密码，打开他的手机，发现他在死亡之前，没有拨打电话，手机里也没有文字、没有语音，"什么都没有"。

死亡来得太快。

"如果没有那么快，他应该有一个时间拨电话。他带着手机下楼的，没有短信、没有照片，也没有一个求救的电话。"

她又气又痛。春雨医生已经告诉张锐，"冠心病的可能性比较大"。他家到 306 医院只要 5 分钟，就隔一条街。张锐如果去 306 医院看个急诊，"去做心电图就不会死了"。

"我当时不在。如果我当时在，我会立刻开车带他去医院做心电图，春雨医生已经告诉他这不是牙痛，而是冠心病了，你干吗不去做心电图呢？"

她其实知道张锐为什么不去 306 医院看急诊。从伦敦赶回北京后，她先去医院看了下张锐。他已经冰凉了。她回到家，家中还是张锐下楼前的样子，完完整整，一点儿也没有变化。

"书房的灯开着，杯子里的茶泡着，烟灰缸里两根烟头，电脑开着，电脑上的页面开着。开着的四个页面中，邮箱、微信网络版，直到我回家的时候还有信息在不停地往外蹦，三百多条未读信息；第三个页面是网易云音乐在反复播歌的状态；第四个页面是新闻的一个视频。”

这是张锐最后看的东西，页面停留在一封邮件上。“这是他最后看的东西，最后停留在那封邮件。电脑现在还开着，还是那个页面。创业真的是九死一生。”

“诺言背叛诺言”

她穿着一件淡粉色卫衣去了伦敦。那是一件旧衣服，已经洗得发白了。从北京到伦敦，空中要飞行 10 个小时，她不舍得穿一件新衣服。

几天后，她终于意识到，那件衣服是一个终点。它曾经是张锐创业的起点，如今变成了张锐生命的终点。它因此成了一个回忆罐，也成了一座情感的纪念碑。

2011 年，张锐要去创业。

公司注册前，他们在家附近四处寻找办公室。有一天，他们发现离家一公里的地方有个园区正在招租。他们找了个星期天的下午走进了那个园区。那时候她“特别想改变自我”，报了一个舞蹈班，可以免费试一节课。可是那天她犯懒，不想出门。张锐就劝她：“你不是要改变自我吗？走，我们俩可以顺道去看看那个园区。”

她听到张锐说“去看园区”，就爬了起来。正是春末夏初，他们走进了 768 创意产业园。那儿原来是一家军工企业的下属工厂，厂房被改造成了创意园。他们去的时候，那里刚刚开始招租。

“我们走进去的时候，里面是高高的树木，树下面开满紫色苜蓿花。”她说，“我超爱这个地方。在花丛中他给我拍了一张照片。”

那一天她穿着一件淡粉色的卫衣，在花丛中托着腮帮子笑。

“看到那件衣服的时候我有点儿惊讶，因为我最后一次拥抱他，是在北京机场，我出发去伦敦。最后一次跟他拥抱，我穿的就是那件淡粉色的衣服。可能命运有很多巧合。”

这一件衣服，已经很多年没穿过了。要不是因为需要一件旧衣服打发从北京飞往伦敦的10个小时，它可能会继续躺在箱底，成为消逝的回忆。可是一瞬间，它变成了介质，承载了记忆，贮藏了幸福和悲痛。

张锐和他老婆站在那儿，他们看到一个小男孩儿正在苜蓿花旁踢球。他喊了声“爸爸”，二楼有个瘦高的男人应了一声。他是物业的头儿，正在盯着装修和改造。他们跟他聊了一会儿，就决定在那儿租一间办公室了。

“一个人一生中最重要的岁月，都是从那个下午开始的。”她说。那个下午，他们在为张锐的公司找到了办公室后，发现一楼有个拐角。那个瘦高的男人说，园区要求在拐角位置开家咖啡馆。张锐听到就很兴奋地对她说，我们租下来吧。

“我们不是要开公司吗？”

张锐说：“你不是一直梦想着开家咖啡馆吗？”

开家咖啡馆的确是她的梦想，也是很多女孩子的梦想。这梦想，大都是说说而已，没几个人想开一家咖啡馆就真的开了一家咖啡馆。

“但是张锐有这个精神头，他想做就做了，绝对不会经过深思熟虑。”

他们给张锐的公司租了间 30 平方米的小办公室，把拐角的 100 多平方米租了下来开咖啡馆。他们一起开始了创业。“他在 1–006 创建了春雨天下，我在春雨旁边创建了千寻餐厅。”

千寻的名字来自“众里寻他千百度”，而不是“千与千寻”。他们喜欢那种意境，那种被王国维在《人间词话》中描述过的意境。

只是如今，蓦然回首，灯火阑珊处已无那人。

2011 年是他们人生中剧烈变化的一年，春雨医生慢慢起步，势头很好。她辞去了公职，千寻在从咖啡馆变成餐厅后生意也好了起来，渐渐告别了亏损。她一手建起了这家餐厅，从每一块砖到每一朵花。张锐是媒体人出身，所以千寻会组织一些媒体活动。闲暇的时候，张锐也会一个人抱着吉他在角落里唱歌、喝酒。

知乎的黄继新跑去千寻喝酒，他跟张锐成了朋友。那时候知乎刚从创新工场搬出来，觉得 768 不错，就搬去跟张锐做了邻居。张锐没发福的时候，黄继新长得跟他有点儿像。他第一次到千寻的时候，她差点儿从后面拍他，喊“老公”。

有一次在千寻的一场开放式话剧中，黄继新和张锐都参加了。当时有个情节是用肢体语言表现职业。黄继新跟张锐商量了一下，两个人一起跳到场子中间使劲抖动，大声喊“不要删我”。他们都做 App（手机软件），删 App 的时候，手指点住，它们就会开始不停地晃动。

她晃动过。她动过卖掉千寻的念头。开咖啡馆难以盈利，开餐厅又特别累。有一次她告诉张锐，她想把千寻卖了，张锐不同意。他们吵架了，很激烈，“非常不高兴”。她最后还是依着他了。

她安慰自己说，他创业要见那么多投资人或者生意伙伴，到处跑很辛苦，如果我在他旁边开家餐厅，他起码有个理由说“你们过来吧，我这儿自己有一个地儿”，这样我老公就不用跑了。

“我是这么想才坚持下来的，如果不是他，我肯定坚持不下来。”她说，“后来餐厅就稳定了，就没事了，情况就好了。整个创业的风潮也越来越好，（春雨医生）A 轮、B 轮越来越好。”

可是他给她的承诺呢？

“越过山丘，才发现无人等候”

每年 9 月的教师节，倪门弟子都会聚聚。有一年她将聚会安排在了千寻。倪门弟子都跑来了，她在，张锐也在。

倪宁要她给大家介绍一下，她就站起来说，我老公叫张锐，也是你们的师兄，现在在后面的办公室里创业。他的公司叫春雨医生，他希望有一个平台能够让中国人免费看病、低价买药、方便就医。这是他的梦想。这个千寻，是我老公送给我的梦想。我想开家咖啡馆，他快刀斩乱麻地让我做了。

大家鼓掌、喧闹，觉得他们是“神仙眷侣”。

张锐的 A 轮融资是在千寻谈成的。他和蓝驰创投的投资总监姜志熹叫了两杯咖啡，坐在靠窗的座位上。咖啡还没喝完，投资的事就敲定了。

姜志熹后来说，几年前春雨创业，“那个时候春雨的办公室只有一间，张锐坐在最里边的办公桌。聊了两三个小时，我想投他”。

“蓝驰团队一共见了张锐三面。第一面，是我去见他，我想投。之后，蓝驰北京团队见过张锐，再聊一次。第三次，双方团队见团队，我们跟春雨CTO曾柏毅、COO李光辉聊。李光辉的商务拓展能力强，曾柏毅是极客范儿的天才，团队很不错。当晚我就约张锐，在芍药居附近的兄弟川菜吃饭签协议。”

姜志熹代表的是蓝驰创投合伙人陈维广。据说陈维广投资春雨医生的一个很重要的原因是，他小时候得过一次非常严重的病，但他生活在乡下，看医生非常不方便，所以他觉得移动医疗能够提供便捷的就医，起码可以移动问诊，所以他很快就投了。陈维广后来写过《投资张锐让我明白的事》一文。文中说：“医疗是商业保险没有办法进入的行业，因为服务体制是扭曲的。当时蓝驰研究医疗，移动医疗切入点基本在线上问诊，很多朋友说线上靠谱吗？没有看到医生，怎么解决患者的问题？我认为，创业者不是要为每个客户解决问题，而是要解决客户最关注的问题。”

在姜志熹看来，春雨的模式盘活了医疗资源，提升了医疗服务的效率。“中国很多人没有家庭医生，没有社区医生，但春雨能提供很多帮助。”

千寻是张锐的主场，也是他的福地，春雨医生的A轮和B轮融资都是在这儿谈成的。“每一轮投资人，我见到的时候都是在千寻，喝着咖啡聊着事情谈成的。”

千寻有一把吉他，没人过来谈事情的时候，张锐就自己坐在千寻最里面的位置弹吉他唱歌。

“他在大学就喜欢弹吉他唱歌。他喜欢弹的、唱的那些歌都是罗大佑、李宗盛的，他最喜欢的歌是《山丘》，他自己在微博、朋友圈也转过。”她说，“在追悼会上，遗体告别的时候，伴随着整个追悼仪式的音乐，我就给他选了《山丘》这首歌。”

“他曾经跟我分享，他说里面的歌词说到了他心里，比如说‘一生涓滴意念，侥幸汇成河’，‘越过山丘，才发现无人等候’。《山丘》的歌词太长了，只有在给他守灵的那天晚上，我才仔仔细细对着歌词听了这首歌，我听完后，感觉说的就是张锐，就是至死方休的意思。他也弹吉他唱过这首歌，（也唱过其他的）罗大佑、李宗盛（的歌），你们这个年纪，你懂他。”

李宗盛在《山丘》中唱：“为何记不得上一次是谁给的拥抱，在什么时候？”她不会忘记，2016 年 10 月 3 日，她与他最后的那个拥抱。

她觉得张锐就像一个火球，燃烧着自己的小火球，扑到了完完全全的黑暗里。

“春雨医生也是这样的。一个外来背景的人，就像一个火球扎入了深不见底的医疗市场，在这个医疗市场里横冲直撞。张锐尝试了很多种代表移动医疗未来的方式，每个方式他都去努力尝试，因为在医疗领域没有先例可以参照，没有别人走过的路可以走，所以他只能像一个火球一样横冲直撞。在这个横冲直撞的过程中，他点亮了一片草地，燃烧了一小片区域，这片小区域驱散了浓浓的黑夜，照亮了一小部分。但是这个火球还是人，他就‘熄灭’了。”

这是她所深深感受到的创业冷暖中的“冷”，冰冷的冷，最终冷彻骨髓。

“在春雨创建后期的时候张锐对移动医疗的理解越来越深入、深刻。他创立了春风创投。那个时候资本市场比较好，他对移动医疗的理解也非常深入，他想用投资人的钱去帮助更多医疗创业公司成长。他觉得移动医疗要想成为一个市场，必须兄弟们很多人一块儿做事才能把全产业链做起来，中国的医疗才能发生改变。他一直觉得中国的医疗非常不好，但是各种利益链条卡得太死，很难去撕破。他要去撬动这个市场太难了。他不可能做成所有事情。他要通过资本的力量，来帮助更多的小企业成长。"

"张锐不是一个以实现财富的丰满为人生追求的人，他是以做事为人生追求的，所以春风创投成立之后，他变得更累了。有好多人来找他。他有一个做老师的爱好，这个团队明明没有价值，他还要跟人家聊一两个小时，聊他们现在的方向在哪里，毛病在哪里，不会投的团队他也要跟他们讲。所以他太累了。但是他种下了非常多的小火花。"

春雨医生的境遇，与资本市场息息相关。起初，市场高歌猛进，一路奔到了 5 500 多点，6 124 点看起来指日可破。"整个资本市场是相当活跃的，很多钱都希望能够进入这个新兴的移动互联网行业，在这个时间融资是一件非常轻松的事情，大家的脑子里不会有一个困难的概念。"

"张锐创办春雨医生的时候比较早，那个时候都没有移动医疗这个词。在 2013 年，这个概念突然开始火了，所以他又一次踩到了这个点上。"

突然之间，寒冬降临，一切都变了。融资不再那么容易，更糟糕的消息是，"战略新兴板"的推出被"暂停"了。当时张锐他们着手拆 VIE（可变利益实体）结构，准备回国上市。"这个过程耗费了很多心力，最后全部都拆回来了。拆回来开始准备上市的时候，突然说暂停。这个打击对春雨非常大，因为所有的工作都是围绕这个目标进行的。”

凛冬已至，张锐作为创始人的压力越来越大，焦虑越来越多。“资本市场上的压力也好，公司未来方向的压力也好，都会越来越大，公司那么多人……但是张锐说一个工位一个员工，一个员工一个家庭，如果我裁掉一个员工，起码就会有一个家庭受影响，所以他一直坚持着不裁员。”

张锐走后，她去了春雨医生办公室。还是“十一”长假期间，员工们没有上班，空空荡荡的办公室，长长的工位。“他负担的太多了，他想负担的太多了。”她说。

张锐身体很好，曾经是国家二级运动员，一直踢足球，踢到跟腱断裂。他没有心脏病史，连“三高”都没有。突然之间，他心肌梗死，走了。

这是张锐的宿命。他只能独自承受压力。“我也没办法帮他承受这个压力，最多他给我说一说。他说能代表什么呢？我也不能帮他解决问题，所有的压力都在他自己身上。”

她与张锐经常聊天，关于春雨医生。他们曾经无话不谈，聊早期融资都聊得很通畅。融资越往后，张锐的话就越少。“我相信他把更多的话藏在了自己的心里。”

“岁月你别催……”

岁月你别催，

该来的我不推，
该还的还，
该给的我给。

——李宗盛《给自己的歌》

张锐对她说，小宝，等公司上市了，我就把公司交给他们去管，我带你去周游世界，我们去旅行，去做那些我们想做的事情。

她说，好啊，你有时间节点吗？到时候就退休。

张锐说，还得奋斗一段时间，最早也得2018年。

她说，好啊。

这是10月2号的事。她给他放水泡澡，消除疲劳。她给他用了橘子味儿的浴液。她说："泡一下解乏。"

他要她拿iPad（苹果平板电脑）给他放音乐。

她问，放哪首歌？

他说，我最近听的那首歌，《给自己的歌》。歌词写得太好了。有一次我听到这歌，听到那两句歌词，眼泪就下来了。

她问，哪两句歌词？

他说——

恨意在夜里翻墙，
是空空荡荡，
却嗡嗡作响，
谁在你心里放冷枪。

“你刚才问我他有没有压力，他没有明确地跟我讲什么事、怎么了，可是我听到那句歌词的时候心里很不好。”她告诉我，“恨意在夜里翻墙，是空空荡荡，却嗡嗡作响，谁在你心里放冷枪。”

谁在张锐心里放冷枪？

几个月前，互联网上突然铺天盖地地出现春雨医生的负面消息，甚至还出现了《论春雨医生的倒掉》。

那段时间张锐背负着特别大的压力，对于那些恶搞他和春雨的言论，他只能默不作声，默默承受巨大的精神压力。他从媒体走来，身上依旧带有媒体人的敏感。尽管他后来学会了接纳，相信在这个世界上没有一个人会完全说他好，但他还是感受到了压力。

当他成为企业家后，他不能反驳，一反驳就中计了。他内心太憋屈，不像在《京华时报》和网易时那么酣畅淋漓。

“他只能默默忍到自己心里，唱一首恨意在夜里翻墙，是空空荡荡，却嗡嗡作响，只能是这样而已了。”

我问她，张锐对家庭是否有负疚感？她说，他生前并无负疚感，但死后一定会充满负疚感。

尽管并无负疚感，但张锐这半年来的生活态度发生了巨变。之前的张锐是一个工作狂，“一个完全做事的男人”。他会在早上出门，晚上很晚回家，忙一天了也不歇息，继续工作到夤夜。周末的时候，他会约投资人和客户见面，有时候也参加一些活动。

在去世前半年，张锐仿佛换了一个人。她觉得这是他冥冥之中知道自己要走了，对她的留恋或补偿。“他变了，每天早上上班他会告诉我，我今天有几个会，我开完就回来。他真的开完会就回来陪我，就陪在我身边。”

他们通常是在家中吃饭，她做饭。如果她问张锐，今天晚上是出去吃饭还是在家吃饭，张锐就会知道她想出去吃了。

以前他们一起出去吃饭，他从来不问她想去哪儿，想吃什么。10月3日，她出发去伦敦前，他问她：“你想怎么吃饭？”她说：“出去吃。”他说：“走。”

他们在一家日本料理店吃了生命中最后的晚餐。他给她点了杯梅酒，然后坐在那儿喝酒，吃完聊天，跟小皮拍照。他们观察隔壁的几对男女，分析哪一对是情侣，哪一对是朋友。

她在那儿给他留下了生前最后的照片，在日本料理店门口，里面是灯光，一边一把椅子，小皮坐在一把椅子上，张锐坐在一把椅子上。他们这样对视。

小皮是他们结婚那年她领回来的，从此之后它成为他们的家庭成员，儿子。在张锐的告别仪式上，灵堂播放的视频里，到处是小皮的身影。她在伦敦买的那只白色毛绒狗，长得像小皮，就代表小皮陪“爸爸”一起走了，被放在棺材里，放在张锐的耳边。

小皮与她须臾不离，在张锐走后，它是她唯一的慰藉。有一次张锐说，我前世是在甘孜做一个僧人，我想去甘孜看看，能不能有缘找到。她就带着小皮先从北京开车到成都，张锐坐飞机到成都，然后一家三口开车去甘孜。回程的时候，她又是独自驾驶——他坐飞机赶回北京处理公务。

“全维罗纳响起了晚祷的钟声”

张锐死后，右眼闭拢，左眼微睁，似有牵挂。

她觉得他所牵挂的，也许并不是她。“他不是为人间而来的，他为众生而来。”她在朋友圈里说。

她给他做了24小时的法事，希望能够为他超度。一位居士觉得张锐是个好人，做的事惠及众生，为他连续念了3个多钟头的“南无阿弥陀佛”，以表达对他的敬意。他对她说：“他是个菩萨。”

“他是菩萨，他当他的菩萨就好了，打扰我这么多年干吗？我是气话。他那么爱这个世界，他真的很爱这个世界和这个世界上的人。他是那样的一个人，他来过……”

对这个世界来说，张锐只是一个过客，人们很快就会遗忘他的故事。对她来说，张锐却是她生活的全部，是深入骨髓的记忆、甜蜜的痛苦、揪心的幸福，以及挥之不去的声音、影像和文字。它们密密麻麻地覆盖住了她的生活，至少会覆盖一阵子。

但生活还得继续，不是吗？

她之前一直留着齐腰长发，是个长发飘飘的女生。“我们结婚后，我开始留头发，主要原因是剪头发太麻烦，费时间，打理起来又费钱。我发现最省钱的方法就是不剪它，一直留长，这是最省钱的方法。”

在张锐走后，她剪断了齐腰的长发，放进了张锐的尸袋里，让它们随着他一起走了。这是一种纪念，同时也是一种告别。

“那个小狗玩具和我的头发是最后随他走的，我也没有什么能做的，就是这样子。”

她爱张锐，也恨他。

张锐生于医生世家，他觉得中国医疗不公平，试图扭转这种现状。他把他的命都留下了。她说。

张锐为春雨医生做的最后一件事，就是在他死后第二天，10 月 6 日，“春雨医生”App 的下载量、访问量、新增用户量、日活量陡升。

张锐喜欢看数据。他说，作为互联网经营者也好，作为创业者也好，什么都是假的，只有数据才是真的。他每天早上起床后的第一件事就是看数据，春雨医生也规定每天的第一封邮件就是前一天的数据表。

10 月 6 日那天的数据过于惊人。一个投资人在看后伤心不已。“数据太好了，但是这个代价太大了。”

张锐火化后，张锐的父母希望让张锐回到合肥被安葬。她不愿忤逆老人的心愿。张锐的骨灰只在他们的家中停留了半个小时。她把张锐的遗照、骨灰、灵位、结婚照摆在那里。边上是他们的婚姻体悟、感言，被她写在了叶子上，贴在一个花环中。她一般会在吵架时贴那些叶子，她会写下安慰自己的话。她说，如果哪天叶子贴满了，岁月也就拉长了。

叶子还没贴满，岁月已经太长了。

三十分钟后，张锐的妹妹带着哥哥的骨灰回乡。张锐将会葬在他出生和逃离的地方。他曾在那里的太平间玩耍，也曾在那里叛逆和出走，最终他与那里和解、交融。

全维罗纳响起了晚祷的钟声。

我想起了《金蔷薇》中的这句话。

为人民服务

在北京，在春雨医生办公室一楼，有一块大大的影壁，上面写着五个字。办公室装修的时候，他们想铲掉。工厂负责人说，那是文物，是工厂建立时毛主席给他们写的，必须留在这面墙上。

为人民服务。

“人生早就给你答案了。”她说。

2016 年 10 月 5 日晚 9 时许，春雨医生 CEO 张锐死了。他死于心肌梗死。他留在世上的是父母和妻子，以及一条叫“小皮”的狗，还有一家叫“春雨医生”的公司。除此之外，他没留下任何痕迹。

人们很快就会忘记他。

他的遗孀，她说：“他就是个流氓。如果再给我一次机会，我坚决不会选择跟他在一起。我宁愿从不认识他，从不跟他相逢。我非常负责任地说，如果再有一次机会，我愿意从不认识他。”

我知道，她说的是个谎言。

北京零点后

王天挺

新生命的诞生总是伴随着愉悦、痛楚与混乱，在深夜里尤是如此。每当有孕妇被送进医院，夜班助产士芦静所在的待产室就响起急促的警铃，正在休息的她会立刻起身撞开产房的门，开始自己的工作。“宝贝儿，再加把劲！”她那音域宽广的女高音在黑夜里有节奏地响起，直到新生儿更加高亢的哭声把它盖过去。

在北京的深夜，大多数临盆的孕妇都要拨打急救电话，然后搭乘呼啸而来的急救车前往医院，接受助产士们的帮助。急救车上的标准人员配置是一名医生、一名司机、一个担架工。比如，在北京市前门大街的急救中心里——这家中心拥有 23 辆救护车、2 辆急救摩托和 1 架停在大厅里没有螺旋桨的直升机——32 岁的值班医生陆毅就承担了这样的角色。

陆毅的团队大多数时候开一辆奔驰或雪佛兰的救护车，每公里收费 5 元钱和 40 元出诊费，有的时候则开一辆丰田，每公里只收 2.5 元和 20 元出诊费——当患者病重到需要使用呼吸机时，每小时要增加 20 元。他们的车队在 2012 年总共发生剐蹭事故 23 起，不知为何，其中

48 号车的碰撞次数最多，它的右前杠角、左前杠底角、前景灯左侧、左后轮眉边和中门分别被剐蹭过。

急救医生会在深夜 1 点去路边解救一名撕扯自己上衣的酒鬼，并看着他吐在价值 8 万元的史赛克急救担架上；这副担架在 2 点的时候搭载了一名破水的孕妇，她的丈夫在旁边无法抑制地尖叫；到了 3 点，因为疲劳驾驶发生车祸导致的断手断腿的情况就多了起来，伤员通常会被强制送到最近的医院。还有些时候，急救人员会在一名严重痔疮患者的强烈要求下，默默将其送往医院，然后站上两三个小时等待患者从担架上下来。他们也会碰到半夜打不着车回家假装脚扭伤而打 120 的家伙，或者是听到电话里一个快哭出来的男声："我儿子快不行了！快来！"然后在开了一个多小时车，闯了 10 个红灯之后，发现他的儿子是只狗。

在北京这座城市里，平均每晚有 155 人出生，99 人死亡，这些生命大多开始或结束于全市医院共 94 735 个床位上，但也有一些例外。

比如位于城市北郊回龙观的自杀干预热线中心，4 条线路平均每天深夜会接到 45 个电话，其中 1.3 个会是高危来电。"我就想在这个世界上留下最后的声音。"——这是一个患重度抑郁症的女孩站在楼顶上打来的，她只想问一个"技术性问题"：她站的楼层跳下去是不是肯定会死。她只允许接线员最多说三句话。才工作两个月的接线员王景娜，把三句话说到了 30 分钟，最后让女孩放弃了自杀的念头。但令人遗憾的是，这些努力并不是任何时候都能成功。

北京的深夜默许着诞生与死亡的交替出现、秩序与混乱的共同存在，全城超过 40 万个的摄像头是相当可靠的见证者。除此之外，分布在这座城市 9 164 万平方米辖区和 6 258 公里道路上的夜班巡警、公路交警和小区片警，也在默默守护着这座城市。

有时，他们要去追捕一个危险的杀人者，他刚刚在火车站售票厅用割喉的方式残忍杀死了一男一女两名乘客；有时，他们会发现隐藏在人群中的女毒贩，并从她的文胸里搜出 1 斤重的冰毒；他们会告诉你，在朝阳区香河路上，曾有一个专偷出租车的计价器和发票的小偷；一名叫杨海龙的中年人，正偷偷溜进一处新开的工地，打着手电筒用小铁锹、改锥挖掘古瓷片，然后用鸡蛋清把碎瓷粘起来，白天拿去潘家园售卖。

深夜里，还有一些你意识不到的重要部门在默默运转。在东直门附近的北京油气调控中心，包括周晓莹在内的 60 名夜班天然气调度员，正在直接指挥 1 000 多条天然气管道，为这座城市输送它赖以生存的“血液”（每小时平均输送 200 万立方米）。而当夜间的修路工把一卡车沥青卸到地面时，北京冬夜的地面温度瞬间能达到 130 摄氏度，如果不小心踩上去，2 厘米厚的胶靴底也会融化。

在夜间的灯光卫星图上，北京城会呈现一个类似于神龟的图案。组成这个图案的是存在于公共建筑物里的约 1 000 万个灯泡和分布在全市区的 18 万余盏路灯，这些路灯由一个叫作北京市路灯管理处的部门负责管理。从 1906 年北京第一次出现电路灯开始，北京的路灯维修人员已经在深夜里穿梭了 100 多年。

北京的深夜平均每年会发生 2 022 起火灾，其中 40.5 起是由自燃导致的，而有 55 人会在半夜放火。大部分的火灾都会在一个小时之内被北京市消防局的 108 个消防中队、622 辆消防车扑灭。它们最新型的水泵能够覆盖两座国贸三期（北京现在的最高建筑，高 330 米）的高度，在 6 553 个消防员中，至少有 10 人拥有六块腹肌。

北京几家都市报的热线部门工作人员，通常是这座城市里最先知道深夜发生的偷窃、命案与火灾的一批人。位于朝阳区建国路 71 号的《法制晚报》热线部，这个团队包括一个接热线电话的实习生、一个摄影记者和三个文字记者，他们的工作内容除了记者的本行，有时还包括在凌晨两点救助一只受伤的猴子，或是在内河中帮助警察打捞刚刚发现的无名尸体。

在很多警察与记者没有注意到的豪华场所里，欲望正在不受约束地滋长。北京拥有 63 家五星级酒店和 127 家四星级酒店，每间房每晚的平均消费分别是 792 元和 473 元——这只是官方数字。很少有人知道豪华酒店一间房间的单日成本只有 100 元，其中毛巾和床单的清洁费用是 30 元，供暖、照明、磨损折旧费是 15 元，房间服务员每打扫一间房的工资大约是 12 元，而她使用的清洁用品只要 3 元。但这样一间房间每晚的价格大多在千元以上。在一些酒店，一张床在 5 年间要承受累计 300 吨以上的睡眠重量，和 2 000 对以上做爱的情侣。

在北京夜间入住酒店最多的外国人来自美国，其次是韩国。但酒店员工们最欢迎的还是来自中东和俄罗斯的客人。一位来自俄罗斯的石油大亨在从酒店门口豪华轿车迈出第一步开始直到走进电梯的 3 分钟之内一共给出了 750 英镑[①] 的小费，所有的酒店员工都想方设法在他可能路过的地方出现。

深夜的遮蔽放纵了欲望与狂欢。一名服务人员发誓亲眼看到一位来自捷克的乐队成员把包括钢琴和架子鼓在内的全套家伙搬进了套房；

---

① 1 英镑目前约为 9.15 元。——编者注

几天前，1 斤 Almas 鱼子酱、2 根特立尼达雪茄和 4 瓶 Krug（库克）顶级香槟被一位来自南方的保险商人一次性买走，总价超过 10 万元；一个住在一晚要价 8 万元的总统套间的金融高管，在喝掉迷你酒吧里的酒之后，把尿撒在了里面——反正大多数酒都是黄色的。

北京每晚都有不同的盛大派对。在西北郊的一座高尔夫球场，150 个高尔夫球被塞入了发光的材料，30 多个穿着亮片材质衣服的女高尔夫球手同时击球，夜空中就像有流星划过。在位于万寿寺路甲 1 号的一栋豪宅里，两位没仔细看邀请函上标注着 white russian party（白色俄罗斯风格派对）的女士，涂着黑色甲油、穿着黑丝袜来到现场。不过也不要紧，在不远处的另一个场地中，正在进行更适合她们的打扮的哥特风格派对。

没有人统计过北京有多少家酒吧。但在广渠门内大街 16 号，一位名叫周飞的调酒师能够把花椒打成粉末，再以姜和薄荷搭配在一起，调出一款名为“川朝”的鸡尾酒；在工体北路的一家酒吧里，一位姓张的网络通信工程师可以将 15 只骰子同时摇出最大点数。北京有上千个酒吧驻唱歌手，其中有 10 多个能够唱出高难度的海豚音，但留着橙色的齐刘海，总是抽一支长 10 厘米、直径 0.5 厘米的 Esse（爱喜）薄荷凉烟的酒吧驻唱歌手，或许只有这一个。

这个歌手是北京现代音乐学院的插班生，驻唱 3 年，在“月色”酒吧里，她的名字叫娜娜。她拥有一支成员全部是天蝎座的乐队，他们这一周唱得最多的两首歌是《小情歌》和《我的歌声里》，分别唱了 12 和 15 遍。最近的一个晚上，她的身旁有 25 个骰子在同时晃动，4 对客人在扯着嗓子讲话，还有 1 个正在毫无生气地进行攀爬的钢管舞女郎。

一名陪酒的姑娘趁着男人上厕所的时候，偷偷往自己的酒杯里兑水，这事儿被发现的概率很小。

娜娜每天的生活从黑夜开始，到黑夜结束。她一晚上能挣 200 元，每月需要支付 2 000 元的合租租金。她盯着窗外卖气球的老太太，吐了个烟圈，相当梦幻地说了一句：“我看不到未来。”几天前她刚跟男朋友分手，因为他考上了公务员，她无法忍受两人地位的差距。那天晚上，她唱的最后一首歌是《领悟》。歌词她多唱了一遍：“我们的爱若是错误，愿你我没有白白受苦，若曾真心真意付出，就应该满足。”

当娜娜唱着《领悟》时，在北京的深夜里，庞大的失眠人群以各种各样的姿势瞪着天花板，如果能搜集起每天夜间在城市上空飘荡的“数羊”声，那也许将是令人震耳欲聋的分贝数。在这样的夜里，收听电台是寻求慰藉的最好方式之一。

零点之后，北京上空有 60 条调频电波和 101 条中波交织在一起，其中调频 103.9 兆赫属于一位叫杨晨的电台主持人。在建国门外大街甲 14 号广播大厦的一间门外有警卫站岗的直播间里，他主持一档名叫《有我陪着你》的两个小时的夜间聊天节目，在 6 年的时间中，他总共说了 3 000 多次“发送短信‘HD+ 内容’至 10621039”，触摸电台仪器的放电棒 600 多次，上下推拉操控板上的 18 个键位无数次。

这天深夜的节目里，有 100 多个睡不着的人发来了短信，其中有一个再过 5 个月就要高考的高中生、一个天亮就要领证却还在担心嫁没嫁错人的女士，以及一个饱受领导摧残、说辞职说了多次也没有行动的苦恼男士。

“听众朋友们晚上好，我现在有点儿饿了。”这天晚上节目临近尾声时，这个身高190厘米的主持人突然这样说道。他在这个夜晚尽职地扮演了安慰者的角色，而他身边的聊天嘉宾晓晏，这位曾在电视剧中为孝庄太后配音的女士，在两个小时里有些无聊，把自己的鞋带解开6次又重新系上。

大多数普通人在深夜的故事是不为人所知的。一个叫林欣的新婚男子在凌晨两点排队过户买房，夜里太冷，他身边的排队者被冻哭了；朝阳区东三环中路的一家星级酒店的大堂经理，曾目瞪口呆地看着一位赤身裸体的女士跑出了门，他不明白究竟发生了什么；在位于京沈高速附近的一家汽车影院里，裹着羽绒服的年轻放映员总是幻想着能像《搏击俱乐部》里那样，在影片中插入几帧色情图片。

很多人借着夜色发挥着自己隐藏的特殊能力。一个彻夜代刷游戏金币的中国传媒大学学生，这个晚上挣了260元钱，他在虚拟世界里共挥了5 000多刀，杀了900多只怪物；北京静安庄一个穿着破旧牛仔裤的28岁美股交易员按下了最后一个键，他刚刚使自己的月盈利额达到了25万美元；一个喜欢在车里卖各种挂饰的出租车司机，在深夜饥饿的时候跑去北新桥卤煮店，专门要一份没洗干净的大肠卤煮，他讶异地发现，那里的卤煮师傅每做完一碗，都会把菜刀像扔飞镖一样剁在一米开外的案板上，并从不失手。

毫无疑问，出租车司机是北京深夜最活跃的人群之一。一个喜欢在深夜用车载对讲机聊天的出租车司机会竖着食指跟你说，世纪坛其实是海军的长波雷达，那根针是长波天线，是为了和我们的核潜艇联络用的，所以那根针会不规律地摆动；一个家住房山的慈眉善目的的哥，会和蔼可亲地讲述那些发生在本市的出租车司机杀害乘客或是乘客杀害出租车司机的案子，当他讲到某个“司机在杀死乘客后直接将其推进水里但是不巧被摄像头捕捉到”的段落时，车刚巧开到河边。在北京，至少有20个司机以前是股神，还有10多个破产的前商业大亨和数不清的退伍军人。他们的故事通常以“想当年”开始，以“要不是……，我才不干出租车这一行”结束。

北京的深夜里有一些可被称为坚持的东西。建筑垃圾处理商张树西的车，只有在零点之后才能出现在北京的道路上，他像国王一样检视自己23辆车组成的浩浩荡荡的渣土车队，其中包括2辆10轮的欧曼自卸车，它们每车装载10吨，一车收费300元，垃圾将会被运往北京六环外国家规定的21个大坑，以及不计其数的不存在于地图上的小坑，那里原来是挖沙留下的深洞、农村的鱼塘或干枯的河道。干这行15年后，他不仅知道北京周边每一个“黑坑”的位置，还知道能在哪个路口甩掉城管，以及再过6个红绿灯会有一个警察在那儿等着他。“我闻一闻就知道他们在哪儿。”张先生颇为自己的技术特长感到骄傲。

每倒下一车垃圾，张树西将付给坑主30元，这是大客户才享有的价格，在倾倒的一瞬间，10个头戴矿灯的拾荒者就会从北京的黑夜中钻出，用铁钩将垃圾分拣出来，这些活儿通常在1根烟的时间内就完成了。

在过去的15年里，张先生努力与北京这座城市发生关系，他会在路过地铁安华桥站和鼓楼大街站时，自豪地说这地方的垃圾就是我运走的，但并没有多少人认识他。在深夜，他唯一的朋友是一群眼神凌厉的路边野猫，还有让他曾听得号啕大哭的汪峰的歌曲《春天里》。

在北二环德胜门工美大厦右侧一间4平方米的保安岗亭里，保安郝明军会告诉你，10米开外大门紧闭的银行里，有一个从不露面的银行保安；在身后小区里 20 多只野猫的面前，蹲着一个每天准时喂食的垃圾清运工；在旁边的超市里，曾有一个男人躲在立式空调后面，后来偷走了超市所有的零钱。

郝明军掌管有 60 个车位的大厦车库，他能记住大厦领导 11 辆奥迪车的车牌号码，并在 0.1 秒之内按下手中的遥控按钮升起车库的栅栏。这个每小时工资为 6.625 元的 47 岁河南人，在深夜零点到早上 8 点的时段中，每隔 1 小时就需要巡视一次；这天晚上，在这段 4 分钟的路程中，他不多不少走了 375 步。他很多时候并不需要计时工具，隔壁的面馆会在 4 点半亮灯做活，马路上的车会在 5 点半突然增多，而到了早上 7 点，所有的路灯就会在一瞬间熄灭。在一个小时之后，他会回到那个车库的地下室，并满意地盘算起他又为老家的新房挣了 265 块砖。

每天零点后，降落在北京的航班有 100 多趟，旅客超过 15 000 人，乘坐火车、长途大巴抵达的旅客更是不计其数。他们当中有无数来此寻梦者，但很少有人能清醒地意识到，眼前这片被辉煌灯火照亮的夜幕，既收获着生命，也迎接着死亡；它有着与生俱来的混乱，也有着与之抗衡的秩序；它批量生产繁华与梦想，也制造同等规模的欲望与颓丧；它冷眼旁观失败者的挣扎，也不吝于分享实现梦想者的喜悦。

当太阳升起，地铁开动，人们出门上班时，深夜的一切仿佛从来不曾出现。但你如果用心也许会发现，饭店门外摆着一箱箱等待清洗的肮脏碗筷；马路上还留有些许渣土；刚刚出街的报纸上登着夜里的新闻；医院门口，一对夫妻抱着刚出生的孩子回家，露出欣喜而略带疲惫的笑容。这便是它深刻存在且不容忽视的证明。

被遗忘的国家任务

王天挺

36 年前，国家让他编纂“阿富汗语词典”，后来国家忘记了这项任务。

在打印店打了几份材料之后，车洪才先生小心翼翼地把它们装进包里，来到位于北京王府井大街的商务印书馆。进门之后他也不知道该找谁，直到传达室的人来询问，他才被告知应该去外语辞书编辑室。编辑室里只有一位小姑娘，她问他：“您要出什么书？”他说：“出一本词典，《普什图语汉语词典》。”

“没听说过。”小姑娘摇摇头。“大概有多少字呢？”她又问。“两百多万。”车洪才答道。她惊讶地抬起头，赶忙去找编辑室的主任。

当编辑室主任张文英赶到时，车洪才把打印好的词典编写过程、体例说明的材料交给了她。她越看越吃惊，突然发现这本词典在商务印书馆是立了项的，但她完全没有印象。最后她跑去资料室查档案，结果在一份 20 世纪 70 年代的档案中找到了记录：商务印书馆接全国辞书工作会议的指示，组织编写《普什图语汉语词典》，时间是 1978 年。

这意味着，到 2014 年即将出版为止，这部词典编了整整 36 年。

被人遗忘的词典

车洪才的儿子车然小时候印象最深的就是在北京自家的客厅里，摆了一个占据整面墙的柜子。柜子很像是中药房里的药柜，上面有一个个的小抽屉，“往外拉能看到里面是一溜儿写满字的白色卡片，沉得要命”。那时候除了父亲没人能看懂上面写了什么，他也不知道父亲的工作跟这卡片有什么关系。

后来，车然又把这些卡片统统搬到了厦门，因为怕丢失，不敢托运，只好每次坐飞机带一部分，“果然沉得要命，每次都超重”。

这些卡片是车洪才在30多年里积攒出来的，上面写满了普什图语–汉语的翻译词条。这几年天冷的时候，已经退休多年的车洪才会到厦门儿子家里住上几个月，没事的时候他打太极拳，陪老伴儿去海边或者干脆在家里看诗歌集。但大多数时候他都对着一台电脑，把卡片的内容输进去。现在，这台东芝笔记本电脑是他的“宝贝”，里面存着他积累的包括5万个词条、合计250多万字的普什图语汉语词典。

为此他曾经做过两次眼部手术，其中一次是视网膜脱落，早上一起床发现平时个子高挑的孙女怎么成了一条缝？结果第二天他就看不见了。然后就是这些年耳朵也听不太清了，左耳比右耳好些，所以家人都习惯站在他左边跟他说话。

邻居们不知道的是，这个喜欢在院子里溜达、有点儿耳背的老先生即将完成国内第一部《普什图语汉语词典》。但事实上，连出版社都忘记了这部词典的存在。

当初负责这部词典的编辑孙敦汉已经80多岁，他还记得当时有两个人脱产来编这部词典，其中一个就是车洪才。“当时没有规定期限，没人知道要做多长时间。”

在他的记忆里，后来又开过很多次辞书会议，有的词典又被分给其他出版社了，“文革”刚结束的时候也比较混乱，加上两人工作调动的原因，“就渐渐没了联系，出版社也就忘了这回事”。

普什图语是阿富汗的官方语言，主要在阿富汗和巴基斯坦西北部使用，新中国成立以来学习这种语言的不到100人，目前长期使用的也就30多人，他们集中在中国国际广播电台、新华社、边防和海关等。“除了这些人，很少有人会用这部词典。”车然一直担心词典无法出版，他托人打听别的出版社，甚至考虑过自己出钱完成父亲的心愿。

“我不着急，这都等了30多年了。”车洪才说，“我心里有底，我编的东西的分量我知道。”这些年，唯一关注他的词典的居然是一位居住在美国的阿富汗人，车洪才也搞不清他是怎么知道的。“他打电话过来问我的情况，上来先用英语说，然后开始用普什图语，好像在考验我似的。但我答得很好。”这让他有些宽慰。

天降大任

在车洪才北京家中的书柜里，放着他在大使馆工作期间和各国政要大大小小的合影。书柜的最深处有一个16开的本子，封面用普什图语和英语写着“毕业证书”，这是他在阿富汗喀布尔大学文学院留学后获得的，那里是他和普什图语最早结缘的地方。

1955年万隆会议之后，中国政府开始加强与亚非拉各国的联系，与中国建交、半建交的国家迅速增加。

这时外交部翻译干部数量不足、水平不高的问题日益突出，有几个新建使馆甚至派不出到驻在国的翻译。为了解决这个问题，周恩来总理指示外交部，从全国各大院校抽调外语系学生去十几个国家学习小语种，即非通用语。还在北京外国语大学念大三的车洪才就是被抽调的学生之一。

他异常兴奋，“因为被派去苏联和社会主义国家的人比较多，而当时阿富汗还被划为资本主义国家，机会很少”。那时候他还不是党员，他觉得这是组织对他的信任。

刚去的时候，他也不知道学什么语种，只是被使馆临时分了宿舍，宿舍里就有日后一起编词典的张敏。最后决定的人随手一指，告诉他们：“你们这个宿舍的人学普什图语，另外的宿舍就学波斯语吧。”

他琢磨着国家派他来是为了取经的，那就要尽快把经带回去。于是他没休过寒暑假，花 3 年学完了 9 个学期的课程，他觉得这是一个“历史使命”。

回国后他先是在北京广播学院（现中国传媒大学）教语言，培养了两批学生，然后去了国际广播电台普什图语组，其间还被要求把人民代表大会的政府工作报告翻译成普什图语。“那时候国家对非通用语的需求非常大，我就被调来调去。”他说道。

1975 年，为了增加中国在联合国教科文组织的影响力，国务院召开的全国辞书工作会议决定，准备花 10 年出版 160 种中外文词典，其中就包括《普什图语汉语词典》。

“文革”后期，辞书市场是一片荒地。截至 1975 年年初，书店中公开出售的中外文词典仅有《新华字典》《工农兵字典》《袖珍英汉词典》等少数几种小型词典，收录的词也非常少。

“这是件非常光荣的事情。”1978 年，商务印书馆把《普什图语汉语词典》的编写工作交给了当时在北京广播学院外语系工作的车洪才，他毫不犹豫地接受了。“这是国家给我的任务，我出国所学的就是为了这一天。”

同时参与编写的还包括他的助手——从河北文化馆抽调来的他以前的学生宋强民，他们两人完全脱产编词典。老同学张敏则利用在国际广播电台普什图语组工作的便利时常帮忙。

“我们那时候就有一股冲劲，想要把这件事做好。”张敏对《人物》记者说。

车洪才刚接手词典，信心很足，他希望打造中国第一本优质的普汉词典，“可以流传后世的那种”。他和宋强民都乐观地认为词典的完成会在“两三年之内”。

在北京广播学院 5 号楼一间不大的办公室里，他们把能找到的相关词典都摊在桌子上。宋强民以前学过木工，他给每本词典都做了个托架，方便阅读。车洪才则开始以一本从俄语翻译过来的词典为蓝本进行编纂，直接在上面用铅笔修改。

这件事情没有任何经费。他们从国际广播电台借了一台普什图语打字机，先在纸上打普什图语，再换英文打字机敲上英文。后来俩人又想到卡片的形式利于保存，宋强民就找到了当时西单二龙路街道办事处的一家印刷厂，厂里有一些不用的下脚料，他拜托他们把这些纸切成大小相同的卡片，于是就有了统一的格式：在 15 × 10 厘米的卡片上，先是普什图词语，然后是注音，下面是词性，最后是释义。

“小宋爸爸是戏剧学校的领导，小时候抄过戏文，所以他的字也写得很工整。那真是一丝不苟地写字。”车洪才感叹。

他们甚至考虑到了做好以后怎么印刷，在“文革”的时候外文印刷厂排过一本普什图语毛主席语录，有现成的刻好的铅字，直接就可以拿来用。但好景不长，1979 年苏联入侵阿富汗，中国政府拒绝承认苏联扶植的卡尔迈勒政权，中阿关系恶化。他担心政策会有变化，但还是安慰编词典的同伴：“这个时候应该更需要这部词典，因为阿富汗的‘亲苏’身份使它成为更重要的调研对象。”

结果等了一段时间，他发现没有人过问这件事。领导从没来看过他们，同事除了在每周一次的政治学习上见他一面，都搞不清他在做什么。只有商务印书馆的编辑每隔大半年会打个电话过来，询问一下进度。

命运不受支配

编词典的工作烦琐而枯燥。他和宋强民长时间地闷在办公室里，只能听见铅笔“沙沙”写字的声音。因为过度聚精会神，眼睛会很疼，“像针扎一样”。碰到生僻的词，有时候一上午也编不出几个。车洪才觉得自己就像是电影《李时珍》里的人物，在经历一段漫长而没有尽头的采药工作。“编词典的时候看着外面的楼一天天上去，我就在想我们这速度怎么上不来？”

但在车洪才的夫人学平女士看来，他们的速度已经够惊人了，她经常去办公室发现俩人默不作声地一个译单词，一个抄卡片，满屋子纸片堆得都快把人埋起来了。她从不敢打扰他们，因为有一次她拍了一下车洪才的肩膀，结果他像触了电一样抖了几下，“太专注了”。

到 1981 年，3 年里车洪才和宋强民整理出了 10 万张卡片，他们把卡片放在木质卡片箱里，塞进文件柜，足足装了 30 多箱。

“那时的工作已经完成了 70%，就快做完了。”车洪才对《人物》记者说。

突然有一天，院里的领导找他谈话，让他把词典编写工作停一下，“让我为新设的专业做全国调研”，理由是“总该为院里做点儿事了吧”。车洪才临走前把装卡片的文件柜锁在外语系的办公室里，谁知道一锁就是 20 多年。

调研回来的时候已经是 1984 年的春节，他心想：“这回该让我编词典了吧。”

结果过完年他先是被要求组织开设广播电视的函授班——这一干就是 5 年，“赵忠祥都曾是这个班的一员”。结束之后，他又被外交部借调去巴基斯坦大使馆，那时候他已经 52 岁。这意味着他要从教学工作转到外交工作，还要在当地学开车，每周都要穿上正装参加使馆的宴会。

他不乐意去，在家躲了 3 个月没有回复。外交部干部司沉不住气了，车洪才对此印象很深刻：“我们家那时候都没有电话，后面传达室那儿叫我，喊我接电话。我想谁打电话找我，结果是外交部的干部司：‘哎呀，能不能来一趟谈一谈？’”

去了那儿他先是说自己身体不好，“有肾结石血压高什么的”，结果外交部医务室一查没事，可以去。结果他就去了。而他的10万多张卡片还被锁在北京广播学院外语系办公室的柜子里。他对此耿耿于怀很久，后来在写书面材料阐述词典工作如何停止时，他写道："被强行调动，这项工作由此搁浅。"到了晚上，他翻来覆去睡不着觉，经常拿一张巴基斯坦当地普什图语报纸，在上面圈新的词汇，他想想就心痛，"这么多人的努力就摆在那里了"。

他也惦记着那些卡片的安全。出国前发生过一件让他心痛的事，有一次外语系办公室装修，他刚好路过那儿，突然发现自己装卡片的柜子出现在水房，然后满地都是白色的卡片，窗户上、外面的水泥地上扔得到处都是。原来工人把卡片柜中间的两个抽屉卸了下来，拿出里面的卡片，铺在地上睡觉。

车洪才当时就疯了。"你们这是犯罪！你知道吗?!"他冲着工人大发雷霆。"我一张一张往回捡，完了以后全部拿回家，女儿帮我排序查漏，有的字她不认识啊，有的看着像就往那儿搁在一块。"查到最后还是少了百儿八十张，他很伤心，把卡片装在箱子里，他都不愿再看箱子一眼。

1992年4月，阿富汗纳吉布拉政权垮台，游击队接管政权，中阿关系正常化，正在巴基斯坦的车洪才被派到了30多年没去的阿富汗。他重燃希望，觉得可以为词典搜集资料了。结果没几个月，阿富汗内战加剧，中国大使馆人员全部撤离。

撤离之前，大使馆中了13颗火箭弹，宴会楼直接塌了，房顶也全是洞，还有一颗火箭弹卡在上面没有炸。车洪才当时正躲在一边避弹，突然就觉得："我的命运都不是我支配的。"

回国之后，已经没多少人还记得有一部《普什图语汉语词典》需要编写了。学院里的领导都已经更换了一批，没有人听他的汇报，也没有人给他安排新的工作。他完全被遗忘了。“档案里都没这段了。”夫人学平说，“那段时间他不跟人交往，人都有些不正常，没多久就退休了。”

未完待续

车洪才记得，第一次听说本·拉登的名字还是在 2001 年“9 · 11”事件之前。即便退休了，他仍然关心阿富汗局势，他分析塔利班里面应该有正规军混了进去，“不然不会那么快就控制住了全国的局势”。

结果不久之后就发生了“9 · 11”事件，以美国为首的联军拉开了阿富汗战争的序幕，此后自杀性爆炸事件层出不穷，世界进入了一个“全球反恐战争”的时代。由于长期在阿富汗作战，美国政府感到普什图语人才奇缺，还曾公开面向全世界招聘既懂英语又懂普什图语的人才。

这时候，北京广播学院也恢复了对非通用语专业的招生，在家待了很久的车洪才被请过去教授普什图语。他偶尔会在课堂上提到那本没编完的词典，还有锁在箱子里的卡片，学生们都很惊讶，觉得“不编完可惜了”。

此时中阿两国的交往更加频繁，普什图语的需求很大。在甘肃，一个阿富汗人贩卖鹰隼，审判的时候没人懂普什图语，还专门从北京调了他的一个学生过去翻译；一位在中国国际广播电台普什图语频道工作多年的领导，刚下飞机到了乌鲁木齐机场就被一群阿富汗人围住请他帮忙，因为他们不会填写出入境表格。

这让他决心把词典编完。2008 年，不再教书、有了完全闲暇之后，已经 72 岁的车洪才叫上原来在喀布尔大学的同学、一起编过词典的张敏，作为共同的主编来完成这部词典。“前几天我还打电话问他身体怎么样，他有前列腺炎，说最近还要再检查检查。我说不要紧，离死还早着呢，坚持把这个干出来。”

“反正也没事。”张敏乐呵呵的，“就是想给自己总结总结。”他现在需要把过去总结的词条重新校对一遍，还要往里面添加新的词语。

为了能让出版社印刷，他们必须先把卡片上的词条输入电脑。张敏不太会用电脑，这件事由车洪才来做。一开始总是出事故，不是忘记保存，就是他的普什图文软件和系统不兼容。这个软件是他在瑞典的一个阿富汗人创建的网站中找到的。“他一皱着眉头从屋里出来，我就想坏事儿了，又要重装系统了。”学平说。

他还让儿子车然公司的员工帮忙，那时候刚好金融危机，员工闲着没事，4 台电脑、五六个员工轮流输入。“他们主要输中文和注音，普什图语还得他自己输，就这样他还不满意，嫌人家错误率高。”车然说。

又花了 4 年多的时间，到了 2012 年年初，全部的初稿已经基本完成。车洪才觉得悬了 30 多年的心终于落定。

他拿做外交工作和编词典进行比较。“搞外交也是很累的，但是跟搞词典的累不一样。搞词典需要一种韧劲，就是不断地、不能有任何动摇地搞下去，如果思想放松，我干吗要这么费劲？不干了，也就放下了。”他说，“从个人来讲，我更愿意搞词典，它有更长远的影响。外交工作我能做，别人也能做，但是词典不是所有人都能编的，不是所有人都愿意编的。”

他另一个编词典的同伴宋强民 2000 年前就已经去世，但宋在美国的夫人韦力听说了他重新编写词典的事，还专门打电话过来询问，说出版如果需要钱，“我赞助”！她觉得丈夫一辈子做了件有意义的事，就没有白活。

车洪才说：“我不求名，不求利，到现在没拿到一分钱，完全是自己花精力在搞这个东西，评职称什么的都没用过这个，用不上。”

2012 年 4 月，去商务印书馆的那天，是他 30 多年以来头一次回去。他洗好了头，套上一件棕色的皮夹克——这样显得精神——搭着公交就来了。儿子的担忧也并没有出现，张文英女士当场就表示她愿意接手词典。按照合同规定，词典将会在 2014 年年内出版，每千字稿酬 80 元。